KONSTANTIN P. POLYZOGOPOULOS

Parteianhörung und Parteivernehmung in ihrem gegenseitigen Verhältnis

Schriften zum Prozessrecht

Band 47

Parteianhörung und Parteivernehmung in ihrem gegenseitigen Verhältnis

Ein Beitrag zur Kritik der herrschenden Lehre
unter besonderer Berücksichtigung der gerichtlichen Praxis

Von

Dr. Konstantin P. Polyzogopoulos

DUNCKER & HUMBLOT / BERLIN

CIP-Kurztitelaufnahme der Deutschen Bibliothek
Polyzogopoulos, Konstantin P.
Parteianhörung und Parteivernehmung in ihrem gegenseitigen Verhältnis: e. Beitr. zur Kritik d. herrschenden Lehre unter bes. Berücks. d. gerichtl. Praxis. — 1.Aufl. — Berlin: Duncker & Humblot, 1976.
   (Schriften zum Prozessrecht; Bd. 47)
   ISBN 3-428-03982-1.

D 21
Alle Rechte vorbehalten
© 1976 Duncker & Humblot, Berlin 41
Gedruckt 1976 bei Buchdruckerei Bruno Luck, Berlin 65
Printed in Germany
ISBN 3 428 03982 1

Dem Andenken meines Vaters
Meiner Mutter

„Der Geist macht's eben, der Geist, in dem man eine Vorschrift anwendet, und der Mann macht's, der sie anwendet. Der Wortlaut der Vorschrift ist nicht das Wichtigste. Ein guter Richter macht aus ungefähr jedem Gesetz etwas Gutes oder wenigstens Erträgliches, der Pfuscher verdirbt das beste Gesetz der Welt."

Adolf Baumbach in DJZ 1933, Sp. 1459

Vorwort

Diese Arbeit wurde im Sommersemester 1975 dem Fachbereich Rechtswissenschaft der Universität Tübingen als Dissertation vorgelegt.

Meinem verehrten Lehrer Herrn Professor Dr. Dr. h. c. Dr. h. c. Fritz Baur möchte ich für seine fruchtbaren Anregungen und für die Betreuung der Arbeit meinen besonderen Dank aussprechen. Sehr dankbar bin ich auch Herrn Professor Dr. Eike Schmidt und Herrn Professor Dr. Lambros Sinaniotis für konstruktive wissenschaftliche und persönliche Unterstützung sowie Herrn Professor Dr. Georg Mitsopoulos und Herrn Universitätsdozenten Dr. Konstantin Beys für anregende wissenschaftliche Gespräche.

Dank gebührt ebenfalls dem Deutschen Akademischen Austauschdienst, der mein Vorhaben in vielfältiger Weise großzügig gefördert hat.

Das Schrifttum ist bis November 1975 berücksichtigt.

Tübingen, im Dezember 1975

Konstantin Polyzogopoulos

Inhaltsverzeichnis

1. **Einleitung** 15

   1.1. Problemstellung 15
   1.2. Abgrenzung der Aufgabe 16
   1.3. Aufbau der Darstellung 18
   1.4. Gedanken zu einer Lösungsmethode 19

2. **Rechtsvergleichende Betrachtungen** 23

   2.1. Zum Wert einer rechtsvergleichenden Untersuchung 23
   2.2. Großbritannien 24
         2.2.1. Allgemeines über das Beweisverfahren 24
         2.2.2. Das Parteizeugnis 25
         2.2.3. Das Verfahren der „examination" 27
         2.2.4. Ergebnis 28
   2.3. Sowjetunion 29
         2.3.1. Entwicklungsgeschichte und Grundsätze des Beweisverfahrens 29
         2.3.2. Die Parteianhörung zu Beweiszwecken 31
         2.3.3. Ergebnis 33
   2.4. Frankreich 33
         2.4.1. Beweismittel und deren Beweiswert 33
         2.4.2. Das Parteizeugnis 35
               2.4.2.1. Das Geständnis 35
               2.4.2.2. Der Parteieid 36
               2.4.2.3. Sonstige Parteierklärungen 37
         2.4.3. Ergebnis 41
   2.5. Griechenland 42
         2.5.1. Das Beweisrecht des neuen ZPGB von 1971 42

Inhaltsverzeichnis

2.5.2.	Das Parteizeugnis	44
	2.5.2.1. Das Geständnis	45
	2.5.2.2. Der Parteieid	45
	2.5.2.3. Die Parteivernehmung	47
2.5.3.	Die Anordnung des persönlichen Erscheinens der Parteien	48
2.5.4.	Ergebnis	51
2.6.	Zusammenfassung	51

3. Die Parteivernehmung 54

3.1. Zum Begriff 54

3.2. Geschichtliches 54

    3.2.1. Das Parteizeugnis in den Entwürfen zu einer ZPO des deutschen Reiches 54

    3.2.2. Bestrebungen zur Einführung der Parteivernehmung 56

    3.2.3. Parteieid und Parteivernehmung 58

3.3. Der strukturelle Aufbau der Parteivernehmung 59

    3.3.1. Die Arten der Parteivernehmung 59

    3.3.2. Die Anordnungsvoraussetzungen 60

        3.3.2.1. Der Grundsatz der Subsidiarität 60

            3.3.2.1.1. Die wissenschaftliche Kritik 63

            3.3.2.1.2. Folgen der Verletzung der Subsidiarität 66

    3.3.3. Das Verfahren bei der Parteivernehmung 67

        a) Der Beweisbeschluß 67
        b) Die Ladung 69
        c) Der Parteibegriff im Rahmen der Parteivernehmung .. 69
        d) Erscheinenslast — Aussagelast 70
        e) Die Wahrheitsermahnung 71
        f) Die Protokollierung 71

    3.3.4. Die Grenzen der Formlosigkeit der Parteivernehmung von Amts wegen 72

3.4. Die Rechtsnatur der Parteivernehmung 74

    3.4.1. Die Parteivernehmung als Beweismittel 74

    3.4.2. Die Parteivernehmung als Prozeßführungsmittel 76

        3.4.2.1. Parteivernehmung und Geständnis 76

        3.4.2.2. Parteivernehmung und Parteibehauptung 79

    3.4.3. Fazit: Die Parteivernehmung als Beweismittel und das System der ZPO 80

Inhaltsverzeichnis 11

4. **Die Parteianhörung** 82

   4.1. Zum Begriff 82

   4.2. Die historischen Entwicklungszüge des § 141 ZPO 82

       4.2.1. Die Parteianhörung in der ZPO von 1877 83

       4.2.2. Parteianhörung und Wandel der Auffassung vom Zweck des Zivilprozesses 86

       4.2.3. Die Auswirkungen der Novelle 1933 89

   4.3. Der strukturelle Aufbau der Parteianhörung 90

       4.3.1. Die Anordnungsvoraussetzungen der Parteianhörung 90

       4.3.2. Das Verfahren 91

           a) Der Gerichtsbeschluß 91
           b) Die Ladung 92
           c) Der Parteibegriff 93
           d) Der Vertreter 93
           e) Die Einlassungslast 94
           f) Die Erscheinenspflicht 94
           g) Der Verlauf der Parteianhörung 95

       4.3.3. Zusammenfassung 96

   4.4. Die Rechtsnatur der Parteianhörung 97

       4.4.1. Sachverhalt oder Tatbestand? 98

       4.4.2. Die Parteianhörung als Aufklärungsmittel 100
       4.4.2.1. Die Hinweispflicht des Gerichts 100

       4.4.2.2. Die Postulationsfähigkeit der Naturpartei bei der Parteianhörung 104

       4.4.2.3. Das Verhältnis der Parteianhörung zu § 139 ZPO .. 108

       4.4.3. Die beweismäßige Funktion der Parteianhörung 110

       4.4.3.1. Die freie richterliche Beweiswürdigung 111

       4.4.3.2. Der Einfluß der Parteianhörung auf die richterliche Überzeugungsbildung 114

       4.4.4. Die Parteianhörung als Glied des Systems der ZPO 116

5. **Das Verhältnis der Parteianhörung zur Parteivernehmung** 118

   5.1. Allgemeines 118

   5.2. Die herrschende Abgrenzungslehre und die gesetzliche Regelung 119

       5.2.1. Die funktionelle Abgrenzung 119

       5.2.2. Die strukturelle Abgrenzung 121

       5.2.3. Fazit: Die gesetzliche Regelung stützt sich auf die Abgrenzungslehre 123

5.3. Kritik der gesetzlichen Regelung 123
    5.3.1. Der inhaltliche Unterschied der bei der Parteianhörung bzw. Parteivernehmung gemachten Aussage der Partei .. 124
    5.3.2. Der faktische Einfluß der Parteianhörung auf die richterliche Überzeugungsbildung 126
    5.3.3. Die Wahrheitspflicht 129
    5.3.4. Die Parteianhörung als Wahrheitserforschungsmittel 132
    5.3.5. Zur Psychologie der Parteiaussage 134
    5.3.6. Die gesetzliche Regelung stützt sich auf eine verfehlte rechtspolitische Entscheidung 138

5.4. Die strukturelle Abgrenzung und die Rechtsprechung 141

5.5. Die Verwertung des Parteiwissens im Zivilprozeß angesichts einer Reform des Zivilprozeßrechts 143

5.6. Kritik der bisherigen Reformvorschläge 149

Literaturverzeichnis   151

Abkürzungsverzeichnis

a. A.	Anderer Ansicht
Abs.	Absatz
AcP	Archiv für die Civilistische Praxis
a. E.	Am Ende
a. F.	Alte Fassung
Allg. öGZ	Allgemeine Österreichische Gerichtszeitung
a. M.	Anderer Meinung
Anm.	Anmerkung
AnwBl.	Anwaltsblatt
arg.	Argumentum
Art.	Artikel
Aufl.	Auflage
BAG	Bundesarbeitsgericht
BayOLG	Bayerisches Oberstes Landgericht
bayr. ProzeßO	Bayerische Prozeßordnung
Bd.	Band
BGB	Bürgerliches Gesetzbuch
BGBl	Bundesgesetzblatt
BGH (Z)	Bundesgerichtshof, Entscheidungen des Bundesgerichtshofes in Zivilsachen
BRAGebO	Bundesgebührenordnung für Rechtsanwälte
bzw.	Beziehungsweise
C. c.	Code civil
C. pr. c.	Code de procédure civile
D	Diki (Zeitschrift)
ders.	Derselbe
DGWR	Deutsches Gemein- und Wirtschaftsrecht
d. h.	Das heißt
DJ	Deutsche Justiz
DJT	Deutscher Juristentag
DJZ	Deutsche Juristenzeitung
DRiZ	Deutsche Richterzeitung
DRW	Deutsche Rechtswissenschaft
Düss.	Düsseldorf
evtl.	Eventuell
FamRZ	Ehe und Familie im Privaten und Öffentlichen Recht
GZ	Gerichtszeitung
h. L.	Herrschende Lehre
h. M.	Herrschende Meinung
HRR	Höchstrichterliche Rechtsprechung
Hs	Hauptsatz
i. e. S.	Im engeren Sinne
Ill. L. Rev.	Illinois Law Review
insbes.	Insbesondere
in V.	In Verbindung
JR	Juristische Rundschau

Jud.	Judicium (Zeitschrift)
JuS	Juristische Schulung
JW	Juristische Wochenschrift
JZ	Juristenzeitung
KG	Kammergericht
LG	Landgericht
LM	Lindenmeier-Möhring, Nachschlagewerk des Bundesgerichtshofes
LZ	Leipziger Zeitschrift
MDR	Monatsschrift für Deutsches Recht
NJ	Neue Justiz, Zeitschrift für Recht und Rechtswissenschaft, Ost-Berlin
NJW	Neue Juristische Wochenschrift
NoB	Nomikon Bima (Zeitschrift)
öAZ	Österreichische Anwaltszeitung
öBagG	Österreichisches Gesetz über das Verfahren in Bagatellsachen vom 27. April 1873
öZPO	Österreichische Zivilprozeßordnung
OLG	Oberlandesgericht
Rev. crit.	Revue Critique de Législation et de Jurisprudence
RG (Z)	Reichsgericht, Entscheidungen des Reichsgerichts in Zivilsachen
RGBl	Reichsgesetzblatt
RheinZ	Rheinische Zeitschrift für Zivil- und Prozeßrecht des In- und Auslandes
RSFSR	Russische Sowjetische Föderative Sozialistische Republik
S. a.	Siehe auch
SA	Seufferts Archiv
Samml.	Sammlung
Schl HA	Schleswig-Holsteinische Anzeigen
S. o. (u.)	Siehe oben (unten)
Sp.	Spalte
StGB	Strafgesetzbuch
u. a.	Unter anderen
u. E.	Unseres Erachtens
VersR	Versicherungsrecht
Vgl.	Vergleiche
VO	Verfahrensordnung
WarnRSpr	Warneyer's Rechtsprechung des Reichsgerichts auf dem Gebiete des Zivilrechts
ZAR	Epitheorisis Ergatikou Dikeou (Zeitschrift für Arbeitsrecht)
z. B.	Zum Beispiel
ZJP	Zentralblatt für die Juristische Praxis
ZPGB	Zivilprozeßgesetzbuch (griechisches)
ZPO	Zivilprozeßordnung
ZStW	Zeitschrift für die gesamte Strafrechtswissenschaft
ZZP	Zeitschrift für Zivilprozeß

1. Einleitung

1.1. Problemstellung

Will das Zivilgericht die Partei zum Erscheinen vor ihm veranlassen, um ihr Wissen vom Lebenssachverhalt für den Prozeß nutzbar zu machen, so bieten sich in der heutigen ZPO hauptsächlich zwei Möglichkeiten an: Die Anordnung des persönlichen Erscheinens gemäß § 141 ZPO und die Anordnung der Parteivernehmung gemäß §§ 445 ff. ZPO.

Das Verhältnis dieser beiden Institute zueinander, welches ja von der Rechtsnatur eines jeden bestimmt wird, quält die Prozessualisten seit geraumer Zeit. Doch haften den bisher vertretenen Ansichten über die Rechtsnatur eines jeden nach vierzigjährigem wissenschaftlichen Streit noch viele Zweifel an. Der Wortlaut der Vorschrift des § 141 ZPO läßt den Willen des Gesetzgebers nicht deutlich genug erkennen, und der Wandel in der Auffassung des Zivilprozesses[1] hat durch die wegen ihm zustandegekommenen zahlreichen Novellierungen dazu beigetragen, daß ihre ursprünglich nicht völlig klare Funktion diffus und undurchsichtig geworden ist[2]. Undurchsichtigkeit aber auf Seite des einen Instituts ruft zugleich die Unklarheit seines Verhältnisses zum anderen hervor. Eine Abgrenzung der beiden erscheint also unmöglich, ehe nicht diese verdunkelnden Elemente beseitigt werden. Hinzu kommt aber auch die Schwierigkeit einer strukturellen Abgrenzung[3] der beiden Verfahrensarten, die in der Praxis immer deutlicher wird. Die Lösung dieses Problems ist unter diesen Umständen vom Gesetzgeber der Wissenschaft überlassen. Dort hat indessen das Problem des Verhältnisses dieser beiden Institute, ja überhaupt der doppelten Funktion der Partei in dem von der Verhandlungsmaxime beherrschten Zivilprozeß — als Prozeßsubjekt und als Beweisobjekt[4] — nicht die ausführliche dogmatische Behandlung erfahren, die ihm wegen seiner großen praktischen Bedeutung — die Existenzberechtigung der Parteivernehmung hängt schließlich davon ab — gebührt. Zahlreiche

---

[1] Bomsdorf, S. 267; Fehlig, S. 127 ff. Als Anreger dieses Wandels kann im Rahmen der Prozessualisten Franz Klein gelten. Vgl. Klein / Engel, Zivilprozeß, S. 186; Klein, Geistesströmungen, S. 14 ff.

[2] Glücklich, S. 3.

[3] Vgl. u. a. Nikisch, S. 357; Blomeyer, S. 397.

[4] Vgl. die Ausführungen R. Schmidts in JW 1933, S. 773.

Arbeiten wurden zwar zu diesem Thema veröffentlicht, doch beschäftigten sich die meisten Autoren mit Teilaspekten des Problems[5]. Jedenfalls stammen alle diese Arbeiten aus einer Zeit, die heute aufgrund der inzwischen zustandegekommenen wissenschaftlichen Entwicklung im Rahmen des Zivilprozeßrechts als Vergangenheit gelten kann.

Die einzigen neueren Schriften von Cappelletti[6] und Joachim Schmidt[7] sind in dieser Hinsicht auch keine Ausnahmen; erstere, weil sie sich mit dem Problem in einer anderen Rechtsordnung auseinandersetzt und sich nur kurz mit der deutschen Problematik befaßt; letztere, weil darin die Lösung des Problems nicht zum Selbstzweck wurde, sondern lediglich als Argument zur Widerlegung der herrschenden Geständnislehre gedient hat, weshalb sie entsprechend gefärbt ist.

Wenig hat zur Klärung dieser Frage auch die Rechtsprechung geleistet. Sie greift immer wieder, ebenso wie ein Teil der Theorie, zurück auf eine Entscheidung des RG[8], über welche behauptet wird, daß sie das Problem ein und für alle Male gelöst habe[9]. Dabei wird übersehen, einerseits, daß die heutigen Verhältnisse nicht mehr dieselben sind, andererseits, daß sich das RG in dieser Entscheidung nur nebenbei mit dem Kern des Problems befaßt, eine endgültige Lösung also nicht für sich in Anspruch nehmen kann[10].

So gilt heute immer noch das Problem des Verhältnisses dieser beiden Institute zueinander als ungelöst[11]. Dies bezeugt nicht zuletzt die Mannigfaltigkeit der auseinandergehenden Meinungen im Schrifttum sowie die Schwierigkeiten der Abgrenzung, die in vielen BGH-Entscheidungen erkennbar sind. Ein Beitrag zur klaren theoretischen Darstellung der Rechtsnatur eines jeden Instituts und ihres Verhältnisses zueinander wird die Aufgabe dieser Arbeit sein, in der Überzeugung, daß „der Gewinn an Klarheit und juristischer Einsicht dem Prozesse im ganzen zugute kommen wird"[12], insbesondere aber die sinnvolle Verwendung dieser Institute in der Praxis erleichtern sollte.

1.2. Abgrenzung der Aufgabe

Ein Verhältnis zwischen zwei Größen kann erst klargestellt werden, wenn diese Größen sich völlig durchsichtig gegenüberstehen. Doch

---
[5] Vgl. die Arbeiten von Glücklich, Dix, Jansen und Wehmeier.
[6] Testimonianza.
[7] Geständnis.
[8] RG 149, S. 63, 64.
[9] Vgl. etwa BGH NJW 1969, S. 428.
[10] von Hippel, S. 249.
[11] Vgl. Baur, Konzentration, S. 20; ders., JZ 1969, S. 483; Lent/Jauernig, S. 182; Nikisch, S. 357.
[12] Stegemann, ZZP 17, S. 326.

1.2. Abgrenzung der Aufgabe

würde eine detaillierte Untersuchung sowohl der Parteivernehmung für sich, als auch der Parteianhörung gemäß § 141 ZPO nicht nur den Rahmen dieser Arbeit sprengen können; vor allem würde sie ihr Ziel, durch die Behandlung der zahlreichen Einzelprobleme, die für die Lösung der Hauptaufgabe (die Herausarbeitung des Verhältnisses dieser Institute zueinander) unwesentlich sind, verfehlen. Hinzu kommt, daß die Lösung der meisten dieser Einzelprobleme gerade von diesem Verhältnis abhängt, so daß sie sich bei einer dogmatischen Klärung des Verhältnisses von selbst lösen werden. Betont werden dagegen nur die Punkte, die bei der Entscheidung für die Lösung des Problems maßgebend sein können. Doch auch bei diesen müssen wir uns davor hüten, in den theoretischen Streit, wie etwa bezüglich der Auslegung des § 286 ZPO, verwickelt zu werden. In solchen Fällen wird dann die herrschende Lehre zu Hilfe genommen.

Alle anderen Formen der Heranziehung der Parteien zum Prozeß, wie vor allem § 296 ZPO zum Zwecke des Sühneversuchs sowie § 619 ZPO bezüglich des Eheverfahrens, werden nicht in Betracht kommen können; und dies nicht ausschließlich aus Gründen der Arbeitsökonomie. Bei § 296 ZPO ist nämlich der Zweck dieser Vorschrift dafür verantwortlich, der ein ganz anderer ist, als der durch §§ 141 bzw. 445 ff. ZPO verfolgte[13]. Etwas anders liegt es bei § 619. Die gewisse Konkurrenz mit § 141 bzw. §§ 445 ff. ZPO ist nicht zu verschweigen; der Zweck dieser Vorschrift ist ähnlich. Doch liegen dem Verfahren in Ehesachen andere Wertungen zugrunde als dem ordentlichen Verfahren. Das geringere Interesse für diese Norm ist schließlich auf die gesetzgeberische Entscheidung bezüglich der bei ihr fälligen Beweisgebühr zurückzuführen. Damit scheint das Problem der Rechtsnatur des § 619 zugunsten des Beweismittels entschieden zu sein.

Um zu unserem Ziel sicherer zu gelangen, erschien es nötig, nicht nur das Verhältnis hinsichtlich des Inhalts, sondern auch die Verfahrensgestaltung eines jeden Instituts ausführlich zu untersuchen. Denn wir sind fest davon überzeugt — ohne Anspruch auf Originalität zu erheben —, daß die Rechtsnatur eines prozessualen Instituts nicht ausschließlich seinem Inhalt entnommen werden kann. Sie wird von der Verfahrensgestaltung mitbestimmt.

Die angestrebte Lösung des Problems hängt nicht zuletzt von der Kritik der getroffenen rechtspolitischen Entscheidungen des Gesetzgebers ab. Dazu erscheint die Bezugnahme auf die „Psychologie" der Parteiaussage wie der richterlichen Überzeugungsbildung unerläßlich.

---

[13] Sie unterscheiden sich auch dadurch, daß § 141 ZPO ein Teil der mündlichen Verhandlung ist, nicht aber der Sühneversuch. Vgl. Stein / Jonas, II 5 zu § 141 ZPO.

Auch diese muß sich aber auf das Wesentliche beschränken, soll der Faden der Gedankenkette aufrechterhalten bleiben.

1.3. Aufbau der Darstellung

„Der gesunde Mensch und die gesunde Wissenschaft pflegt nicht viel von sich selbst zu wissen[14]." Dieses Wort Gustav Radbruchs, das — so kurz gefaßt es sein mag — in einer zweifellosen Weise den Wert der Rechtsvergleichung wiedergibt, hat uns veranlaßt, die Untersuchung des Problems des Parteizeugnisses in anderen Rechtsordnungen schon im ersten Teil zu unternehmen. Hinzu kam aber die Überzeugung, daß die Kenntnis davon, zu welchen Lösungen die anderen Verfahrensordnungen gekommen sind, nicht nur für den Versuch einer de lege ferenda-Lösung eines entsprechenden prozessualen Problems fast unerläßlich erscheint, sondern daß sie auch für eine de lege lata-Lösung erheblichen Wert besitzt. Es ist also zweckmäßig, diese Untersuchung voranzusetzen, um ihre Ergebnisse für die ganze Arbeit in den Griff zu bekommen.

Dabei werden wir uns nicht auf die entsprechenden Normen der repräsentativsten europäischen Verfahrensordnungen beschränken, sondern zugleich — soweit der Umfang dieser Arbeit dies zuläßt — ihre diesbezügliche dogmatische wie gerichtspraktische geschichtliche Entwicklung verfolgen, um danach die gemeinsamen Züge und deren Ursachen zeigen zu können. Weist die Entwicklung im deutschen Recht in dieser Hinsicht dieselben Züge auf, so kann die Rechtsvergleichung insofern dienstbar gemacht werden, als man die Möglichkeit haben wird, die Richtung, in der die künftige Entwicklung gehen wird, zu erkennen, um sie dann bei der Lösung des Problems im Rahmen des heutigen deutschen Rechts als eine Art Wegweiser für die Entscheidung streitiger Fragen zu benutzen.

Im zweiten Teil wird dann die Parteivernehmung nach den historischen Entwicklungszügen, der Verfahrensgestaltung und dem Inhalt der in ihrem Rahmen abgegebenen Parteierklärung untersucht, wobei die bisher vorgebrachten Argumente und Lösungsversuche aufgezeichnet und kritisch gewürdigt werden. Das Gesamtbild, das aus der Erläuterung dieser drei Komponenten gewonnen wird, wird die Durchdringung der Rechtsnatur der Parteivernehmung ermöglichen. Auf ähnliche Weise bezweckt der dritte Teil, die Rechtsnatur der Parteianhörung nach § 141 ZPO zu klären.

Erst nachdem die Rechtsnatur beider Institute herausgearbeitet ist und die Möglichkeiten einer verfahrensrechtlichen Abgrenzung festgestellt sind, kann zu ihrem Verhältnis, dem funktionellen wie dem

---

[14] Radbruch, S. 242.

strukturellen, fortgeschritten werden. Eine richtige Lösung de lege lata, aber auch de lege ferenda, kann erst erreicht werden, wenn die Kritik an den Gesetzesbestimmungen die Schwächen des gesetzlichen Systems aufgezeigt hat. Zuletzt hoffen wir, mit den Vorschlägen de lege ferenda einen Maßstab gewinnen zu können, an dem die bisherigen Entwürfe und Modelle, die auf eine Reform der betroffenen Vorschriften hinzielen, gemessen werden können. Um all diesen Aufgaben gerecht zu werden, haben wir einen vierten Teil in dieser Arbeit vorgesehen.

1.4. Gedanken zu einer Lösungsmethode

Es braucht nicht besonders hervorgehoben zu werden, daß die Lösung des Verhältnisproblems auf der Lösung von anderen prozessualen Zwischenproblemen beruht, die ihrerseits für die Entscheidung über die Rechtsnatur der verglichenen Größen maßgebend sind. Sowohl die Lösung der angrenzenden Subprobleme, als auch die des Hauptproblems dieser Arbeit stellen also eine Fülle von Wertungsfragen dar. Denn nur anhand von Wertungen können die im Gesetz nicht direkt geregelten Probleme gelöst werden und deren Lösungen in das System des Zivilprozeßrechts eingeordnet werden. Damit ist schon der Bezug auf eine juristische Wertungsmethode angedeutet[15]. Darunter wird folgendes verstanden: Jede Rechtsnorm wird von der Wertungsjurisprudenz als Ergebnis einer Wertung von Interessenkonflikten durch den Gesetzgeber betrachtet. Eine sich darauf stützende Lösungsmethode hat die Aufgabe, die Interessenlage, die für die Anwendung einer Norm entscheidend ist, zu erkennen und die darauf zutreffende Wertung zu finden[16]. Soll das Recht als eine positive Wertordnung angesehen werden[17], so ist diese Methode die einzige, mit deren Hilfe die Bewertungsmaßstäbe für die Lösung eines juristischen und somit auch eines prozessualen Problems ermittelt und zugleich die Ordnungsprinzipien für die Einordnung der entsprechenden Ergebnisse in das Rechtssystem erfaßt werden können[18].

Nun entsprechen im Zivilprozeß die Zweckkonflikte bei der Anwendung jeder Norm den erwähnten Interessenkonflikten. Wegen dieses ausgeprägten Zweckmäßigkeitscharakters des Zivilprozesses wird zum wichtigsten Bewertungsmaßstab und zugleich zum tragenden Ordnungsprinzip der spezifische Zweck dieser Materie. Mit anderen Worten: Dieser Zweck soll nicht monokausal, sondern bipolar verstanden

---

[15] Dazu Stoll, S. 67 N. 1, 75 N. 5. Vgl. auch Esser, Grundsatz, S. 89 f.
[16] Vgl. Georgiades, S. 7; Larenz, S. 123 ff.
[17] Esser, Einführung, S. 14.
[18] So auch Georgiades, S. 5.

werden, da er zugleich das Element „Ordnungsprinzip" und das Element „Bewertungsmaßstab" impliziert. Bedenkt man, daß die Verfahrensvorschriften verschiedenen Teilzwecken dienen, zu diesen also im Verhältnis Mittel zum Zweck stehen und daß diese Teilzwecke wiederum in einem solchen Verhältnis zu anderen übergeordneten Teilzwecken stehen, so ergibt sich aus den Prozeßvorschriften eine Pyramide, in welcher jede Vorschrift Mittel zur Erreichung eines übergeordneten Zwecks und zugleich Zweck einer anderen Vorschrift, der ihr untergeordneten, ist. An der Spitze dieser Pyramide steht der spezifische Prozeßzweck, auf dessen Erreichung alle Prozeßvorschriften hinzielen[19]. Anhand ihrer Tauglichkeit werden sie dann im erwähnten Sinne „bewertet". Gleichzeitig hängt die Aufstellung des zivilprozessualen Systems völlig von dem festgestellten Prozeßzweck ab. Infolgedessen verdient der Prozeßzweck unsere besondere Aufmerksamkeit, da nur aus ihm die Leitmotive ermittelt und erfaßt werden können, die den folgenden Ausführungen innewohnen werden[20].

Über den Zweck des Zivilprozesses herrscht im Schrifttum großer Streit[21]. An diesem Streit sich zu beteiligen, wäre im Rahmen dieser Arbeit nicht angemessen. Wir übernehmen daher die Definition von Eike Schmidt in der Überzeugung, daß sie dem neuesten Stand der wissenschaftlichen Diskussion entspricht. Danach ist Zweck des Zivilprozesses die „richterliche Schlichtung sozialer Konflikte an Hand des je festzustellenden wie zu konkretisierenden Rechts auf der Grundlage materieller Wahrheit"[22]. Abgesehen davon, ob man dieser Zwecksetzung völlig zustimmen will, ist sie insofern richtig — darin stimmt sie mit den meisten Definitionsversuchen der neueren Zeit überein —, daß sie

a) die soziale Bedeutung des Prozesses hervorhebt;

b) die Hauptaufgabe des Prozesses in der Durchsetzung des materiellen Rechts sieht[23];

---

[19] Vgl. Bruns, S. 2 (Anm. 5); Henckel, S. 47; Hegler, Kanzlerrede, S. 18.

[20] Bezüglich der Frage der Wichtigkeit der Entscheidung über den Prozeßzweck für die Auslegung und Handhabung der ZPO sei auf Wildhagen, Sachverhalt, hingewiesen.

[21] Vgl. Henckel, S. 48 ff.; Wach, Vorwort zum Handbuch; Blomeyer, § 1 I; Walsmann, RheinZ 12, S. 414 ff.; Rosenberg / Schwab, § 1 III; Rimmelspacher, S. 23; Baur, Richtermacht, S. 104; Gaul, AcP 168, S. 53; Pawlowski, ZZP 80, S. 345 ff.; auch BGHZ 10, S. 350 (359); BGH NJW 1962, S. 1820.

[22] S. 38. Bezüglich der Forderung nach materieller Wahrheit gibt es in letzter Zeit kaum eine Definition des Zwecks des Zivilprozesses, die in diesem Punkt Eike Schmidt die Zustimmung verweigert; vgl. Gaul, a.a.O.; Pawlowski, a.a.O.; Henckel, S. 144; Baur, a.a.O., führt sogar aus, daß diese Forderung überhaupt für jeden staatlichen Akt gelten muß.

[23] Ob dies aufgrund einer Fallentscheidung geschieht, wie Eike Schmidt meint, mag hier dahingestellt bleiben.

1.4. Gedanken zu einer Lösungsmethode

c) die Erforschung der wahren Sachlage für eine notwendige Voraussetzung zur Erreichung des Prozeßzweckes hält.

Soll nämlich der Prozeß einen Konflikt zwischen den Parteien ausräumen und an seiner Stelle einen gerechten und sozial zweckmäßigen Zustand herbeiführen, so kann dies nur durch ein gerechtes Urteil geschehen[24]. Ein solches aber muß auf materieller Wahrheit beruhen. Ein Urteil, welches der wahren Sachlage nicht entspricht, ist ein Fehlurteil, und der Prozeß, dessen Ergebnis es darstellt, hat sein Ziel nicht erreicht[25].

Entgegenstehende Argumente einer früheren Zeit, wonach im Zivilprozeß nur formelle Wahrheit erforderlich sei[26], können heute nicht aufrechterhalten werden, weil sie eine absolute, ja sogar übertriebene Verhandlungsmaxime voraussetzen, die im heutigen Prozeß nur stark eingeschränkt gilt[27].

Die Aufgabe, die Wahrheit zu erforschen, ist bekanntlich von der ZPO dem Gericht überlassen. In der Erfüllung dieser Aufgabe soll der Richter möglichst frei sein. Dazu hat der Gesetzgeber die freie richterliche Beweiswürdigung eingeführt (§ 286 ZPO). Sie soll die Ermittlung der wahren Sachlage erleichtern — sie ist dazu eher geeignet als der Formalbeweis —, um dadurch die Erreichung des Prozeßzwecks zu sichern[28].

Wir sind deshalb der Ansicht, daß dem Richter in seiner Überzeugungsbildung keine absoluten Schranken gesetzt werden müssen, sollte die Richtigkeit seines Urteils nicht gefährdet werden. Dies jedoch nicht ohne jede Einschränkung. Denn man soll ein Mindestmaß an Rechtssicherheit nicht preisgeben: Der Richter muß bei der Erfüllung dieser seiner Aufgabe kontrollierbar sein. Mit anderen Worten: Die freie Beweiswürdigung ist die einzige Art der Würdigung des Prozeßstoffes, die mit dem modernen Zweck des Zivilprozesses konform ist. Das Gegenteil gilt für die formale Beweistheorie.

Aus dieser Gedankenkette ergibt sich schon der Leitgedanke, der die folgende Untersuchung geprägt hat: Eine verstärkte freie Beweis-

---

[24] Bernhardt, Aufklärung, S. 11. Vgl. die prägnanten Ausführungen de Boors, Reform, S. 2, insbes. Anm. 2, 3 und 5.

[25] Vgl. auch Kollroß, ZJP 1937, S. 92; Eike Schmidt, S. 37; Baur, AcP 153, S. 402; Klein, Geistesströmungen, S. 8; Henckel, S. 53. Es braucht diesbezüglich nur auf die Gefahren hingewiesen werden, die ein Urteil, welches nicht der wahren Rechtslage entspricht, mit sich bringt, wenn es Rechtskraft erlangt!

[26] Vgl. vor allem Wach, Vorträge, S. 149; Baumann, S. 30; dazu den überzeugenden Erklärungsversuch Fezers, S. 12 ff.

[27] Bomsdorf, S. 283; Henckel, S. 118; Eike Schmidt, S. 35 f.

[28] So auch Nagel, Grundzüge, S. 85; Klein, Geistesströmungen, S. 13, wo auch die ganze Entwicklung dieses Grundsatzes geschildert wird.

würdigung des Gerichts garantiert die Erforschung der materiell wahren Sachlage und dadurch die Erreichung des Prozeßzwecks. Dies entspricht dem Willen des Gesetzgebers, der in der Einführung der Parteivernehmung durch die Novelle 1933 zum Ausdruck kam; einerseits hat er das Anwendungsfeld des § 286 ZPO um einen wichtigen Teil erweitert, andererseits zugleich die Tatsache gesetzlich konstatiert, daß die Parteien selbst bei einem unmittelbaren Kontakt mit dem Gericht der Wahrheit große Dienste leisten können. Diese Gedanken konnten aber bislang nicht durchgesetzt werden, teils, weil der Gesetzgeber selbst aus historischen Gründen der Anwendung des neuen Instituts der Parteivernehmung wichtige Hindernisse in den Weg stellte, teils, weil die Theorie, geprägt von traditionsbedingten Vorstellungen eines begriffsjuristisch gebildeten Systemgefüges, mit dem Vorwand der Verhandlungsmaxime eine reibungslose Durchsetzung verhindert hat[29].

Unsere Bemühungen werden sich danach richten, von diesen dogmatischen Überresten absehend, die „konkreten Institutionen so umzubilden, daß die neue Rechtsparole auch positiv funktionieren kann"[30]. Die Dogmatik muß mit Rücksicht auf die heutigen Verhältnisse erneut im Hinblick auf die rechtspolitische Wertung des Gesetzes überprüft und fortentwickelt werden. Auf diese Weise hofft der Verfasser, die inzwischen erfolgte Entwicklung der prozessualen Begriffe entdecken zu können, abgesehen von der „bewahrenden Starrheit" der Dogmatik[31].

Dabei wird auch die wegen der heutigen sozialen und wirtschaftlichen Verhältnisse so bedeutend gewordene Prozeßökonomie[32] eine Rolle spielen; um so mehr, da sie, vorsichtig angewendet, die Qualität der richterlichen Arbeit nicht gefährden kann[33]. Daß Prozeßökonomie nicht Legitimierung richterlicher Willkür bei der Ausgestaltung des Verfahrens bedeuten kann[34], ist so selbstverständlich, daß es keiner besonderen Hervorhebung bedarf.

---

[29] Esser, Grundsatz, S. 156.
[30] Ebenda.
[31] Bartholomeyczik, S. 14 f.
[32] Vgl. Klein, Geistesströmungen, S. 20.
[33] Vgl. Bender, Tatsachenforschung, S. 179 ff.
[34] So auch Baur, AcP 153, S. 402.

2. Rechtsvergleichende Betrachtungen

2.1. Zum Wert einer rechtsvergleichenden Untersuchung

Der Wert einer rechtsvergleichenden Untersuchung eines prozessualen Problems wird oft nicht ernst genug genommen. Man kann aber eher und sicherer zu einer richtigen Lösung des jeweiligen prozeßrechtlichen Problems kommen, wenn man dazu auch das Erkenntnismaterial verwertet, das man aus der Erfahrung der Konfrontation mit diesem Problem in anderen Rechtsordnungen gesammelt hat.

Aber auch andere Gründe sprechen für eine rechtsvergleichende Untersuchung: Will man angesichts einer bevorstehenden Reform vernünftige Vorschläge de lege ferenda machen können, so erscheint ein Überblick über die entsprechenden Lösungen anderer Rechtsordnungen unerläßlich, vor allem, wenn sie gemeinsame Züge aufweisen.

Was nun die Verwertung des Parteiwissens für den Rechtsstreit betrifft, so wird ihr Wert heute allgemein anerkannt. Die älteren, aber vor allem die neueren Prozeßordnungen versuchen deshalb, eine möglichst weitgehende Teilnahme der Naturparteien an dem Prozeß zu sichern[1], und dies auf verschiedenen Wegen.

Manche Prozeßordnungen kommen mit einer einfachen, formlosen Parteibefragung aus, die meistens informativen Zwecken dienen soll. Andere schreiben eine feierliche Vernehmung der Parteien vor, die zum Teil als Beweismittel anerkannt wird (so z. B. die deutsche und die österreichische Parteivernehmung). Schließlich wäre noch die älteste und am stärksten formalisierte Form der Heranziehung des Parteiwissens in den Prozeß, der viel umstrittene Parteieid, zu erwähnen. Das Geständnis gehört nicht zu dieser Aufzählung, da es sich bei ihm nicht um eine Form des persönlichen Erscheinens der Partei vor Gericht handelt, sondern um den Wert einer ihrer Erklärungen.

Wie schon angedeutet, dienen alle Formen des persönlichen Erscheinens der Parteien vor Gericht hauptsächlich zwei Zwecken: Der Richter wendet sich an die Parteien, um sich entweder Klarheit über deren Vortrag zu verschaffen oder um die Aussagen sowie das Verhalten der Parteien bei ihrer Befragung zur Bildung seiner Überzeugung über die Wahrheit der Tatsachenbehauptungen zu verwerten[2].

---

[1] Schönke, DGWR 1937, S. 329.
[2] R. Schmidt, JW 1913, S. 773.

2. Rechtsvergleichende Betrachtungen

Die Mannigfaltigkeit der entsprechenden Rechtsbildungen in den verschiedenen Verfahrensordnungen widerspiegelt die verschiedenartigen Verbindungen, in welche die eben dargelegten Grundgedanken zueinander gebracht werden. Entsprechend dieser Mannigfaltigkeit treten Probleme bei der Anwendung der Institute auf. Diese Probleme anzudeuten, ist das Hauptanliegen dieser Untersuchung.

Um einen Überblick über das ganze Spektrum der möglichen Lösungen gewinnen zu können, mußten dieser Untersuchung „repräsentative" Verfahrensordnungen unterzogen werden. Auf völlig entgegengesetzte Weise nutzen das Parteiwissen die englische und die sowjetische Verfahrensordnung, während die Lösungen Frankreichs und Griechenlands einen mittleren Weg eingeschlagen haben, weshalb sie eher mit der deutschen zu vergleichen sind. Besonders werden dabei die Grundzüge des Verfahrens eines jeden Instituts berücksichtigt sowie die Funktion, die es im Prozeß hat und dessen Entwicklung, insbesondere deren Ursachen.

2.2. Großbritannien

2.2.1. Allgemeines über das Beweisverfahren

Die Entwicklung des englischen Beweisrechts, obwohl von der kontinentalen so grundverschieden, hat auf diese einen starken Einfluß ausgeübt und übt ihn immer noch aus, vor allem bezüglich des Parteizeugnisses[3]. Aus diesem Grunde erweist sich die Aufzeichnung der Grundzüge jenes Beweisverfahrens im Rahmen dieser Untersuchung als unentbehrlich.

Das englische Beweisrecht, wie das gesamte Prozeßrecht überhaupt, ist nicht kodifiziert, sondern durch „Acts" und „Rules" des „Supreme Court" geregelt. Auffallend ist, daß das Beweisverfahren im Zivil- und Strafprozeßrecht insgesamt dasselbe ist[4].

Der englische Prozeß, und damit auch das Beweisverfahren, ist stark von liberalistischen Ideen geprägt: Die Initiativen, die die Beweisaufnahme betreffen, liegen allein bei den Parteien. Sie entscheiden über das Beweisthema, sie schaffen die Beweismittel bei und führen die

---

[3] Die h. M. betrachtet die Entwicklung des Parteizeugnisses in Großbritannien als maßgebend für die Einführung der Parteivernehmung in Österreich und Deutschland. So u. a. Rosenberg, ZZP 58, S. 315; Schönke, DGWR 37, S. 331; Ott, GZ 1894, S. 312; a. A. Nagel, Grundzüge, S. 221, der die Parteivernehmung als Entwicklungsstufe der Parteianhörung, dem sog. interrogatio ad clarificandum merita causae betrachtet. Für den heutigen Einfluß englischer Ideen charakteristisch Baur, JZ 69, S. 483.

[4] Curti, S. 109.

2.2. Großbritannien

Beweisaufnahme[5], während der „neutrale" Richter in diese grundsätzlich nicht eingreifen darf[6].

Als Beweismittel (evidence) sind die in Europa üblichen zulässig, d. h. der Sachverständige, der Augenschein, die Urkunde sowie der Zeugenbeweis. Es fällt schon auf, daß im englischen Recht kein für das Parteizeugnis speziell vorgesehenes Beweismittel existiert. Damit ist der Kern, auf den sich unsere Bestrebungen richten, angedeutet.

Kommen wir aber vorläufig auf unsere allgemeinen Betrachtungen zurück. Es muß noch in diesem Zusammenhang die freie Beweiswürdigung des englischen Gerichts erwähnt werden, die in großem Maße uneingeschränkt ist[7].

Wichtig erscheint auch die Unterscheidung zwischen „proof" und „evidence". „Proof" ist der Beweis im weiteren Sinne, d. h. als „proof" gilt jede Tatsache, die das Gericht als wahr annimmt, gleichgültig ob sie bewiesen, gestanden oder aus anderen Gründen als wahr zu betrachten ist. „Evidence" dagegen ist der fast ausschließlich mündlich erbrachte Beweis im engeren Sinne, d. h. alles, was in der Verhandlung bewiesen wurde. Daraus ergibt sich, daß das Geständnis, welches nur in den Schriftsätzen der Parteien — den „pleadings" oder den „interrogatories" — enthalten sein kann, nicht „evidence", sondern lediglich „proof" sein kann[8]. Deshalb kann es aus folgender Untersuchung ausscheiden.

2.2.2. Das Parteizeugnis

Die Feststellung, daß in der englischen Prozeßordnung liberale Ideen ihren Ausdruck finden, ließe eher vermuten, daß auch bezüglich des Parteizeugnisses die sich daraus ergebenden Konsequenzen in Form der Regel „nemo in propria causa testis esse debet" gezogen worden sind.

Tatsächlich beherrschte dieser römisch-rechtliche Satz das englische Verfahren. Man ging in Großbritannien so weit, daß sogar der Parteieid frühzeitig ausgeschlossen wurde. So konnte die Entwicklung, die dieses Beweismittel in Europa erfuhr, in England „keinen Fuß fassen"[9]. Die Partei, wie die am Prozeß interessierten Zeugen, waren als Beweismittel noch im 17. Jahrhundert völlig ausgeschlossen[10].

---

[5] Cohn, Ideologie, S. 37 f.
[6] Spohr, S. 25.
[7] Einschränkungen sind vorgesehen, soweit Urkunden betroffen sind, sowie in den Fällen der sog. „corroboration", d. h. wenn die Aussage eines Zeugen einer Bestärkung durch andere Umstände benötigt, ehe sie „beweisen" kann. Vgl. dazu Nagel, Grundzüge, S. 77; Gooderson, S. 138 f.
[8] So Nokes, S. 49 und 51.
[9] Nagel, Grundzüge, S. 213.
[10] "Formerly the parties, their sponses, and any other person having a pecuniary interest in the case, as well as atheists and convicts, were incompetent as witnesses": Phipson / Elliot, S. 246.

Unter diesen Bedingungen erscheint die Gleichstellung von Partei und Zeuge im 19. Jahrhundert erstaunlich. Doch wird diese Wandlung um so verständlicher, wenn man bedenkt, daß das Recht, und vor allem das englische, keine Revolutionen kennt, sondern sich kontinuierlich entwickelt.

So ist der Grund für diese scheinbar so radikale Entwicklung in der Rolle zu suchen, welche die Parteien in den Billigkeitsgerichten, den Courts of Equity, erlangt hatten[11]. Dort hatte sich, anders als im Verfahren der Common Law Courts, eine schriftliche Parteibefragung durch „interrogatories" herausgebildet, welche die Sachaufklärung bezweckte[12]. Der Kläger formulierte schriftliche Fragen, die der Angeklagte unter Eid in einem „affidavit" beantwortete[13].

Diese unterschiedliche Behandlung der Parteierklärungen vor dem Court of Chancery und vor den Common Law Courts führte unter dem Einfluß der Ideen Benthams und seiner Schüler sowie der Durchsetzung des von der französischen Revolution ausgeprägten Mündlichkeitsprinzips[14], zu einer Überprüfung der starren Verfahrensvorschriften des Common Law. Diese Auseinandersetzung fand ihren Abschluß im Gesetz „über die Einbringung kleiner Schulden" vom 26. August 1846 (9 & 10 Vict. c. 95, Evidence Act), welches die eidliche Vernehmung der Parteien (cross-examination) vor den County Courts einführte[15]. Durch den „Evidence Act 1851" (Lord Brougham's Act; 14 & 15 Vict. c. 99) wurden dann die Parteien im Prozeß allgemein als Zeugen (competent and compellable witnesses) zugelassen[16]. Der „Evidence Amendment Act" des Jahres 1853 dehnte diese Regelung auf das schottische Gebiet aus. Die wenigen Ausnahmen für das Verfahren wegen Ehe- und Verlöbnisbruchs beseitigte der „Evidence Further Amendment Act" vom Jahre 1869 (32 & 33 Vict. c. 68)[17].

Den wirklichen Abschluß dieser Reform aber stellte der „Judicature Act" vom Jahre 1873 (36 & 37 Vict. c. 66) dar, welcher den Court of Chancery mit dem High Court, dem erstinstanzlichen Gericht, ver-

---

[11] Cappelletti, II, S. 427 ff. hat als erster diesen Zusammenhang herausgearbeitet.
[12] Cross, S. 144, führt darüber aus: "The parties gave evidence in the Court of Chancery from an early date!"
[13] Cross, S. 188; Nokes, S. 52 und 337; Cappelletti, II, S. 426 und 447 sieht darin mit Recht einen Einfluß des interrogatio per positiones des kanonischen Verfahrens.
[14] Wigmore, S. 698; Nagel, Grundzüge, S. 215.
[15] Schönke, DGWR 37, S. 330; Kollroß, ZJP 1937, S. 91; v. Harrasowsky, S. 28 ff.; Cross / Wilkins, S. 52.
[16] Cockle / Nokes, S. 420 ff.
[17] Cross, S. 144; vgl. Nagel, Grundzüge, S. 215; Kollroß, ZJP 1937, S. 91.

einigte[18] und somit die mündliche „Zeugenvernehmung" dieser Art für alle Gerichte zuließ[19].

Das Ergebnis dieser Reform war die bahnbrechende Zulassung zur Vernehmung aller geistig gesunden, „erwachsenen" Menschen, von wenigen speziellen Ausnahmen abgesehen, als Zeugen[20].

2.2.3. Das Verfahren der „examination"

Das Beweisverfahren wird normalerweise, je nachdem, ob die Partei sich in eigener Sache vernehmen läßt oder vom Gegner geladen wurde, dadurch eingeleitet, daß der Kläger unter Voreid[21] von seinem Rechtsanwalt vernommen wird (examination in chief). Daraufhin folgt eine Vernehmung durch den gegnerischen Anwalt (cross-examination)[22]. Die Vernehmung schließt mit einer weiteren Befragung der Partei durch den eigenen Anwalt (re-examination)[23]. Ebenso gestaltet sich die Vernehmung der anderen Partei, falls diese angeordnet wurde.

Die Partei wird also wie ein Zeuge vernommen. Es wurde kein neues Institut geschaffen, sondern lediglich der Zeugenbegriff ausgedehnt.

Jede Partei kann die andere als Zeugen laden, ja sogar sie zwingen, ein Zeugnis abzulegen, evtl. auch sub poena[24]. Aber auch in eigener Sache kann die Partei Zeugnis ablegen.

Diese Vernehmung ist nicht etwa subsidiär, wie in den meisten kontinentalen Verfahrensordnungen, und kann in jedem Verfahrensstadium angeordnet werden. Die Aussagen der Partei werden, wie jede Zeugenaussage, frei gewürdigt[25].

Es muß hier darauf aufmerksam gemacht werden, daß die Partei nur über solche Tatsachen Zeugnis ablegen darf, die sie weiß, und mit

---

[18] Der Court of Chancery bildet heute eine Abteilung des High Courts (Chancery Division).

[19] Eine wichtige Auswirkung des Judicature Act war zugleich, daß der schriftliche Affidavit-Beweis nunmehr nicht nur für die Chancery Division, sondern auch für das Verfahren vor dem High Court zugelassen wurde, jedoch nur in Einverständnis der Parteien (auch in der Hauptverhandlung!). Vgl. hierzu Curti, S. 75 ff.; Nagel, Grundzüge, S. 215; Cockle / Nokes, S. 267.

[20] Cross / Wilkins, S. 52 ff.; Phipson / Elliott führt aus: "Now however, with the exceptions stated below, all persons are, in general, competent to give evidence, and considerations of interest, atheism, or crime, merely affect the weight, and not the admissibility of the testimony."

[21] Curti, S. 109. Vgl. Gooderson, S. 126 f.

[22] Deren Vorteile hebt mit Recht hervor Cohn, Wahrheitspflicht, S. 54 ff. Vgl. auch Gooderson, S. 128.

[23] Curti, S. 99; Gooderson, ebenda.

[24] Curti, S. 111.

[25] Schönke, DGWR 37, S. 331.

denen sie zur Aufklärung bzw. Erforschung des wahren Sachverhalts beitragen kann. Ihre Behauptungen über Tatsachen, die ihr unbekannt sind, darf sie nicht als „witness" dem Gericht vortragen. Nur Wissenserklärungen dürfen also während der „examination" von der Partei abgegeben werden[26].

Bemerkenswert ist, daß im englischen Prozeß diese „Zeugenvernehmung" die einzige Möglichkeit für den Richter darstellt, mit der Naturpartei unmittelbar in Kontakt zu kommen. Ein anderes Institut, welches ein Erscheinen der Parteien vor Gericht und eine mündliche Befragung ermöglichen würde — etwa zur Aufklärung der Parteibehauptungen — steht dem englischen Richter nicht zur Verfügung. Ihm ist auch keine Aufklärungspflicht auferlegt; er darf von den Parteien keine Erklärungen in diesem Sinne verlangen[27]. Diese Aufklärung ist ausschließlich Sache der Anwälte, die ja überhaupt im englischen Prozeß eine besonders verstärkte Position haben[28].

2.2.4. Ergebnis

Als Ergebnis unserer Ausführungen über das Parteizeugnis im englischen Beweisverfahren kann festgestellt werden, daß das Problem der Verwertung der Parteiaussage einseitig zugunsten der Beweismittel gelöst wurde. Der Parteieid mußte wegen der absoluten Geltung des Satzes „nemo testis in re sua esse debet" frühzeitig aus dem englischen Prozeß ausscheiden. Die Entwicklung der heutigen Form des Parteizeugnisses fing mit den „interrogatories" an, setzte sich mit der Verstärkung des mündlichen Elements und des Grundsatzes der freien Beweiswürdigung fort und fand im vorigen Jahrhundert ihren Abschluß durch die Ausdehnung des Zeugenbegriffs auf die Parteien.

Man halte also zwei Erkenntnisse fest: Erstens die Entwicklung von der formalen Beweistheorie zur freien Beweiswürdigung; zweitens den Werdegang des heutigen Zeugenbegriffs aus den „interrogatories", ein traditionelles Aufklärungsmittel, womit das Institut des Zeugenbeweises in dieser Hinsicht — also die Partei betreffend — als eine weitere Entwicklungsstufe der gemeinrechtlichen interrogatio betrachtet wer-

---

[26] So Nagel, Grundzüge, S. 216.
[27] von Harrasowsky, S. 28 f. Die Rolle der deutschen Parteianhörung spielt dann das Institut der „interrogatories" (Order 26, rule 1 of the Supreme Court, in Kraft seit dem 1. Oktober 1966); vgl. darüber Lewis, S. 75 f.; Cappelletti, II, S. 426, 447 und 452, wo er in den „interrogatories" ein Aufklärungsmittel des Parteiwillens anerkennen will. Dieses Institut gehört aber zum schriftlichen Teil des Verfahrens und ist somit mit den entsprechenden kontinentalen nicht vergleichbar.
[28] Die Anwälte haben im englischen Prozeß dem Gericht sogar bei der Lösung des Streitfalles auch in rechtlicher Hinsicht zu helfen! Vgl. Cohn, Wahrheitspflicht, S. 55.

den kann. In diesem Zusammenhang können wir uns vorläufig mit diesen Ergebnissen zufriedengeben.

Hervorgehoben werden muß noch die Klarheit des englischen Systems. Es leuchtet ein, daß durch die Aufnahme der Parteien in den Kreis der „competent witnesses" theoretische und praktische Abgrenzungsschwierigkeiten zwischen Aufklärung der Parteibehauptungen und Beweis durch die Parteien, die auf dem Kontinent wegen der Konkurrenz von Parteianhörung und Parteivernehmung seit eh und je bekannt sind, in Großbritannien nicht entstehen konnten[29].

Ob die Klarheit des englischen Systems für die Praxis vorteilhaft gewesen ist und ob die dadurch gewonnenen Ergebnisse zufriedenstellend sind, ist eine Frage, die nach der heutigen allgemeinen Tendenz zur Einführung ähnlicher Institute in die kontinentalen Verfahrensordnungen nur bejaht werden kann[30].

2.3. Sowjetunion

2.3.1. Entwicklungsgeschichte und Grundsätze des Beweisverfahrens[31]

Könnte man die englische Lösung für ihre Einfachheit loben, so müßte man für die russische Ähnliches zum Ausdruck bringen. So unterschiedlich die Motive sein mögen, die zu dieser Lösung in der Sowjetunion geführt haben, so muß man zugeben, daß ihre Klarheit genauso angenehm überrascht, wie die des englischen Systems, obwohl sie ganz auf der anderen Seite des Spektrums der möglichen Lösungen steht. Aus diesen Gründen und um den Kontrast, sowohl zu der englischen, als auch zu den übrigen westeuropäischen Verfahrensordnungen zeigen zu können, wurde die sowjetische Regelung in unsere Untersuchung mit einbezogen.

Die im Jahre 1864 in Kraft gesetzte erste zaristische ZPO war von dem französischen Code de procedure civile stark beeinflußt: Es herrschte die Dispositions- und die Verhandlungsmaxime sowie die Grundsätze der Mündlichkeit, der Unmittelbarkeit und der Öffentlichkeit[32].

Im Beweisverfahren wurde zwar der Grundsatz der freien Beweiswürdigung anerkannt, doch lebte die formale Beweistheorie in der doppelten Form des Parteieides fort sowie in der Bevorzugung des Urkundenprozesses.

---

[29] Es braucht nur auf die entsprechenden Ausführungen von Cappelletti / Perillo, S. 228, hingewiesen zu werden.
[30] Eindrucksvoll Baur, JZ 1969, S. 483; Bruns, S. 112.
[31] Zum folgenden vgl. ausführlich Roggemann, ZPO, S. 7 ff.
[32] Nagel, Grundzüge, S. 228.

Die Oktoberrevolution von 1917 ließ diese ZPO zunächst weitergelten. Erst im Jahre 1918 wurden die Richter durch die 2. Volksgerichtsordnung der RSFSR angewiesen, sich bei den Verhandlungen von dem sozialistischen Rechtsbewußtsein leiten zu lassen. Die Unbestimmtheit dieses Begriffs führte zu einer Rechtsunsicherheit, die im Beweisverfahren eine Formlosigkeit als Konsequenz hatte[33]. Dies trat um so stärker hervor, als durch dieselbe Volksgerichtsordnung zum ersten Mal die Erforschung der materiellen bzw. objektiven Wahrheit als oberstes Ziel des Zivilprozesses anerkannt wurde[34].

Die Notwendigkeit einer Reform der ZPO wurde mit der Zeit immer deutlicher. Einen ersten unvollkommenen Versuch, die ZPO mit den neuen sozialistischen Auffassungen in Einklang zu bringen, stellte die ZPO vom 1. September 1923 dar. Sie ließ ahnen, welche Bedeutung der Offizialmaxime im sowjetischen Prozeß später eingeräumt wurde. Diese Entwicklung kam tatsächlich zustande.

Die am 1. 10. 1964 in Kraft getretene ZPO der RSFSR[35] ist den ideologischen Forderungen der sowjetisch-kommunistischen Struktur weitgehend angepaßt. Der Prozeß ist keine private Angelegenheit mehr, sondern in den entprivatisierenden Rahmen der Öffentlichkeit geraten[36]. Konsequenz daraus ist die Begründung einer echten Offizialmaxime[37]: Das Gericht kann nicht nur über die Anträge der Parteien hinausgehen und alle Beweise von Amts wegen anordnen[38], sondern sogar in einigen Fällen durch den Gerichtspräsidenten Rechtsmittel gegen den Willen der Parteien einlegen.

Diese weitgehenden Befugnisse des Gerichts dienen der Ermittlung der „objektiven Wahrheit", des höchsten Ziels des Verfahrens und der Beweisaufnahme[39]. Ebenso „objektiv" muß die freie Beweiswürdigung

---

[33] Ebenda, S. 229. Mit derselben VGO wurde der Parteieid abgeschafft. Vgl. Korevaar, S. 340.

[34] Gwiazdomorski / Cieslak, S. 55.

[35] Eine Aufzählung der in den verschiedenen Republiken der RSFSR geltenden ZPO findet sich in Gwiazdomorski / Cieslak, S. 57 Anm. 1.

[36] Nagel, Grundzüge, S. 230.

[37] Vgl. Art. 195 und 319 ZPO RSFSR; Roggemann, Zivilverfahrensrecht, II, S. 21; Niethammer, NJ 1961, S. 245. Dies verneinen Gwiazdomorski / Cieslak, S. 76.

[38] Roggemann, ZPO, S. 27; Korevaar, S. 334. Konsequenz daraus ist die freie Beweiswürdigung, die Unmittelbarkeit der Beweisaufnahme, die Möglichkeit der Erhebung der Beweise von Amts wegen sowie die weitgehenden Befugnisse des Gerichtspräsidenten bzw. des Staatsanwalts. Vgl. Gwiazdomorski / Cieslak, S. 68 ff.

[39] H. Püschel, NJ 1962, S. 145; Ginsburgs, S. 63 und 71; Gwiazdomorski und Cieslak, S. 86, haben schon vor Inkrafttreten der ZPO von 1964 betont, daß eine solche objektive Wahrheit durch eine freie Beweiswürdigung, die den Grundsätzen der marxistischen Dialektik folgt, zu erreichen sei.

des Gerichts sein. Das Gericht würdigt die Beweise nach seiner Überzeugung, die anhand der vollständigen und „objektiven" Berücksichtigung der Umstände gebildet wird, die während der Verhandlung des gesamten Sachverhalts vor dem erkennenden Gericht gewonnen werden, geleitet vom sozialistischen Rechtsbewußtsein[40].

Eine solche Beweiswürdigung, die unter dem Einfluß der leitenden Gesetzesprinzipien und des sozialistischen Rechtsbewußtseins gebildet wird, läßt offensichtlich der subjektiven Überzeugung des Richters keinen Spielraum mehr. So wenig überzeugend der Versuch der Bildung einer solchen Überzeugung, gemessen an westlichen Maßstäben, erscheinen mag, so muß man berücksichtigen, daß in der Sowjetunion unter „objektiv begründeter freier Beweiswürdigung" etwas anderes verstanden wird, nämlich die Überzeugungsbildung, deren Begründung auf der sozialistischen Weltanschauung des Richters beruht[41].

Diese Einschränkung der Freiheit der im Prozeß beteiligten Personen spiegelt sich auch in der genauen Festlegung der Art und Zahl der Beweismittel wieder[42]. Es herrscht also der numerus clausus der Beweismittel. Als solche sind die allgemein bekannten zulässig, die Zeugenvernehmung, der Augenschein, der Sachverständige, die Urkunden und die Parteianhörung (Art. 49, 60 ff. ZPO RSFSR). Dabei ist auffallend, daß das sowjetische Beweisverfahren keine formalen Beweismittel kennt. Ebenso ist das Geständnis unbekannt, da wegen der Inquisitionsmaxime die Erforschung des wahren Sachverhalts Sache des Gerichts ist[43].

2.3.2. Die Parteianhörung zu Beweiszwecken

Würde das Gesetz zwei Institute, die das Parteiwissen in den Prozeß einführen sollten, kennen, ein formelles zu Beweiszwecken und ein informelles zur Aufklärung des Parteivortrags — was ja wegen der Inquisitionsmaxime wenig interessiert — so würde eine scharfe Abgrenzung schwierig zu vollziehen und damit der numerus clausus der Beweismittel gefährdet sein.

Hand in Hand trugen Lehre, Rechtsprechung und Gesetzgeber dazu bei, daraus die Konsequenzen zu ziehen, indem sie nicht nur den Parteieid abschafften, sondern aus der informellen Parteianhörung ein

---

[40] Nagel, Grundzüge, S. 82; nach Niethammer, NJ 1961, S. 248 und 385 ist es „das Bewußtsein vom Wesen des sozialistischen Rechts als Produkt der bereits entwickelten gesellschaftlichen Verhältnisse und gleichzeitig als Instrument zur Durchsetzung der zur Entfaltung des Kommunismus drängenden Entwicklungsgesetze".
[41] So Niethammer, NJ 1961, S. 385; vgl. Nagel, Grundzüge, S. 82.
[42] Gurwitsch, NJ 1962, S. 604.
[43] Vgl. Korevaar, S. 341.

quasi Beweismittel entwickelten (Art. 49 II, 60 ZPO RSFSR). Dazu gehören Erklärungen der Parteien sowie Dritter, die am Prozeß interessiert sind und deswegen als Prozeßbeteiligte behandelt werden[44]. Es besteht kein Zweifel daran, daß dieses Institut kein völlig neues ist. Es ist höchstwahrscheinlich das „interrogatoire" französischen Ursprungs der zaristischen ZPO, entsprechend den marxistischen Ansichten formloser ausgestaltet.

Die sowjetische Parteianhörung ist also völlig formlos. Nach dem Vortrag der Sache durch den Vorsitzenden werden ohne jede besondere Wahrheitsversicherung[45] zunächst der Kläger, dann der Beklagte gehört. Daran schließt sich die Vernehmung von Zeugen an und die restliche Beweisaufnahme, so daß zwischen dem Vortrag der Parteien in der mündlichen Verhandlung und der Beweisaufnahme keine Grenze gezogen werden kann[46]. Die Rolle dieses fließenden Übergangs von der mündlichen Verhandlung zur Beweisaufnahme übernehmen somit die Parteierklärungen. Diese liberale Handhabung der Parteiaussagen würde uneingeschränkt neue Probleme auslösen, vor allem hinsichtlich der unerheblichen Tatsachen, der der Partei unbekannten Tatsachen, der in jeder Parteianhörung unvermeidbaren Rechtsansichten usw.

Dieser Problematik sich bewußt, ließ der Gesetzgeber in Art. 60 ZPO RSFSR nur jene Parteierklärungen als Beweis gelten, die über solche Tatsachen abgegeben werden, die für den Streitfall erheblich und der Partei aus eigener Wahrnehmung bekannt sind. Keinen Beweiswert haben selbstverständlich die Rechtsansichten der Partei.

Über den Beweiswert dieser Parteiaussagen sagt das Gesetz zunächst nichts. Doch hat sich in der Praxis und in der Wissenschaft die Ansicht durchgesetzt, daß die Parteiaussagen allein nicht beweisen können, daß sie also nur unvollkommenes Beweismittel sind, nämlich insofern, als sie durch weitere Beweismittel bestätigt werden müssen[47]. Der Richter darf aber auch keinesfalls die Untersuchung des Wahrheitsgehalts der

---

[44] Aufgezählt in Art. 29 ZPO RSFSR; vgl. auch Art. 130.

[45] Daher sind auch keine Strafsanktionen für die falsche Aussage vorgesehen! Vgl. Nagel, Grundzüge, S. 311, der aus diesem Grunde bezüglich des Beweiswertes der formlosen Parteierklärung Bedenken anmeldet.

[46] Dieser Verfahrensablauf erinnert stark an das „Stuttgarter Modell"! Fezer, S. 102 ff. (156) schlägt diese Konzentration von mündlicher Verhandlung und Beweisaufnahme auch für Deutschland rechtspolitisch vor; so auch Baur, Konzentration, S. 11 f.

[47] Nautschno-praktitscheskij Kommentarij KGPKRSFSR, pod. red. P. F. Kallitratowa und W. K. Putschinskij, Moskau 1963, S. 92 ff. (zitiert nach Nagel, Grundzüge, S. 312). Diese Ansicht scheint uns traditionsbedingt zu sein und daher sehr bedenklich. Sie bedient sich der seit langer Zeit bekannten Argumente der Gegner des frei gewürdigten Parteizeugnisses. Vgl. auch oben Anm. 43.

Parteierklärungen versäumen, sonst unterliegt das Urteil der Aufhebung[48].

2.3.3. Ergebnis

Auch in der Sowjetunion wird das Parteiwissen in den Prozeß in Form eines Beweismittels eingeführt. Auch dort, wie in England, wurde eines der schon vorhandenen Institute dazu gebraucht. Dazu kam es durch die Ersetzung des starren, formalen Beweisverfahrens der zaristischen ZPO durch das in der Handhabung einfachere und vor allem völlig frei zu würdigende Beweisverfahren der neueren sowjetischen ZPO. Die Entwicklung des Parteizeugnisses sah ähnlich wie in Großbritannien aus: vom Parteieid über den Grundsatz der freien Beweiswürdigung zur Parteianhörung.

Doch war das Triebwerk in der Sowjetunion ein anderes, nämlich die Auffassung des Prozesses, den die Oktoberrevolution mit sich brachte: Die von der Zielsetzung der Erforschung der „objektiven Wahrheit" bedingte Offizialmaxime, die absolute Geltung des Grundsatzes der freien Beweiswürdigung, der Drang zur Formlosigkeit.

Die sowjetische Prozeßordnung ist also zu ihrer Parteianhörung weder durch Ausdehnung des Zeugenbegriffs, noch durch Entwicklung des Parteieids, wie manche westeuropäischen Verfahrensordnungen, sondern direkt durch beweismäßige Verwertung der vorbereitenden Aufklärungserklärungen der Parteien gekommen. Damit steht sie — im Verhältnis zu Großbritannien — auf der entgegengesetzten Seite des Spektrums der möglichen Lösungen. Doch zeigt der sowjetische Weg nicht nur ähnliche Entwicklungszüge wie etwa von der formalen Beweistheorie zur freien Beweiswürdigung[49] und von den formellen zu den informellen Beweismitteln; er hat auch ähnliche Vorteile. Er hat die Formalität und den gesetzlichen Beweiswert bei der Abgabe von Parteierklärungen abgeschafft und vor allem dem Gericht die Möglichkeit gegeben, die Parteien schon am Anfang des Prozesses anzuhören.

2.4. Frankreich

2.4.1. Beweismittel und deren Beweiswert

Stellen die englische und die sowjetische Lösung die Extreme des Spektrums der möglichen Lösungen dar, so ist die französische Leistung auf diesem Gebiet in der Mitte zu placieren. Hervorgehoben werden muß, daß die französische Lösung eine Leistung nicht etwa des Gesetz-

---

[48] A. F. Klejnmann, Sowjetskij grashdanskij prozess, S. 148 (zitiert nach Nagel, ebenda).
[49] Vgl. Gwiazdomorski / Cieslak, S. 120.

gebers, sondern der Rechtsprechung gewesen ist, deren Einsatz für die Entwicklung des Prozeßrechts überhaupt außerordentlich bedeutend ist.

Sucht man nach den Normen des französischen Beweisrechts, so wird es für den ausländischen Juristen erstaunlich sein, sie sowohl im Code de procédure civile, als auch im Code civil zu finden[50]. Merkwürdigerweise werden z. B. die meisten Beweismittel im Code civil aufgezählt (Art. 1316 C. c.): Die Urkunde, das Zeugnis, die Vermutungen, das Geständnis[51] und der Parteieid. Dagegen werden der Augenschein und der Sachverständige zum größten Teil im Code de procédure civile geregelt.

Zu den gesetzlichen Beweismitteln gehören davon die Urkunde, das Geständnis und der Schiedseid (Art. 1319 Abs. 1, 1356 Abs. 2 C. c.). Sie haben eine bindende Beweiskraft für den Richter.

Frei gewürdigt werden die Zeugenaussage, die tatsächlichen Vermutungen und der Ergänzungseid. Auffallend ist, daß der Richter die Gründe, die für seine Überzeugung maßgebend waren, im Urteil nicht angeben muß[52].

Wichtig für die Entwicklung des französischen Beweisrechts war die Bevorzugung des Urkundenbeweises. Zeugen und tatsächliche Vermutungen werden nicht zugelassen, wenn der Streitgegenstand den Wert von 50 Frs. übersteigt (Art. 1341 C. c.). In solchen Sachen ist nur der Beweis mit formalen Beweismitteln möglich, vor allem durch Urkunden. Andererseits kann gegen den Inhalt einer Urkunde kein Beweis durch frei zu würdigende Beweismittel geführt werden.

Der Urkundenbeweis wird so auf einen höheren Rang gesetzt als die anderen Beweismittel[53]. Davon wird in erster Linie die freie Beweiswürdigung des Richters betroffen. Die Möglichkeiten einer freien Überzeugungsbildung des Gerichts werden sehr stark verringert.

So sehr sich die gesetzliche Regelung aber der formalen Beweistheorie angeschlossen hat, um so stärker hat die Rechtsprechung dafür gekämpft, die freie Beweiswürdigung des Gerichts durchzusetzen. Durch geschickte Konstruktionen ist es ihr auch gelungen.

Zunächst unterscheidet sie zwischen zugeschobenem bzw. zurückgeschobenem und Ergänzungseid. Ersterer wird als vertragliche Verein-

---

[50] Dies ist auf einen historischen Zufall zurückzuführen. Vgl. J. Schmidt, S. 13.

[51] Es gibt aber auch Stimmen, die das Geständnis als Prozeßhandlung der Partei qualifizieren. So Legeais, S. 94 ff.; Ripert / Boulanger, I, S. 341.

[52] Perrot, Preuve, Nr. 941 ff., 944.

[53] Dieser Vorrang ist historisch bedingt und bezweckt die Verringerung der Zahl der Prozesse. Vgl. J. Schmidt, S. 15.

barung qualifiziert und ist somit für den Richter bindend, letzterer dagegen als Beweismittel und unterliegt der freien richterlichen Beweiswürdigung[54].

Aber auch hinsichtlich der Überwindung der Vorrangstellung des Urkundenbeweises hat sich die französische Rechtsprechung verdient gemacht, indem sie mit Hilfe des „commencement de preuve par écrit" dem Zeugenbeweis, und damit der freien Beweiswürdigung, ein breites Anwendungsfeld eröffnete. Darauf wird später bei der Erläuterung des Parteizeugnisses näher eingegangen werden.

2.4.2. Das Parteizeugnis

Wie schon erwähnt, kennt das französische Verfahren zwei Beweismittel, die auf dem Wissensfundus der Parteien beruhen: Das Geständnis und den Parteieid, beide formale Beweismittel. Einbezogen aber werden in die folgende Untersuchung des Parteizeugnisses auch die anderen Möglichkeiten, die dem Gericht angeboten werden, wenn es die Naturparteien zum Prozeß heranziehen will: Das „interrogatoire sur faits et articles" und die „comparution personelle".

2.4.2.1. Das Geständnis

Anders als in Deutschland wird das Geständnis in Frankreich als Beweismittel qualifiziert (Art. 1316 C. c.). Gemäß Art. 1356 in Verbindung mit Art. 1354 C. c. stellt die in der mündlichen Verhandlung abgegebene Parteierklärung, sofern sie für die aussagende Partei ungünstige Tatsachen enthält, ein gerichtliches Geständnis dar, hat daher die Wirkung eines vollen Beweises (pleine foi) gegen die gestehende Partei. Das heißt, daß der Richter nunmehr gebunden ist (Art. 1356 Abs. 2 C. c.), ebenso wie die gestehende Partei, da das Geständnis grundsätzlich nicht widerrufen werden kann (Art. 1356 Abs. 5 C. c.).

Mit Recht wird also ausgeführt, daß der Code civil dem gerichtlichen Geständnis die Kraft einer gesetzlichen Vermutung beimißt, da die Partei, zugunsten derer sie besteht, von jeglicher Beweislast befreit wird (Art. 1350 Nr. 4, 1352 C. c.)[55].

Das außergerichtliche Geständnis ist kein Beweismittel im engeren Sinne. Es hat vielmehr die Wirkung eines Indizes, einer einfachen Vermutung, die der freien Beweiswürdigung des Richters überlassen ist[56]. Demzufolge ist das außergerichtliche Geständnis dort ausgeschlossen, wo der Zeugenbeweis auch ausgeschlossen ist (Art. 1355 C. c.)

---

[54] Nagel, Grundzüge, S. 313.
[55] Dalloz, Code civil, zu Art. 1356 C. c.; Lepointe, S. 151.
[56] Nagel, Grundzüge, S. 95; Planiol / Ripert, VII, S. 1043.

2. Rechtsvergleichende Betrachtungen

2.4.2.2. Der Parteieid

Der Code civil unterscheidet zwei Arten des Parteieides: den Schiedseid und den Ergänzungseid (Art. 1358 - 1369 C. c.).

a) Davon ist ersterer Formalbeweis. Der Schiedseid (serment décisoire)[57] wird einer Partei von der anderen zugeschoben und entscheidet endgültig den Rechtsstreit. Sowohl die Leistung als auch die Verweigerung haben volle Beweiskraft (Art. 1361 C. c.). Jeglicher Gegenbeweis ist ausgeschlossen (Art. 1363 C. c.). Da der Parteieid wegen der Bindung des Richters den Rechtsstreit entscheidet, kann er nur solchen Personen zugeschoben werden, die die Fähigkeit haben, über ihre Rechte zu verfügen[58].

Diese Gedanken fortgesetzt, führen zu der Ansicht, welche tatsächlich vielfach vertreten wird, daß der Schiedseid kein eigentliches Beweismittel, sondern eine Art vertraglicher Vereinbarung, ein Beweisvertrag ist[59].

Jedoch erscheint es richtiger, wenn man auf der Rechtsnatur als Beweismittel besteht. Eine Vereinbarung ist hier schlecht vorstellbar, wenn man bedenkt, daß die Partei, welcher der Eid zugeschoben wurde, keine freie Wahl hat, sondern den Eid ableisten oder zurückschieben muß; ihre Entscheidung ist also erzwungen.

Ist das aber der Fall, so entfällt die wichtigste Voraussetzung einer Vereinbarung, die freie Entscheidung. Ein zusätzliches Argument liefert die Unmöglichkeit, über die Ergebnisse des Parteieides zu verfügen. Das Beweisergebnis ist vom Gesetz vorgesehen und bindet Richter und Parteien.

Diese Theorie der vertraglichen Vereinbarung ist aber insofern wertvoll, als sie eine Unterscheidung zwischen Schieds- und Ergänzungseid ermöglicht und auf diese Weise den Ergänzungseid der freien Beweiswürdigung unterwirft (s. o. 2.4.1. a. E.)[60].

b) Von dem Schiedseid zu unterscheiden ist der Ergänzungseid (serment déféré d'office, auch serment supplétif oder suppletoire genannt), der vom Gericht ex officio einer Partei auferlegt wird, wenn es durch die bisherigen Beweise nicht zur vollen Überzeugung gelangen kann und eine Ergänzung angemessen erscheint. Der Ergänzungseid ist also ein subsidiäres Beweismittel, da für seine Anordnung ein „Anfangsbeweis" schon vorhanden sein muß (Art. 1367 C. c.).

---

[57] In Griechenland noch neben der Parteivernehmung bestehend (s. u. 2.5.2.2.); in Deutschland von der Parteivernehmung auf Antrag ersetzt.

[58] Herzog, S. 359; Delpech, Nr. 16; Aubry / Rau / Bartin, XII, S. 140.

[59] Perrot, Preuve. Nr. 1166 f.; Lepointe, S. 153 ff.; Herzog, S. 358; Planiol / Ripert, VII, S. 1049.

[60] Sie geht davon aus, daß echte Beweismittel nur die nicht formalen sind.

Was den Beweiswert dieses Beweismittels betrifft, so ist es erstaunlich, daß Theorie und Praxis den Ergänzungseid als ein frei zu würdigendes Beweismittel behandeln, obwohl sich qualitativ die beiden Formen des Parteieides voneinander nicht unterscheiden lassen[61]. Man würde eher geneigt sein, auch den Ergänzungseid als formales Beweismittel zu qualifizieren[62].

Es wurde aber schon mehrmals auf den Drang der Rechtsprechung hingewiesen, die formale Beweistheorie zu überwinden, um den Anwendungsbereich der freien Beweiswürdigung zu verbreitern. Die oben erwähnte Unterscheidung der Rechtsnatur der Parteieide machte auch die unterschiedliche Behandlung in ihrer Würdigung möglich. Dies ist ein Verdienst der französischen Theorie, vor allem aber der Rechtsprechung gewesen[63].

2.4.2.3. Sonstige Parteierklärungen

Am meisten hat sich die französische Rechtsprechung dort verdient gemacht, wo es galt, den Parteieid und das Geständnis durch ein anderes Beweismittel zu ersetzen, welches nicht nur weniger formalistisch ausgestattet, sondern auch der „conviction intime" des Richters unterworfen war.

Diese Tendenz zeigt sich am deutlichsten in der Entwicklung vom „interrogatoire sur faits et articles" zur „comparution personelle".

Ist eine Parteierklärung weder als Geständnis noch als Parteieid zu qualifizieren, so geht das französische Recht davon aus, daß diese nur eine Parteibehauptung sein kann, welche dann beweisbedürftig ist.

Den Ausdruck dieses Grundsatzes bildete ursprünglich das Institut des „interrogatoire sur faits et articles"[64], welches, ähnlich wie das „interrogatio per positiones" des römisch-kanonischen Prozesses[65], nicht ein Beweismittel war, sondern zu einem solchen führen sollte: Dem Geständnis der befragten Partei.

Jede Partei, die hoffte, zu einem Geständnis der Gegenpartei zu kommen, konnte dem Gericht schriftliche Fragen einreichen, die von der Gegenpartei vor dem „juge-commissaire" beantwortet wurden. Sowohl das erkennende Gericht, als auch die Partei, die dieses „interrogatoire" beantragt hatte, konnten zum Ergebnis der Befragung nur mit Hilfe des Protokolls gelangen.

---

[61] Perrot, Preuve, Nr. 1325; Delpech, Nr. 39 und die dort angeführten Entscheidungen.

[62] Vgl. Art. 1366 C. c. und Nagel, Grundzüge, S. 314.

[63] Cappelletti, II, S. 791.

[64] Art. 324 - 336 C. pr. c., a. F.

[65] J. Schmidt, S. 19; Cappelletti, II, S. 774; vgl. auch die englischen „interrogatories", oben Anm. 27.

Zwei Ursachen waren entscheidend für die im Jahre 1942 erfolgte Abschaffung dieses Instituts. Zunächst waren die schriftlichen Fragen der Gegenpartei früh genug bekannt[66], so daß ausreichend Gelegenheit war, die Antworten vorzubereiten, womit die Möglichkeit eines Geständnisses fast ausschied, eine Tatsache, welche das Institut als völlig nutzlos erscheinen ließ. Andererseits kannte diese Befragung, anders als das „interrogatio per positiones", keine Beeidigung[67], so daß die Antworten der Gegenpartei lediglich als Behauptungen gelten konnten.

Was aber vor allem für die Rechtsprechung bedeutend erschien, war nicht, Geständnisse zu gewinnen, sondern das Protokoll eines „interrogatoire" als „commencement de preuve par écrit" im Sinne des Art. 1347 C. c. zu qualifizieren, um somit die engen Schranken des Zeugenbeweises auszudehnen und in all den Fällen zu helfen, wo die Partei den schriftlichen Beweis nicht führen konnte[68].

Da die Entscheidung, ob eine Urkunde und somit auch das Protokoll einer Parteibefragung genügend Anhaltspunkte enthält, um als eine erste Stufe des schriftlichen Beweises qualifiziert werden zu können, eine Tatfrage ist, die allein von den Instanzgerichten nach freier Überzeugung getroffen wird[69], wird die Kontrolle des Kassationshofes ausgeschlossen. Dadurch ist die von der Rechtsprechung beabsichtigte Entwicklung tatsächlich zustandegekommen.

Doch stand die Ungeeignetheit des formalistisch ausgestalteten „interrogatoire", diesem Zweck zu dienen, fest, weshalb sich die Praxis gezwungen sah, nach der formlosen Parteibefragung, die sog. „comparution personelle" der Parteien, zu greifen[70].

Die alte Fassung des Code de procédure civile erwähnte die „comparution personelle" in lediglich zwei Artikeln (Art. 119 und 428). Die ursprüngliche Funktion dieses Instituts war die Aufklärung, Ergänzung, Verbesserung des Parteivortrags. Nachdem aber die „comparution" in der Praxis das „interrogatoire" ersetzte, wurde sie für dessen Zwecke benutzt, erhielt also Beweischarakter[71].

Die lückenhaften Vorschriften des Gesetzes[72] wurden von der Rechtsprechung erfolgreich ergänzt, so daß ein neues Institut entstehen

---

[66] Garsonnet / Cézar / Bru, II, S. 484.
[67] Glasson / Tissier, II, S. 826 - 833; Miller, Ill. L. Rev. 32 (1937), S. 282.
[68] Nagel, Grundzüge, S. 315.
[69] J. Schmidt, S. 21; Ripert / Boulanger, I, S. 338.
[70] Glasson / Tissier, II, S. 833; Garsonnet / Cézar / Bru, S. 486; Nagel, Grundzüge, S. 314; J. Schmidt, S. 21; Papon, Nr. 2.
[71] Nagel, Grundzüge, S. 314; J. Schmidt, S. 22.
[72] Art. 119 Abs. I C. pr. c. schrieb nur vor, daß das Gericht den Tag des Erscheinens angibt, wenn es das persönliche Erscheinen der Parteien anordnet.

2.4. Frankreich

konnte, welches der Zeugenvernehmung ähnelte und dadurch zustande kam, daß man „comparution" und „interrogatoire" verbindend jegliche Formalität des letzteren außer Acht ließ[73].

Diese ex officio angeordnete Parteibefragung hatte gegenüber dem „interrogatoire" große Vorteile: Sie war in jedem Verfahrensstadium zulässig, sogar in Fällen, wo der Zeugenbeweis ausgeschlossen war[74]; sie fand vor dem erkennenden Gericht in Anwesenheit der anderen Partei statt und sah weder festgelegte Fragen des Richters vor, noch schloß sie Fragen der Gegenpartei aus. Normalerweise wurde auch ein Protokoll aufgenommen, obwohl dies nicht zwingend war.

Es ist offensichtlich, daß der Zweck dieser Parteibefragung nicht mehr die Aufklärung des Parteivortrags war, sondern vielmehr darin bestand, durch den persönlichen Kontakt des Richters zu der Partei zunächst Widersprüche und sonstige Unklarheiten im Parteivorbringen aufzudecken, darüber hinaus aber das Verhalten der Partei, vor allem das Nicht-Erscheinen oder die Einlaßverweigerung, verwertbar zu machen[75] in dem Sinne, daß solche Momente — im Protokoll aufgenommen — die Vorschrift des Art. 1347 C. c. erfüllen, die den Zeugenbeweis ermöglicht[76].

Der Gesetzgeber — der gerichtlichen Praxis bewußt — sanktionierte durch ein Gesetz vom 23. Mai 1942, das 1945 in Kraft trat, diese Entwicklung. Das „interrogatoire sur faits et articles" wurde abgeschafft und an seine Stelle eine eingehende Regelung der in der Praxis entwickelten „comparution personelle" gesetzt.

Dieses neue Gesetz wich von den richterrechtlich geschaffenen Grundsätzen nicht wesentlich ab. Auch die Funktion, nämlich der Gewinn der ersten Stufe eines schriftlichen Beweises, blieb dieselbe; Art. 336 C. pr. c. sieht ausdrücklich vor, daß das Nicht-Erscheinen — trotz Ladung — oder die Einlassungsverweigerung der Partei vom Gericht frei gewürdigt wird, insbesondere dem „commencement de preuve par écrit" gleichgesetzt[77], in manchen Fällen sogar als volles Geständnis gewertet werden können[78].

Eine komplizierte Konstruktion der Rechtsprechung vervollständigte diese Entwicklung durch die Schaffung eines neuen Geständnisbegriffs.

---

[73] Vgl. Schönke, DGWR 37, S. 334, Anm. 35. Im Prinzip ähnliche Tendenz weist die Praxis der deutschen und griechischen Gerichte auf.

[74] Darin lag ihre große Bedeutung. Vgl. Nagel, Grundzüge, S. 317; Papon, Nr. 4, 5.

[75] De la Grasserie, Rev. crit. 1905, S. 550; Mazeaud / Mazeaud, I, S. 421.

[76] Glasson / Tissier, II, S. 833 f.; Mazeaud / Mazeaud, S. 420 f.

[77] Perrot, Preuve, Nr. 1557; Siegert, S. 39.

[78] Foyer, S. 201; Sicard, S. 206; Hémard, S. 25.

Die Rechtsprechung ist der Auffassung, daß die Zulassung des Zeugenbeweises gemäß Art. 1347 C. c. auf die Existenz eines „demi-aveu", eines Teil-Geständnisses, zurückzuführen ist. Dieser Gedanke besagt weitergeführt, daß nicht die Schriftlichkeit, sondern die Existenz eines Beginns des Beweises die wichtige Voraussetzung des Art. 1347 C. c. ist[79], so daß der Zeugenbeweis auch dann zulässig ist, wenn zwar die Voraussetzungen des Art. 1347 C. c. fehlen, sonst aber ein „demi-aveu" vorliegt[80].

Gerade diese Konstruktion des „demi-aveu", welches mit dem Geständnis des Code civil nichts gemeinsames hat, machte es den Gerichten möglich, das bloße Verhalten der Parteien bei der „comparution personelle" zu verwerten.

Die Rechtsnatur dieser neu geregelten „comparution" ist aber zweifelhaft. Sie ist nicht ausdrücklich als Beweismittel aufgenommen. Jedoch verfügt der Teil des Schrifttums, der von dem Beweismittelcharakter der „comparution" überzeugt ist, über wichtige Argumente.

Obwohl die durch die „comparution personelle" gewonnene erste Stufe eines schriftlichen Beweises keinen Vollbeweis erbringt[81], hat dieses „demi-aveu" doch als Ergebnis, daß der Zeugenbeweis nunmehr zulässig ist. Aber auch die dem Zeugenbeweis bezüglich des Beweiswertes gleichgestellten übrigen unvollkommenen Beweismittel sind zulässig. So ist es möglich z. B. daß das Gericht die erste Stufe des Beweises zum Vollbeweis durch die einfache Auferlegung des Ergänzungseides vervollständigt[82].

Dies zeigt schon, welche Möglichkeiten die „comparution" für die Praxis bietet.

Die französische Rechtsprechung geht noch weiter, indem sie einen noch unkomplizierteren Weg wählt. Das aus der „comparution personelle" gewonnene unvollkommene Beweisergebnis wird durch die Annahme einer tatsächlichen Vermutung vervollständigt. Diese Praxis ist durchaus möglich, da die Wahrscheinlichkeit einer Tatsache, die daraus eine Vermutung annehmen läßt, der Kontrolle des Kassationshofes nicht unterworfen ist[83].

So kann im Wege der „comparution personelle" ein und dieselbe Tatsache sowohl als „commencement de la preuve", wie auch als tat-

---

[79] Mazeaud, S. 88; Perrot, Commencement, Nr. 17; Foyer, S. 200; Legeais, S. 120; J. Schmidt, S. 23 f.; Planiol / Ripert, VII, S. 989.

[80] De la Grasserie, S. 549 f.; J. Schmidt, S. 24.

[81] Mazeaud / Mazeaud, I, S. 422; Planiol / Ripert, S. 855; J. Schmidt, S. 26.

[82] Perrot, Preuve, Nr. 1317; Delpech, Nr. 35; Herzog, S. 361; Nagel, Grundzüge, S. 316; J. Schmidt, S. 26.

[83] Perrot, Preuve, Nr. 976 - 982; Planiol / Ripert, S. 1008 f.; J. Schmidt, S. 26.

sächliche Vermutung geltend gemacht werden. Demzufolge führte diese Konstruktion direkt zu dem Ergebnis, daß die Parteibefragung in Wirklichkeit zum Beweismittel entwickelt wurde, eine Tatsache, die nicht nur zur Absetzung des Urkundenbeweises aus seiner Vorrangstellung, sondern zur Aberkennung jeder Bedeutung des gesamten formalen Systems führen mußte[84].

So wenig dem Wortlaut des Gesetzes eine solche Rechtsnatur der „comparution personelle" entnommen werden kann, um so deutlicher wird ihr Beweismittelcharakter in der Rechtsprechung betont, so daß in der Praxis keine bedeutenden Zweifel über ihren Anwendungsbereich bestehen.

2.4.3. Ergebnis

Faßt man die bisherigen Ausführungen über das französische Beweisrecht zusammen, so stellt sich heraus, daß das Parteizeugnis in folgenden Formen vorkommen kann:

Geht man von der gesetzlichen Regelung aus, so sind formale Beweismittel das gerichtliche Geständnis und der Schiedseid. Dagegen ist der Ergänzungseid nach h. L. frei zu würdigen, weswegen er zu den „unvollkommenen"[85] Beweismitteln gezählt wird.

Als Mittel zur Aufklärung des Parteivortrags ursprünglich bestimmt, wurde die „comparution personelle" von der Rechtsprechung zum Beweismittel entwickelt, obwohl an sich das gesetzliche System den einfachen Parteierklärungen jede Glaubwürdigkeit absagt, eine Tatsache, welche die rückhaltlose Anerkennung des Beweismittelcharakters der „comparution personelle" heute noch verhindert[86].

Betrachtet man die Entwicklung des Beweisrechts allgemein und des Parteizeugnisses in concreto, so lassen sich in Frankreich folgende Tendenzen feststellen:

Die französische Rechtsprechung hat erfolgreich versucht, die Schranken des Formalbeweises des Code civil zu sprengen, um somit den Anwendungsbereich des Grundsatzes der freien Beweiswürdigung auszuweiten. Dieselben Leitgedanken haben auch dazu geführt, daß die

---

[84] Cappelletti / Perillo, S. 228; Siegert, S. 89; Nagel, Grundzüge, S. 316; J. Schmidt, S. 26, führt aus, daß die Parteibefragung so möglicherweise zu einem „ensemble de présomptions suffisants pour entraîner la conviction du juge" geworden ist.

[85] Diesen Ausdruck gebraucht J. Schmidt, S. 14, im Gegensatz zu den „vollkommenen" Beweismitteln („procédés de preuve parfaits").

[86] Ein Erscheinen der Partei zur Aufklärung des Sachverhalts in deutschem Sinne, jedoch neben dem Anwalt, kennt das französische Recht auch (Art. 89 bis 90 décret 20. 7. 72). Vgl. Nagel, Grundzüge, S. 316 f.; Dalloz, C. pr. c., S. 560; Papon, Nr. 34.

Art der Verwertung des Parteiwissens im Prozeß immer mehr vereinfacht wurde. So fing die Entwicklung mit der Zurückdrängung des formalen Parteieides an, setzte sich fort mit der Abschaffung des — wegen der Formalität, mit der es versehen war — untauglichen „interrogatoire sur faits et articles" und fand ihren (vorläufigen?) Abschluß in der beweismäßigen Anwendung der „comparution personelle".

Bemerkenswert ist, daß die Praxis diese Beweismittel nicht gleichzeitig nebeneinander anwendet, sondern historisch betrachtet nacheinander in einer ständigen Entwicklung von den formalen zu den frei zu würdigenden Beweismitteln einerseits, von den formellen zu den informellen andererseits. Interessant ist vor allem, daß sich diese Entwicklung nicht durch den Gesetzgeber vollzogen hat, sondern in erster Linie durch die Rechtsprechung mit Unterstützung der Theorie die sich auf diese Weise ihrer Aufgabe gewachsen gezeigt haben.

2.5. Griechenland

2.5.1. Das Beweisrecht des neuen ZPGB von 1971

Der deutschen Regelung des Parteizeugnisses am nächsten steht das griechische ZPGB. Die letzte Reform[87] schaffte die veralteten Vorschriften des ZPGB von Georg v. Maurer[88], eines Geschöpfes des 19. Jahrhunderts, ab und ersetzte sie durch eine Menge neuer.

Nun betrifft eine der wichtigsten Neuerungen das Parteizeugnis. Der Noteid[89] wurde nun durch die Parteivernehmung nach österreichischem Vorbild ersetzt (Art. 415 ff. ZPGB). Dagegen blieb die andere Form des Parteieides, der zu- bzw. zurückgeschobene Parteieid, erhalten (Art. 421 ff. ZPGB). Als dritte Form des Parteizeugnisses kommt das gerichtliche Geständnis in Frage (Art. 352 ff. ZPGB). In Art. 339 ZPGB werden, außer den schon erwähnten, noch der Augenschein, der Sachverständige, die Urkunden, die Zeugen und die gerichtlichen Indizien als Beweismittel zugelassen.

Die Aufzählung dieser Beweismittel im Gesetz hat eine einschränkende Natur, weil sie einen numerus clausus der Beweismittel enthält[90], d. h. aller Beweisstoff kann nur aus diesen Beweismitteln gewonnen werden[91]. Daran läßt auch Art. 340 ZPGB, der den Grund-

---

[87] Gesetze Nr. 44/1967, 545/1968, 368/1969 und vor allem 958/1971.
[88] ZPGB vom 2. April 1834, das sehr stark von dem französischen C. pr. c. beeinflußt war.
[89] Er spielte eine sehr wichtige Rolle in der Gerichtspraxis, führte aber gleichzeitig zu großen Problemen. Vgl. Fragistas, S. 372 f.
[90] Sinaniotis, Vorlesungen, S. 15; ders., Kommentar, I zu Art. 339 ZPGB.
[91] Beys, D 1, S. 463.

2.5. Griechenland

satz der freien Beweiswürdigung anerkennt, keinen Zweifel: „Mit Ausnahme der vom Gesetz ausdrücklich bestimmten Fälle würdigt das Gericht die Beweismittel nach freiem Ermessen und entscheidet nach seiner Überzeugung über die Wahrheit der Behauptungen. In dem Urteil müssen die Gründe, welche den Richter zu seiner Überzeugung geführt haben, angegeben werden[92]." Anders als der deutsche Richter kann der griechische den Prozeßstoff aus der mündlichen Verhandlung bei seiner Überzeugungsbildung nicht mitberücksichtigen. Die Beweisaufnahme allein, als abgegrenztes Stadium des Verfahrens, liefert die Gründe, auf die der Richter seine Überzeugung stützten darf. Dies besagt, daß Beweisgründe nur durch die im Gesetz ausdrücklich zugelassenen Beweismittel gewonnen werden können.

Nun mag die freie Beweiswürdigung die Regel bilden, so gibt es auch genügend Ausnahmen. Danach kann man die Beweismittel unterscheiden je nachdem, ob sie — dem Formalbeweis angehörend — bindenden Beweiswert besitzen oder ob sie zu den frei zu würdigenden Beweismitteln gehören, deren Beweiswert vom Richter allein festgestellt wird[93].

Zur ersten Gruppe gehören das gerichtliche Geständnis, die Urkunde und der geleistete Parteieid. Das Gesetz betrachtet diese Beweismittel als den „vollen Beweis" erbringend[94]. Dieses System des „gesetzlichen Beweises" oder der „Theorie der Beweise"[95] besagt, daß diese Beweismittel vom Gericht ohne Prüfung dem Urteil zugrunde zu legen sind[96].

Zur zweiten Gruppe gehören die übrigen Beweismittel. Das Gesetz sieht dies sogar bei manchen ausdrücklich vor, so etwa für den Sachverständigen (Art. 387 ZPGB) und für die Parteivernehmung (Art. 420 ZPGB).

Das griechische ZPGB kennt auch eine Einschränkung des Zeugenbeweises wie der franz. C. c.: Verträge und Kollektivverträge können, wenn der Streitwert die Summe von Dr. 10 000 übersteigt, nicht durch Zeugen bewiesen werden (Art. 393 ZPGB). Weiter ist der Zeugenbeweis durch die Vorschrift des Art. 400 Abs. 3 ZPGB eingeschränkt, wonach die am Ausgang des Prozesses interessierten Personen als Zeugen völlig ausscheiden[97]. Ebensowenig sind die gerichtlichen Indizien

---

[92] Übersetzung nach Baumgärtel / Rammos, zu Art. 356 a. F.
[93] Das ZPGB hat somit ein gemischtes Beweiswürdigungssystem, ebenso wie Frankreich. Vgl. Fragistas, S. 368 f.
[94] Vgl. Art. 352, 430 und 438 ff. ZPGB.
[95] Sinaniotis, Vorlesungen, S. 18; ders., Kommentar, I zu Art. 340 ZPGB; Rammos, Vorträge A, S. 157.
[96] Sonst ist Revision gemäß Art. 559 Nr. 12 ZPGB möglich. So auch Sinaniotis, Vorlesungen, S. 19; ders., Kommentar, II zu Art. 340 ZPGB.
[97] Auch als Parteien können diese Personen nicht vernommen werden (Art. 415 ZPGB).

als Beweismittel zugelassen, wenn der Zeugenbeweis unzulässig ist (Art. 395 ZPGB).

Diese, wie erwähnt, der französischen so ähnliche Lösung (s. o. 2.4.1.) hätte dazu geführt — wie es in Frankreich ja der Fall war —, daß dem Richter und den Parteien für höhere Streitwerte nur die formalen Beweismittel zur Verfügung stünden. Obwohl die Möglichkeit der „ersten Stufe eines schriftlichen Beweises" auch in Griechenland besteht (Art. 394 Abs. 1 a ZPGB), wäre die freie Beweiswürdigung des Gerichts bedeutend eingeschränkt[98]. Doch nahm der griechische Gesetzgeber wahrscheinlich Rücksicht auf die Probleme, welche diese Lösung in Frankreich auslöste, und sich der Erfahrung aus der eigenen und der französischen Entwicklung bedienend, ließ er die Parteivernehmung uneingeschränkt zu. Die Rolle der „comparution personelle" übernahm nun in Griechenland die Parteivernehmung[99].

Die Parteivernehmung verdient deswegen und aus anderen Gründen, die später zu erläutern sind, besondere Aufmerksamkeit. Doch müssen zuerst die formalen Typen des Parteizeugnisses erläutert werden, damit man einen Überblick über die Entwicklung des Parteizeugnisses im griechischen Verfahrensrecht gewinnen kann.

2.5.2. Das Parteizeugnis

Bedenkt man, daß das griechische Verfahrensrecht außer den bisher erwähnten Beweismitteln, die das Parteiwissen in den Prozeß führen sollen, noch eine Parteianhörung (Art. 245 ZPGB) kennt, so könnte angenommen werden, daß dieses komplizierte System zu Unklarheiten führen kann, insbesondere zu Abgrenzungsschwierigkeiten zwischen den verschiedenen Formen der Parteierklärungen. Dieses problematische Verhältnis herauszuarbeiten, werden wir im folgenden versuchen. Als besonders schwierig erweist sich die Abgrenzung des Geständnisses von der Parteivernehmung und von der Parteianhörung sowie der Parteivernehmung von der Parteianhörung. Die Komplikationen, zu denen das Geständnis führt, sind wohl verständlich, wenn man die Tatsache berücksichtigt, daß das Geständnis ein vom Gesetz festgelegter Maßstab des Beweiswertes einer bestimmten Art von

---

[98] Vgl. zur diesbezüglichen Entwicklung unter dem älteren ZPGB Fragistas, S. 376 ff.
[99] Über diese Rolle der Parteivernehmung vgl. Praktika, S. 569; siehe auch Stamatis, D 4, S. 442; Beys, Einführung, S. 55. Denkbar wäre auch die von Mitsopoulos, D 4, S. 505 angedeutete Funktion der Parteivernehmung, nach welcher die Parteiaussage — analog wie bei der französischen „comparution personelle" — eine „erste Stufe eines schriftlichen Beweises" darstellen kann und somit zur Durchbrechung der erwähnten Einschränkung des Zeugenbeweises herangezogen werden darf.

Parteierklärungen ist, das zunächst in jeder Parteierklärung enthalten sein könnte, gleichgültig, im Rahmen welchen Verfahrensinstituts sie abgegeben wird.

2.5.2.1. Das Geständnis

Ebenso wie die deutsche ZPO ist auch das griechische ZPGB von der Verhandlungsmaxime beherrscht. So ist es völlig verständlich, daß die übereinstimmend vorgebrachten Tatsachen keines Beweises mehr benötigen. Diese Tatsache wird aber in dem griechischen ZPGB anders als in der deutschen ZPO berücksichtigt. Das Gesetz zählt das gerichtliche Geständnis zu den Beweismitteln, während die deutsche ZPO es als einen Dispositionsakt qualifiziert, welcher den Beweis ausschließt. Die Wirkung bleibt dieselbe[100]: Der Richter ist dadurch gebunden (Art. 352 ZPGB) und ebenso die Partei, denn das Geständnis ist grundsätzlich unwiderruflich (Art. 354 ZPGB).

Die theoretischen Ansätze in der griechischen Jurisprudenz stimmen darin überein, daß das Geständnis nicht die Rechtsnatur einer Willenserklärung, was ja seine Aufnahme als Beweismittel bezeugt, sondern die einer Wissenserklärung hat[101]. So reicht die Prozeßfähigkeit aus, um wirksam gestehen zu können[102].

Was hier noch erwähnenswert erscheint, ist die interessante Vorschrift des Art. 350 ZPGB, wonach die bindende Beweiskraft des Geständnisses auch dann unbeeinflußt bleibt, wenn außer der für die gestehende Partei nachteiligen Tatsache noch eine andere Tatsache darin enthalten ist, welche für sie günstig ist und eine selbständige Behauptung darstellt (Teilbarkeit des Geständnisses). Ist diese günstige Tatsache allerdings nicht selbständig, so wird das Geständnis frei gewürdigt.

Das Problem der Abgrenzung des Geständnisses von den anderen Parteiaussagen wird unten im Zusammenhang mit der Parteivernehmung bzw. Parteianhörung angesprochen.

Ebenso wie in Frankreich wird in Griechenland dem außergerichtlichen Geständnis der Beweiswert eines Indizes beigemessen, welches der freien richterlichen Beweiswürdigung unterliegt.

2.5.2.2. Der Parteieid

Formalbeweis ist auch das Parteizeugnis, wenn es in Form eines Parteieides abgegeben wird. Das ursprünglich komplizierte System

---
[100] Nagel, Grundzüge, S. 96.
[101] Vgl. Sinaniotis, Vorlesungen, S. 57; Beys, Einführung, S. 51.
[102] Sinaniotis, Vorlesungen, S. 57; anders im französischen Recht (s. o. 2.4.2.1.).

der Vorschriften ist durch das neue ZPGB vereinfacht worden. Das heutige ZPGB kennt hauptsächlich den Schiedseid in der Form des zugeschobenen bzw. zurückgeschobenen Parteieides[103].

Der Parteieid ist ein subsidiäres Beweismittel, ein „extremum remedium"[104]; er wird vom Gericht nur dann zugelassen, wenn andere ausreichende Beweismittel nicht vorhanden sind und nur über Tatsachen, die der Partei, welcher er zugeschoben wird, aus eigenem Wissen bekannt sind (Art. 421 Abs. 3 ZPGB)[105]. Die Leistung des Eides hat „volle" Beweiskraft (Art. 430 Abs. 1 ZPGB), weshalb auch der Gegenbeweis unzulässig ist (Art. 430 Abs. 1 ZPGB).

Wird die Erklärung der Annahme oder Zurückschiebung des Eides dagegen nicht oder zu spät abgegeben, oder wird der Eid nicht oder zu spät oder nicht ordnungsgemäß geleistet, so hat dies keine gesetzliche Beweiskraft, sondern wird vom Gericht frei gewürdigt (Art. 430 Abs. 3 ZPGB).

Diese Doppellösung hinsichtlich der Beweiskraft des Parteieides ist höchst merkwürdig und schwer verständlich[106]. Nicht nur wegen der Doppellösung in sich, sondern vielmehr wegen des Konfliktes zwischen der Beweiskraft des abgeleisteten Eides und der diesbezüglichen Behandlung der Parteivernehmung[107], die ja nicht nur frei gewürdigt wird, sondern auch mit der Möglichkeit einer Vereidigung versehen ist.

Überhaupt ist das Nebeneinander von Formalbeweis in Form des Parteieides und von freier Beweiswürdigung, deren bester Ausdruck in der Würdigung der Parteivernehmung gesehen werden kann, kaum vorstellbar. Parteieid und Parteivernehmung gehören doch zu verschiedenen Entwicklungsstufen des Zivilprozesses, so daß man sagen könnte, daß sie sich gegenseitig ausschließen[108].

Es ist an sich nicht einzusehen, warum ein Gesetzgeber, der mit der Einführung der Parteivernehmung die freie Beweiswürdigung in hohem Maße verstärkt hat, zugleich den Parteieid, den Repräsentanten des Formalbeweises, beibehalten hat. Die Erklärung, dem Eid als Beweismittel müsse wegen seines religiösen Charakters[109], der den griechischen Verhältnissen besser gerecht werde, größere Bedeutung beigemes-

---
[103] Auch der Schätzungseid (Art. 431 ZPGB) und der Bestätigungseid (im Zwangsvollstreckungsverfahren!) sind zugelassen.
[104] So Rammos, Vorträge A, S. 156.
[105] Art. 421 I ZPGB; vgl. auch Fragistas, S. 374.
[106] Nur der Wille der möglichst weiten Durchsetzung der freien Beweiswürdigung könnte hier entscheidend gewesen sein.
[107] Vgl. die Bedenken Cappellettis, II, S. 752 Anm. 77.
[108] Nagel, Grundzüge, S. 87.
[109] Vgl. Fragistas, S. 372; Sinaniotis, Vorlesungen, S. 100. Schedion Pol. Dik. Bd. 6, S. 185 ff.

sen werden, scheint wenig zu überzeugen, zumal der Gesetzgeber selbst, das eigene System durchbrechend, die freie Beweiswürdigung der Verweigerung usw. der Eidesableistung vorschreibt. Schon ihre Subsidiarität löst Probleme aus: Welches von den beiden wird als „ultimum remedium" gebraucht? Vieles spricht dafür, zunächst die Anordnung der Parteivernehmung vorzuziehen. Der Parteieid, ein traditionsverursachtes Relikt der liberalistischen Ära des Zivilprozesses, die auch in Griechenland allmählich zu Ende geht, ist einer Revision bedürftig.

2.5.2.3. Die Parteivernehmung

Ein neues Beweismittel ist durch die neue Prozeßordnung eingeführt worden: Die Parteivernehmung. Sie war ursprünglich für das Bagatellverfahren (Art. 26) zugelassen, ähnlich wie in Österreich. Darauf stützend und sich der allgemein guten Erfahrung bewußt, führte der griechische Gesetzgeber die Parteivernehmung als Beweismittel in den Zivilprozeß ein.

Ebenfalls wie in Deutschland und Österreich ist die Parteivernehmung ein subsidiäres Beweismittel, sie kann nur angeordnet werden, wenn Tatsachen überhaupt nicht oder durch die anderen Beweismittel nicht vollständig bewiesen wurden (Art. 415 ZPGB). Das heißt aber nicht, daß andere Beweise vorher angetreten werden müssen. Eine Parteivernehmung ist auch möglich, wenn keine Beweismittel bezeichnet wurden[110]. Die h. L. geht davon aus, daß die Verletzung der Subsidiarität eine Revision als Folge haben muß (Art. 559 Abs. 11 und 12 ZPGB)[111].

Jedoch ist die Ausgestaltung der Parteivernehmung in dem griechischen ZPGB viel liberaler als in der deutschen ZPO. Sie kann unter der erwähnten Voraussetzung sowohl auf Antrag, als auch von Amts wegen angeordnet werden, wobei sich die beiden Arten überhaupt nicht voneinander unterscheiden, was die restlichen Anordnungsvoraussetzungen betrifft: Das Gericht kann nach seinem Ermessen eine oder mehrere Parteien vernehmen (Art. 415 ZPGB). Die Beweislast spielt also dabei keine Rolle, womit das Gericht viel einfacher zu einer Art „cross-examination" durch Gegenüberstellung der Parteien kommen kann (Art. 416 i. V. m. 409 Abs. I ZPGB).

Die Partei ist über die Beeidigungsmöglichkeit zu belehren (Art. 417 Hs. III ZPGB). Die Vernehmung ist zunächst uneidlich (Art. 417 ZPGB). Es liegt wiederum im Ermessen des Gerichts, die Vereidigung der Partei vor der Vernehmung anzuordnen und zwar über die ganze Aussage oder über Teile davon (Art. 417 Hs. I ZPGB). Aber auch der Nach-

---

[110] Vgl. Gryllis, D 3, S. 457.
[111] Kassationshof 643/1969, in NoB 18, S. 443; Stamatis, D 4, S. 458.

eid (Art. 417 Hs. II ZPGB) ist vorgesehen, wenn das Gericht die bereits unbeeidigt vernommene Partei dazu lädt, daß sie ihre Aussage ganz oder zum Teil eidlich bestätigt. Die Gegenparteien können aber nicht über dieselbe Tatsache beeidigt werden (Art. 417 Abs. 2 ZPGB). Ein Aussageverweigerungsrecht hat die Partei bei Tatsachen, die für sie strafrechtliche Folgen haben können, ohne daß daraus vom Gericht Schlüsse gezogen werden können (Art. 417 Hs. IV ZPGB)[112]. Wohl aber kann das Gericht solche negativen Schlüsse aus der Einlassungsverweigerung oder dem unentschuldigten Ausbleiben der vorgeladenen Partei, sowie aus der Abweichung der beeidigten von der früheren, unbeeidigten Aussage, ziehen (Art. 419 Nr. 2 ZPGB).

Die Parteiaussage wird frei gewürdigt, gleichgültig, ob sie für die Partei günstiges oder ungünstiges enthält, da sie als Ganzes zu berücksichtigen ist[113]. Insofern kann die Parteivernehmung kein gerichtliches Geständnis enthalten und ist von diesem zu unterscheiden[114].

Auch von der Zeugenvernehmung unterscheidet sich die Parteivernehmung, weil sie ein subsidiäres Beweismittel ist und weil zu ihr nur Parteien zugelassen werden, die unter Erscheinungs- bzw. Einlassungs*last* stehen. Die Zeugen dagegen unterstehen einer Erscheinungs- bzw. Einlassungs*pflicht* (Art. 398 und 407 ZPGB). Außerdem ist der Zeugenbeweis, wie betont, beschränkt zugelassen (Art. 393 - 395 ZPGB).

Schließlich bestimmt Art. 400 Nr. 3 wie erwähnt, daß nicht nur die Parteien, sondern überhaupt alle Personen, die am Ausgang des Prozesses interessiert sind, für eine Zeugenvernehmung nicht in Frage kommen. Ebensowenig darf die Parteivernehmung, auch wenn sie eine eidliche ist, mit dem Parteieid verwechselt werden. Obwohl beide subsidiär sind, handelt es sich bei der ersten um eine frei zu würdigende Aussage, während es sich bei der zweiten nur um die Bekräftigung einer Parteibehauptung durch Eid handelt, der dann bindende Beweiskraft zukommt.

2.5.3. Die Anordnung des persönlichen Erscheinens der Parteien

Eine weitere Möglichkeit, das Parteiwissen für den Prozeß nutzbar zu machen, stellt die Anordnung des persönlichen Erscheinens gemäß Art. 232 und vor allem Art. 245 ZPGB dar: „Das Gericht kann von Amts wegen oder auch auf Antrag einer Partei alles anordnen, was zur Aufklärung der Streitfrage beitragen kann, insbesondere das persönliche

---

[112] Vgl. Art. 399 i. V. m. 401, 416 und 420 ZPGB.
[113] Sinaniotis, Vorlesungen, S. 100.
[114] Sinaniotis, ebenda; ders., Kommentar, I zu Art. 420 und zu Art. 415 ZPGB; Beys, Einführung, S. 55; a. A. ders., ebenda, S. 59; ders., Einzelrichter, S. 61. Vgl. auch die deutsche Problematik u. 3.5.2.

Erscheinen der Parteien oder ihrer gesetzlichen Vertreter vor Gericht, zur Vorlegung von Fragen oder zur Abgabe von Erklärungen bezüglich der Streitsache[115]."

Ein Erscheinenszwang besteht nicht, obwohl die Partei nach Art. 110 Nr. 3 ZPGB verpflichtet ist, zu erscheinen. Diese Vorschrift ist sanktionslos[116]. Aus dem Nicht-Erscheinen können nach herrschender Lehre keine Schlüsse zuungunsten der Partei im Rahmen der Beweiswürdigung gezogen werden[117], da diese Befragung kein Beweismittel ist, sondern nur ein Mittel zur Vervollständigung der Parteivorträge, zur Beseitigung von Lücken im Rahmen der Ausübung der Aufklärungspflicht des Gerichts[118]. Deshalb kommt als Folge des Nicht-Erscheinens nur die Nicht-Beseitigung der Unklarheiten im Parteivortrag und möglicherweise die sich daraus ergebende Unschlüssigkeit der Klage.

Diese Ansicht über die Rechtsnatur der Parteibefragung im Rahmen des Art. 245 ZPGB wird von dem numerus clausus der Beweismittel unterstützt (s. o. 2.5.1.) und vor allem von dem sehr engen Wortlaut des Art. 340 ZPGB über die freie Beweiswürdigung. Es scheint deshalb, als bereitete die Abgrenzung von der Parteivernehmung keine Schwierigkeiten. Daß dies nicht stimmt, verdeutlicht das Problem des Inhalts dieser Anhörung, nämlich die Frage, ob sie Behauptungen und Geständnisse enthalten kann.

Besonders problematisch erscheint die Antwort auf diese Frage für den Anwaltsprozeß. Art. 99 ZPGB schreibt vor, daß die Partei das Geständnis des Anwalts widerrufen kann, nicht aber, daß sie allein gültige Geständnisse machen kann. Auch in Griechenland geht die h. L. davon aus, daß die Naturpartei im Anwaltsprozeß keine Postulationsfähigkeit hat[119]. Anders ist es offensichtlich im Parteiprozeß, wo die Partei ohne weiteres postulationsfähig ist und diese Eigenschaft auch im Rahmen der Parteianhörung nicht verliert (Art. 94 ZPGB).

---

[115] Übersetzung nach Baumgärtel / Rammos, zu Art. 254 a. F. — Ein ähnliches Institut kannte auch das alte ZPGB. Vgl. Mitsopoulos, ZAR 1947, S. 643 und Kitsikopoulos, Kommentar, zu Art. 172.

[116] Delikostopoulos / Sinaniotis, Kommentar, III zu Art. 240 a. F. ZPGB.

[117] Dieselben, ebenda; Mitsopoulos, ZAR 1947, S. 642 ff.; Beys, Kommentar, III 11 zu Art. 232.

[118] Beys, Einführung, S. 55; ders., D 1, S. 463; ders., Kommentar, III zu Art. 245; Rammos, Elemente, A § 164 II, S. 474; ders., D 1, S. 712; Gryllis, D 3, S. 457 Anm. 2; Stamatis, D 4, S. 447 ff.; Sinaniotis, Vorlesungen, S. 96; ders., Kommentar, I zu Art. 415 ZPGB.

[119] Delikostopoulos / Sinaniotis, Vorlesungen, I A, S. 143; dieselben, Kommentar, zu Art. 100 ZPGB a. F.; Rammos, Vorträge, A, S. 50 f. Vgl. auch Mitsopoulos / Beys, Codex, Anm. zu Art. 99. a. M. Beys, Kommentar, III 4 zu Art. 245 ZPGB; Stamatis, D 4, S. 448. Ein außergerichtliches Geständnis ist dagegen stets zulässig!

Bleibt man bei dieser Auslegung vom Art. 99, so wird der Inhalt der Parteianhörung recht fraglich. Denn wenn die Naturpartei im Anwaltsprozeß keine Postulationsfähigkeit hat und ihre Erklärungen erst mit Einverständnis des Prozeßbevollmächtigten zum Prozeßstoff werden, so kann dies nur bedeuten, daß ihre Einlassungen auf die Fragen des Gerichts lediglich unverbindlichen informatorischen Charakter haben mit dem Zweck, dem Gericht eine erste Einsicht in den Lebenssachverhalt zu ermöglichen, die angesichts der Konstatierung einer richterlichen Aufklärungspflicht sehr nützlich ist.

Etwas irreführend ist in diesem Zusammenhang der Wortlaut des Art. 236 ZPGB, welcher, die Aufklärungspflicht des Gerichts regelnd, in enger Beziehung mit der Parteianhörung steht. Dort wird ausgeführt, daß die Parteien veranlaßt werden müssen, „die erforderlichen Erklärungen zur Aufklärung der Wahrheit der aufgestellten Behauptungen abzugeben"[120].

Dieser Satz verschleiert den Tatbestand, indem er eine Unterscheidung zwischen vorbereitender Sachaufklärung und eigentlicher Aufklärung, also Beweisaufnahme, nicht mehr ermöglicht. Man müßte dann in der Parteianhörung ein Beweismittel sehen. Doch hilft hier das logisch-systematische Argument: Es steht fest, daß mit Aufklärungspflicht die vorbereitende Sachaufklärung gemeint ist. Somit scheidet die Möglichkeit einer Beweisaufnahme aus. Dann ist der Wortlaut des Art. 236 ZPGB so zu verstehen, daß die Parteien alle Erklärungen abgeben sollen, die die Erforschung der Wahrheit der Behauptung ermöglichen.

So kompliziert das also erscheinen mag, die Rechtsnatur bereitet theoretisch keine schwierigen Probleme[121]. Verfahrensrechtlich ist eine Abgrenzung von der Parteivernehmung möglich, da die Verletzung der Subsidiarität eine Revision begründet. Auch der spezielle Beweisbeschluß und die Eidesbelehrung wären diesbezüglich zu erwähnen.

Trotzdem weist die gerichtliche Praxis eine zunehmende Tendenz auf, die formelle Parteivernehmung durch die formlose Parteianhörung zu ersetzen[122]. Die Gründe dieser Entwicklung sind ähnlich wie in den anderen Prozeßordnungen: Die Prozeßökonomie, die rechtzeitige Verwertung des Parteiwissens im Prozeß[123]. Obschon diese Praxis dogmatisch nicht zu billigen ist, so zeigt sie ganz deutlich, zu welchen Problemen die Formalität der Parteivernehmung einerseits und ihr

---

[120] Übersetzung nach Baumgärtel / Rammos, zu Art. 244 a. F.
[121] Sie ist identisch mit der der deutschen Parteianhörung nach § 141 ZPO. Vgl. unten 4.4.4.
[122] Vgl. die Daten und Entscheidungen bei Stamatis, D 4, S. 449; OLG Athen 2571/1969 in D 1, S. 462 mit Anm. von Beys.
[123] Stamatis, ebenda.

Nebeneinander-Existieren mit der Parteianhörung andererseits führt. Da das griechische ZPGB ein ganz neues Gesetz ist, können wir aus der bisherigen Entwicklung keine sicheren Schlüsse ziehen. Ob im gegenseitigen Einfluß von Theorie und gerichtlicher Praxis die eine oder die andere für die weitere Entwicklung des Parteizeugnisses maßgebend sein wird, bleibt noch abzuwarten.

2.5.4. Ergebnis

Es wurde festgestellt, daß das neue griechische ZPGB über ein äußerst kompliziertes System des Parteizeugnisses verfügt. Geregelt sind das Geständnis und der Parteieid als Formalbeweis und die Parteivernehmung als frei zu würdigendes Beweismittel. Als Aufklärungsmittel ist die Parteianhörung nach Art. 245 vorgesehen.

Der Gesetzgeber hat mit der Einführung der Parteivernehmung einen richtigen Schritt zur freien Beweiswürdigung getan. Damit wurde die Art der Verwertung des Parteiwissens im Prozeß erheblich vereinfacht. Auch die griechische Entwicklung zeigt also die beiden Tendenzen, die bei den anderen Verfahrensordnungen festgestellt wurden, nämlich vom Formalbeweis zur freien Beweiswürdigung[124] und von den formellen zu den informellen Beweismitteln. Doch zeigt die Beibehaltung des Parteieides und die Subsidiarität der Parteivernehmung, daß der griechische Gesetzgeber damit auf halbem Wege stehengeblieben ist. Die liberalistische Auffassung des Zivilprozesses ist in Griechenland gesetzgeberisch noch nicht völlig überwunden. Die Praxis scheint deswegen in dieser Hinsicht eigene Wege zu gehen. Es bleibt abzuwarten, ob sie den Ruhm der Abschaffung jener Relikte erlangen wird.

2.6. Zusammenfassung

Unsere rechtsvergleichende Untersuchung hat das Spektrum der möglichen Lösungen des Problems der Verwertung des Parteiwissens im Prozeß gezeigt. Großbritannien betrachtet die Parteien als normale Zeugen, während die Sowjetunion die informelle Parteibefragung als Beweismittel zugelassen hat. Frankreich kennt zwar Parteieid, Geständnis und die informelle Parteianhörung in Form der „comparution personelle", doch brachte es die Rechtsprechung fertig, daraus das wichtigste Beweismittel zu machen. Griechenland hat das komplizierteste System: Geständnis, Parteieid und Parteivernehmung stehen nebeneinander. Hinzu kommt die Parteianhörung, die theoretisch zwar

---

[124] Der Gesetzgeber und vor allem die Rechtsprechung bemühen sich seit Anfang des 20. Jahrhunderts ständig darum. Vgl. Fragistas, S. 368 f., 381.

kein Beweismittel sein kann, in der Gerichtspraxis aber oft als solches behandelt wird.

Die gesetzgeberischen Vorstellungen gingen zunächst überall davon aus, daß das Parteizeugnis wegen des unmittelbaren Interesses der Parteien am Prozeßausgang unzuverlässig ist. Dazu steht die Rechtsprechung in einem krassen Unterschied. Ihr muß dann früher oder später der Gesetzgeber folgen.

Vom gleichen Ursprung, der interrogatio des römischen Rechts ausgehend, sind die Leitgedanken, die diese Entwicklung bestimmen, überall die gleichen. Man sucht sich diejenigen Institute aus, die mit den wenigsten Formalitäten versehen sind, und somit der freien Beweiswürdigung keine überflüssigen Schranken setzen. Der Formalbeweis einerseits und die formellen Beweismittel andererseits wurden überholt, um die freie Beweiswürdigung zur vollen Geltung zu bringen.

Betrachtet man diese Entwicklung im Rahmen der allgemeinen gesetzlichen Stärkung der Richtermacht im Zivilprozeß, deren Konsequenz der Bedeutungsgewinn der Offizialmaxime ist, und versucht, dafür eine Erklärung zu finden, so wird man feststellen müssen, daß hinter dieser Entwicklung der sich in der modernen Gesellschaft vollziehende Wandel in der Auffassung vom Zivilprozeß steht, d. h. das Aufgeben der liberalistischen Idee vom „combat judiciaire" zugunsten der sozialethischen Auffassung vom Zivilprozeß[125]. Diese neue Auffassung verlangt die Erforschung der materiellen Wahrheit[126], und es ist heute allgemein anerkannt, daß es dafür kaum ein besser geeignetes Mittel als die freie Beweiswürdigung gibt[127].

Abschließend muß noch eine Bemerkung gemacht werden. Es hat sich aus der rechtsvergleichenden Untersuchung ergeben, daß überall dort, wo die Partei in dem mündlichen Teil des Verfahrens die Aufklärungsvon der Beweisrolle getrennt im Rahmen verschiedener Institute spielen muß, diese Trennung unzweckmäßig ist. Bedeutende Argumente hierfür liefert die Klarheit mancher Verfahrensordnungen, wie vor allem der englischen. Dies ist um so weniger erstaunlich, da alle hier behandelten Institute, die auf die Verwertung des Parteiwissens hin-

---

[125] J. Schmidt, S. 28 (Anm. 120). Diesen Weg haben nicht nur die westlichen Rechtsordnungen, sondern ebenfalls die des östlichen Blocks eingeschlagen. Vgl. Gwiazdomorski / Cieslak, S. 119. Ist darin nicht eine Auswirkung der Tendenz zum Sozialstaat in der westlichen Welt zu sehen?

[126] Die Abhängigkeit des Wahrheitsbegriffs von den jeweiligen sozialen Verhältnissen bestätigt Klein, Geistesströmungen, S. 8 f.

[127] „On ne s'écarte jamais des principes du droit de la preuve, pour soumettre le juge à des règles plus sévères dans la collection, l'admission et l'apprétiation des preuves, mais au contraire pour le libérer de celles qui sont en vigueur." Fragistas, S. 381; vgl. Klein, Geistesströmungen, S. 13.

2.6. Zusammenfassung

zielen — zu welchem Zweck ist dabei gleichgültig —, doch aus demselben Verfahren entwickelt wurden: die interrogatio ad clarificandum positiones, welche im älteren Verfahren eine Art Brücke von der mündlichen Verhandlung zur Beweisaufnahme bildete[128]. Trotz der rechtspolitischen Umkleidung in ein Beweismittel haben die modernen Institute somit den ursprünglichen Aufklärungscharakter nicht völlig aufgeben können.

---

[128] So Ott, S. 402.

3. Die Parteivernehmung

3.1. Zum Begriff

Unter Parteivernehmung wird im allgemeinen die Abnahme einer mündlichen Aussage einer Partei vor dem Gericht über einen bestimmten Gegenstand verstanden[1]. Diese Definition paßt sowohl auf die Parteivernehmung gemäß §§ 445 ff. ZPO, als auch auf die Anhörung der Parteien nach einer Anordnung des persönlichen Erscheinens gemäß § 141 ZPO. Heute wird jedoch unter dem Begriff Parteivernehmung nur das in den §§ 445 ff. ZPO geregelte Rechtsinstitut verstanden; im Gegensatz dazu wird das Institut des § 141 ZPO als Parteianhörung bezeichnet. Im Rahmen dieser Arbeit werden demnach beide Begriffe in obigem Sinne verwendet.

3.2. Geschichtliches

Die heutige Ausgestaltung des Instituts der Parteivernehmung ist auf historischen Einfluß zurückzuführen[2]. Daher erscheint die Verfolgung der historischen Züge, die zu seiner Einführung führten, zum Verständnis der heutigen Regelung zweckmäßig.

3.2.1. Das Parteizeugnis in den Entwürfen zu einer ZPO des deutschen Reiches

Die römisch-rechtliche Regel „nemo testis in re sua esse debet" hat sich im gemeinen Prozeß in der Unterscheidung von Zeugen und am Prozeßende interessierten Personen niedergeschlagen[3]. Als Konsequenz daraus ergab sich, daß die Parteien und die ihnen gleichgestellten Personen nicht als Zeugen vernommen werden konnten[4]. Historische[5] und religiöse[6] Gründe trugen dazu bei, daß im kanonischen Prozeß das Wissen dieser Personen beweismäßig nur in der Form des Parteieides verwertet werden konnte, d. h. in der Form einer eidlichen Versicherung

---

[1] Glücklich, S. 1.
[2] Ebenda, S. 30; J. Schmidt, S. 113. Siehe unten 5.3.6.
[3] Glücklich, S. 19.
[4] Vgl. Nagel, Grundzüge, S. 86.
[5] Ebenda, S. 88.
[6] Ebenda S. 93.

3.2. Geschichtliches

der Richtigkeit eines kurzen, vom Richter formulierten Satzes (gestabter Parteieid). Dieses Beweismittel war subsidiär und hatte, seinem religiösen Charakter entsprechend, formelle Beweiskraft[7].

Je nachdem, wie es zum Eid kam, konnte man zwischen iusiurandum necessarium (auch: Noteid, richterlicher Eid) und iusiurandum voluntarium (auch: Haupteid, Schiedseid) wählen. Ersterer wurde von Amts wegen angeordnet unter der Voraussetzung, daß für die beweisbedürftige Tatsache bereits einiger Beweis erbracht wurde. Konnte die beweisbelastete Partei mehr als die Hälfte des Beweises führen, so wurde ihr der Eid auferlegt. War nur ein Viertelsbeweis geführt, dann wurde der Gegner des Beweisbelasteten beeidigt[8]. War kein oder nur ungenügend Beweis erbracht worden, so blieb der beweisbelasteten Partei nichts anderes übrig, als dem Gegner den Eid zuzuschieben. Dieser konnte ihn entweder ableisten oder an die beweisbelastete Partei zurückschieben.

Wegen des, angesichts der formalen Beweiskraft des Parteieides, bedingten Endurteils, womit die jeweilige Partei zur Ableistung des Eides zugelassen wurde, war dann im Falle der Ableistung bzw. Verweigerung des Parteieides der Prozeß beendet.

Die im 19. Jahrhundert in mehreren deutschen Bundesstaaten in Kraft getretenen Verfahrensordnungen behielten zum größten Teil diese gemeinrechtliche Regelung bei[9], mit Ausnahme der Zivilprozeßordnung von Württemberg[10] und vor allem Bayern[11], die eine Art von zeugenähnlicher beeideter Parteivernehmung einzuführen versuchten[12].

Diese Regelungen fanden zwar bei den verschiedenen Entwürfen zu einer Reichszivilprozeßordnung Beachtung, wurden jedoch von der Mehrheit mit nicht immer überzeugenden Argumenten abgelehnt[13]. Zu dieser Zeit war die Theorie noch gespalten. Manche plädierten für die Ersetzung des Parteieides durch die Parteivernehmung, andere dagegen für dessen Beibehaltung[14].

---

[7] Zum Folgenden vgl. Glücklich, S. 20 ff.

[8] Vgl. Nagel, Grundzüge, S. 181.

[9] Glücklich, S. 22.

[10] Ebenda, S. 23; Ott, S. 409.

[11] Vgl. Art. 455 f. bayr. ProzeßO von 1869; Ott, S. 404.

[12] Zum Teil auch von der Theorie stark unterstützt. Vgl. Planck, Gutachten, S. 71 f.

[13] Zum Norddeutschen Entwurf vgl. Maelzer, S. 17 f.; zum Hannoverschen Entwurf vgl. ebenda, S. 16. Über die damals vorgebrachten Argumente siehe insbes. die Protokolle der Kommission zur Beratung einer allgemeinen ZPO für die deutschen Bundesstaaten, Bd. 8, S. 996, 2921 ff., 2932 ff., 2944 ff. und 2964 ff. Vgl. ferner Hahn, Bd. II, Abt. 1, 2, S. 330 f., 652 ff., 669 ff.; Ott, S. 421 ff.

[14] Für die Ersetzung des Parteieides wurden die guten Erfahrungen, die man in England mit der cross-examination machte, angeführt, sowie die

Die Justizkommission des Bundesrates entschied sich zuletzt für die Beibehaltung des Parteieides, und der Reichstag sanktionierte diese Beschlüsse, so daß schließlich die ZPO vom 30. Januar 1877[15] den Parteieid, dieses Geschöpf des mittelalterlichen Beweisrechts[16], in den §§ 445 - 447 als subsidiäres, formale Beweiskraft besitzendes Beweismittel in der doppelten Form des zu- bzw. zurückgeschobenen und des richterlichen Parteieides beibehielt[17].

3.2.2. Bestrebungen zur Einführung der Parteivernehmung

In dem Parteieid fand der Einfluß der die gesamte ZPO von 1877 beherrschenden liberalistischen Prozeßauffassung des „combat judiciaire" ihren prägnantesten Ausdruck[18]. Dieses Festhalten an der mittelalterlichen Theorie des formellen Beweises eines Gesetzes, welches sich zum Grundsatz der freien Beweiswürdigung bekannt hatte, ist wohl nur „aus Liebe und Ehrfurcht vor althergebrachten prozeßrechtlichen Ideen"[19] verständlich.

Daß der Parteieid aber mit seiner formalen Beweiskraft in das Beweissystem der neuen ZPO nicht harmonisch hineinpaßte, wurde schon früh bemerkt[20]. Dies führte zu einer Verstärkung des Kampfes gegen den Parteieid und für die Einführung einer zeugenähnlichen Parteivernehmung nach englischem[21] bzw. österreichischem Vorbild[22], der schon vor Inkrafttreten der neuen ZPO angefangen hatte[23]. Der Partei-

---

Unvereinbarkeit des Parteieides mit dem Grundsatz der freien Beweiswürdigung und die Schwierigkeiten, die durch die richterliche Formulierung des Parteieides entstanden; vgl. Glücklich, S. 26; v. Bar, Beweis, S. 149 ff.; ders., Gutachten. Gegen die Einführung der Parteivernehmung wurde angeführt, daß sie deutscher Rechtsauffassung widerspreche und zur Inquisition der Partei führe, wobei bei eidlicher Vernehmung beider Parteien die Gefahr bestehe, daß Eid gegen Eid stehe; vgl. Glücklich, ebenda; Schmitt, Gutachten, S. 39 ff.

[15] In Kraft seit dem 1. Oktober 1879.
[16] de Boor / Erkel, S. 144; Nagel, Grundzüge, S. 222.
[17] Über die Abweichungen dieser Regelung vom gemeinen Recht vgl. Glücklich, S. 28 ff.
[18] J. Schmidt, S. 103; Brüggemann, S. 60.
[19] Nagel, Grundzüge, S. 224; Fehlig, S. 163.
[20] Charakteristisch ist der Satz Kleins in Klein / Engel, S. 364: „... freie Beweiswürdigung und Parteieid vertragen sich wie Wasser und Feuer." Vgl. auch Heusler, AcP 62, S. 236, 299; Ott, S. 423; ebenfalls Stegemann, ZZP 17, S. 326, von einem anderen Zusammenhang ausgehend: „Die Doktrin des Reichsprozeßrechts hat sich öfters allzu eng an die überlieferten Begriffe des gemeinen Prozeßrechts angeschlossen und konnte so den neuen Rechtsgedanken nur unvollkommen gerecht werden."
[21] Nörr, ZZP 87, S. 280.
[22] Vgl. §§ 33, 65 öBagG, RGBl. 1873, Nr. 66.
[23] Vgl. u. a. Hellwig, System, I, S. 722; Engel, Jud. III, Sp. 87 ff.; Kleinfeller, Gutachten, S. 67 ff.; Maelzer, S. 51 f., 66 ff.; W. Püschel, Gutachten, S. 766 ff.; Rühl, S. 14 ff.; K. Schneider, S. 172 ff.; Volkmar, Jud. II, S. 246 ff.

3.2. Geschichtliches

eid wurde wegen seiner formalen Beweiskraft, seines dispositionellen Charakters und seiner gestabten Form als ein zur Erforschung der materiellen Wahrheit untaugliches Beweismittel angegriffen[24]. Hinzu kamen die Mängel der Regelung in dem Gesetz, die sich in der praktischen Anwendung dieses Rechtsinstituts zeigten[25]. Jedoch fehlte es zu dieser Zeit auch an Anhängern des Parteieides nicht, die in der Parteivernehmung ein Institut sahen, welches sich mit der damaligen Auffassung vom Zivilprozeß nicht harmonisieren ließe[26]. Auch das Reichsgericht hatte — anders als die Rechtsprechung in Frankreich — nicht gewagt, den formalen Charakter des Parteieides zu überwinden[27]. Auf diese Weise wurde die Existenz dieses Problems immer deutlicher und die Sympathisanten der Parteivernehmung vermehrten sich rasch[28].

Den Ausschlag für diese Entwicklung gab am Anfang des 20. Jahrhunderts der Wandel der Prozeßauffassung, sowie das Inkrafttreten der neuen österreichischen ZPO im Jahre 1895[29], welche die Parteivernehmung in das Beweisrecht des Zivilprozesses einführte, insbesondere aber die guten Erfahrungen, die man damit in der Praxis machte; damit wurde der Grundstein für eine allgemeine Abschaffung des Parteieides durch die modernen Zivilprozeßordnungen gesetzt[30].

In dieser Lage mag es überhaupt nicht erstaunlich erscheinen — berücksichtigt man noch die allgemeine Tendenz zu einer Angleichung der beiden Rechte —, daß sich der 36. DJT mit großer Mehrheit für die Ersetzung des Parteieides durch die Parteivernehmung nach österreichischem Vorbild aussprach[31].

---

[24] Über die kritische Bewegung berichtet Wandel, S. 34 - 53; Fehlig, S. 162; eine ausführliche Aufzählung der vorgebrachten Argumente bringt Glücklich, S. 29; Ott, S. 421 ff. Vgl. auch Nagel, Grundzüge, S. 222, der eine sehr zutreffende Bemerkung von R. Bordeaux zitiert: „Pour mon compte, le serment me semble plutôt un moyen de dénouer les procès que de decouvrir la vérité, d'arriver à un jugement plutôt qu'à la justice."

[25] Glücklich, S. 29; Horstmann, DJZ 1929, S. 847 ff.

[26] Vgl. die Beschlüsse des 8. DJT, II, S. 316 ff. Ferner Bähr, ZZP 19, S. 93 ff.; R. Schmidt, JW 1913, S. 774 ff.; Wesselsky, S. 27 ff.; v. Canstein, Gutachten, S. 3 ff.; am konsequentesten äußerte sich aber Wach, Vorträge, S. 214 f., 238 ff.; ders., Grundfragen, S. 61 ff. Vgl. auch Fehlig, S. 163.

[27] Nagel, Grundzüge, S. 223 f.; Walsmann, Eidesbeweis, S. 239 ff.

[28] Siehe Glücklich, S. 31, mit weiteren Nachweisen aus dem Schrifttum.

[29] Rosenberg, Referat, S. 676. Das österreichische Prozeßrecht wirkte auf die deutsche Wissenschaft aufklärend, vor allem über das im Jahre 1927 erschienene Buch Franz Kleins, Der Zivilprozeß Österreichs. Vorbild für die österreichische Regelung ist die englische cross-examination gewesen. Vgl. darüber Cappelletti, II, S. 485, 489; Schönke, DGWR 1937, S. 331; Rosenberg, ZZP 58, S. 315; Göppinger, ZZP 73, S. 67; a. A. anscheinend Nagel, Grundzüge, S. 218 ff., der die Parteivernehmung als Entwicklung der Parteibefragung sieht.

[30] Nagel, Grundzüge, S. 225; Fasching, Kommentar III, S. 514.

[31] Verhandlungen, Bd. II, S. 734.

Der vom Reichsjustizministerium im Jahre 1931 veröffentlichte Entwurf einer ZPO entsprach den Erwartungen der Prozessualisten insofern, als er in den § 434 ff. den Parteieid durch die Parteivernehmung nach österreichischem Muster ersetzte[32]. Mit wenigen unwesentlichen Änderungen wurde diese Regelung dann durch die Novelle vom 27. Okber 1933[33] zum Gesetz. In den §§ 445 - 455 ZPO wurde die Parteivernehmung geregelt, wie sie dem heute noch geltenden Recht entspricht.

3.2.3. Parteieid und Parteivernehmung

Es ist zweifellos, daß die Einführung der Parteivernehmung ein zu begrüßender Schritt des deutschen Gesetzgebers gewesen ist, da sie durch die Verankerung des Grundsatzes der freien richterlichen Beweiswürdigung für die künftige Entwicklung des Beweisrechts in Deutschland neue Maßstäbe setzte. Nach dem, was sich bei der rechtsvergleichenden Untersuchung ergab, kann gesagt werden, daß dadurch die Entwicklung des Parteizeugnisses in die richtige Bahn gelenkt wurde, indem die unbeeidete Parteiaussage Beweiswert erlangte, vor allem aber die formale Beweiskraft des Parteieides durch die freie Überzeugungsbildung des Gerichts bei der Parteivernehmung (§ 453 I ZPO) ersetzt wurde. Der Parteieid, dieses Relikt der gemeinrechtlichen Epoche, ist damit endgültig zur Geschichte des deutschen Prozeßrechts geworden.

Doch hinterließ auch hier die Tradition ihre Spuren. Der für die Zulässigkeit des neuen Beweismittels geltende Grundsatz der Subsidiarität sowie die Abhängigkeit der Beweisführung von der Beweislast sind zweifellos Relikte des Parteieides, die nur durch die Historie erklärbar sind[34]. Die Novelle 1933 scheint ein in Eile verabschiedetes Gesetz zu sein, welches nur eine Teilreform[35] beabsichtigte, da eine durchgreifende Reform des gesamten Zivilprozeßrechts in Vorbereitung war. So hat sie nur das Recht des Parteieides mit Rücksicht auf die Einführung des Grundsatzes der freien richterlichen Beweiswürdigung bearbeitet, anstatt ein völlig neues, den modernen Ideen, die dadurch zur Geltung kamen, angepaßtes Rechtsinstitut zu schaffen[36].

---

[32] Erläuterungen zum Entwurf 1931, S. 337.

[33] RGBl. I, S. 780.

[34] J. Schmidt, S. 113; Glücklich, S. 30; de Boor / Erkel, S. 145; vgl. auch de Boor, Reform, S. 8 Anm. 16; Kollroß, ZJP 1937, S. 84 f.

[35] Sie sollte „nicht nur einzelnen im Rechtsleben hervorgetretenen Mißständen begegnen, sondern grundsätzlich umgestalten, Staatszweckrecht schaffen" (Hildebrandt, S. 8). Es erhellt, daß diese Novelle vielmehr das Resultat nationalsozialistischen Eifers gewesen ist, die Funktionstauglichkeit des eigenen Staatsapparates zu beweisen.

[36] Göppinger, ZZP 73, S. 67; Rosenberg, ZZP 58, S. 324; de Boor / Erkel, Reform, S. 8 Anm. 16.

Diese „Unvollkommenheit" der gesetzlichen Regelung löste erneut Kritik an dem neuen Institut aus, die heute immer noch nicht als verstummt betrachtet werden kann[37]. Ob diese Kritik gerechtfertigt ist und welche Auswirkungen sie in der folgenden Zeit hatte, wird in den nächsten Paragraphen untersucht.

3.3. Der strukturelle Aufbau der Parteivernehmung

Nach der vorausgegangenen Untersuchung der historischen Entwicklungszüge des Instituts der Parteivernehmung wird im folgenden seine Verfahrensgestaltung erörtert, wobei der Schwerpunkt auf Vorschriften zu legen sein wird, die in der wissenschaftlichen Diskussion als Argument gebraucht werden, um die Parteivernehmung von der Parteianhörung in struktureller und funktioneller Hinsicht abzugrenzen. Ebenso ausführlich werden die oben angedeuteten und der Kritik besonders ausgesetzten Punkte behandelt.

3.3.1. Die Arten der Parteivernehmung

Die ZPO unterscheidet zwei Arten von Parteivernehmung: Die Parteivernehmung des Beweisgegners (§ 445 ZPO) bzw. des Beweisführers (§ 447 ZPO)[38] auf Antrag der Partei, die die Beweislast trifft, und die Parteivernehmung von Amts wegen (§ 448 ZPO). Beide können sowohl eidlich als auch uneidlich (§ 452 ZPO) sein.

Diese Unterscheidung erinnert stark an die Unterscheidung des zugeschobenen bzw. zurückgeschobenen von dem richterlichen Parteieid und beweist somit, daß die Parteivernehmung stärker mit dem Parteieid alter Art verwandt ist, als man zunächst oberflächlich annimmt.

Im Rahmen der ständig zunehmenden Verstärkung der richterlichen Prozeßleitung[39] und des analogen Abbaus der Verhandlungsmaxime[40] im Zivilprozeß gewinnt die zweite Art der Parteivernehmung ständig an Bedeutung, sowohl in der Literatur als auch in der gerichtlichen Praxis[41].

---

[37] J. Schmidt, S. 113; Heilbrunn, DRiZ 1932, S. 299; Brüggemann, S. 60; Nikisch, S. 357; siehe auch unten 3.3.2.1. und 4.2.3.
[38] Sattelmacher, S. 121, nennt sie „vereinbarte" Parteivernehmung.
[39] Den Anlaß dazu gab der Wandel zur sozialethischen Prozeßauffassung. Sie fing mit der Nov. 1924 und wurde mit der Nov. 1933 vervollständigt. Ihr Ausdruck ist insbes. in § 139 und vor allem §§ 142 ff. ZPO zu erkennen. Vgl. de Boor, Auflockerung, S. 29; Baumann / Fezer, S. 7 f.
[40] Charakteristisch Bomsdorf, S. 283; de Boor, Auflockerung, S. 64.
[41] J. Schmidt, S. 120; Lent / Jauernig, S. 182; Rosenberg / Schwab, § 125 II 6; Baumbach / Lauterbach, 2 zu § 448 ZPO.

Aus diesem Grunde, aber auch weil die Parteivernehmung auf Antrag durch ihre besondere Anordnungsvoraussetzungen von der Parteianhörung leicht abgegrenzt werden kann, wird die Parteivernehmung von Amts wegen den Hauptgegenstand der nächsten Überlegungen darstellen. Diese Beschränkung spielt für die strukturelle Untersuchung insofern eine Rolle, als deswegen die speziellen Vorschriften für die Parteivernehmung auf Antrag (§§ 445 - 447 ZPO), wie z. B. der Antrag der Partei oder die Beweislast, aus unseren Ausführungen zum größten Teil ausgeklammert werden können.

3.3.2. Die Anordnungsvoraussetzungen

Die meisten Voraussetzungen sind für die Parteivernehmung auf Antrag vorgesehen. Sie ist nicht nur subsidiär (§ 445 ZPO), sondern hängt auch von der Beweislast ab. Zu ihrer Anordnung ist ein diesbezüglicher Antrag des Beweislastträgers (§ 445 ZPO) bzw. ein solcher Antrag sowie das Einverständnis der Gegenpartei (§ 447 ZPO) erforderlich.

Viel einfacher — kann man zunächst behaupten — ist die Anordnung der Parteivernehmung von Amts wegen, da sie nur durch die Subsidiarität dieses Beweismittels verhindert wird (§ 448 ZPO)[42].

3.3.2.1. Der Grundsatz der Subsidiarität

Danach soll die Anordnung der Parteivernehmung nur dann zulässig sein, wenn das bisherige Ergebnis[43] der Beweisführung einer Partei nicht ausreicht, um das Gericht zu überzeugen, oder wenn keine bzw. keine weiteren Beweismittel zur Verfügung stehen (§ 445 I ZPO)[44]. Mit anderen Worten: Es sollen, falls vorhanden, alle weiteren Beweismittel über dieselbe Tatsache erschöpft sein, gleichgültig, ob sie von dem Beweislastträger oder von seinem Gegner bezeichnet wurden[45] und entweder ganz erfolglos geblieben sein oder einen unvollständigen Beweis erbracht haben[46]. Dasselbe gilt auch für die von Amts wegen zu erhebenden Beweise[47].

---

[42] Auch hier ist die Anlehnung an den Parteieid deutlich. Vgl. Stein / Jonas, IV zu § 445 ZPO; Klein, ZZP 19, S. 62.

[43] BGH JR 65, S. 146; BGH MDR 1965, S. 287; vgl. Rosenberg / Schwab, § 125 II 1.

[44] Die zu beweisende Tatsache braucht nicht etwa mit Glaubhaftmachung bzw. Wahrscheinlichkeit versehen zu sein: BGH MDR 1960, S. 830 = LM Nr. 4 zu § 445 ZPO.

[45] Glücklich, S. 8, 101 ff.; Wehmeier, S. 7.

[46] Auch der Gegenbeweis des Gegners muß erschöpft sein (arg. § 450 II i. V. m. § 445 II ZPO).

[47] Wehmeier, S. 7.

3.3. Der strukturelle Aufbau der Parteivernehmung

Sind keine sonstigen Beweismittel vorhanden, so ist die Voraussetzung der Subsidiarität erfüllt. Die Parteivernehmung erscheint auf diese Weise als „ultima ratio"[48], als ein „äußerstes Mittel der Tatsachenfeststellung"[49] im Zivilprozeß.

Der Gesetzgeber selbst zieht daraus wichtige Konsequenzen, wenn er in § 445 II ZPO die Anordnung der Parteivernehmung zur Führung des Gegenbeweises ausdrücklich verbietet[50]. Aber auch die in das Ermessen des Gerichts gestellte Möglichkeit, im Falle der Benennung anderer Beweismittel über dieselbe streitige Tatsache die beschlossene Parteivernehmung zu unterlassen (§ 450 II Hs. 1 ZPO), kann als eine konsequente Weiterführung des Subsidiaritätsgedankens angesehen werden. Die Verbindung dieser Vorschrift mit dem Verbot des Gegenbeweises durch die Parteivernehmung ergibt so die Vorschrift des § 450 II Hs. 2 ZPO, nach welcher das Gericht nach Erhebung der neuen Beweise von der Parteivernehmung absehen muß, wenn es dadurch zur vollen Überzeugung gelangen konnte.

Aus diesem Gedankengang kann man mühelos zu dem Schluß kommen, daß ein Gegenbeweis zur Widerlegung des Ergebnisses der Parteivernehmung durch andere Beweismittel stets zulässig sein muß, also auch nach erfolgter — auch eidlicher! — Parteivernehmung, es sei denn, daß diese neuen Beweisantritte nach § 283 II ZPO zurückzuweisen sind[51]. Aus denselben Gründen kann das Problem der sog. „bedingten" Anordnung der Parteivernehmung für den Fall, daß die anderen Beweismittel das Gericht nicht überzeugen werden, nur auf diese Weise richtig gelöst werden, daß man die Zulässigkeit dieser Anordnung verneint[52].

In dieser Tragweite gilt der Grundsatz der Subsidiarität nach § 445 ZPO für die Parteivernehmung auf Antrag. Die nächste Frage, die sich hier erhebt und für unsere Zwecke überhaupt von großer Wichtigkeit ist, ist die Frage nach der Gültigkeit dieses Grundsatzes auch für die Parteivernehmung von Amts wegen.

Nun soll man bei der Suche nach einer Antwort auf diese Frage mit dem Wortlaut der Vorschrift des § 448 ZPO beginnen. Sie läßt die An-

---

[48] Lent / Jauernig, S. 181; RG HRR 1936, S. 55 nennt sie „Hilfsbeweismittel".
[49] Sattelmacher, S. 123.
[50] Sie ist dagegen zulässig zur Widerlegung einer gesetzlichen Vermutung, da es sich dabei um Hauptbeweis handelt (§ 292 II ZPO). Ebenso ist sie zur Führung des indirekten Gegenbeweises zulässig; vgl. Rosenberg, ZZP 58, S. 318; Wieczorek, D IV b 1 zu § 445.
[51] Stein / Jonas, IV zu § 445 ZPO.
[52] RGZ 90, S. 356; RGZ 154, S. 229; Glücklich, S. 100; Wieczorek, D III c zu § 445 ZPO mit Hinweis auf § 139 ZPO. Das Problem hat auch den griechischen Verein der Prozessualisten während der Tagung vom 25. 11. 1972 in Saloniki beschäftigt; vgl. D 4, S. 452 ff.

ordnung der Parteivernehmung von Amts wegen nur dann zu, „wenn das Ergebnis der Verhandlungen und einer etwaigen Beweisaufnahme nicht ausreicht, um die Überzeugung des Gerichts von der Wahrheit oder Unwahrheit einer zu erweisenden Tatsache zu begründen". Mit anderen Worten: Die Parteivernehmung ist dann zulässig, wenn das Gericht gemäß § 286 ZPO zu keiner vollen Überzeugung gelangen konnte. Damit ist gemeint, daß zur Zeit der Durchführung der Parteivernehmung von Amts wegen[53] noch kein voller Beweis erbracht ist, wohl aber eine gewisse Wahrscheinlichkeit für die Wahrheit oder Unwahrheit der tatsächlichen Behauptung existiert[54]. Das setzt eine vorherige Beweisaufnahme nicht unbedingt voraus; Anhaltspunkte für die Darstellung einer Partei, die sich aus der mündlichen Verhandlung ergeben haben, oder Erfahrungssätze können auch zu der erforderlichen Wahrscheinlichkeit führen[55]. Dies ist von besonderer Bedeutung, wenn überhaupt keine Beweismittel zur Verfügung stehen: Die Parteivernehmung von Amts wegen ist auch in diesem Falle nur dann zulässig, wenn die Voraussetzung der Wahrscheinlichkeit erfüllt ist. Steht aber Behauptung gegen Behauptung, so ist die Anordnung der Parteivernehmung von Amts wegen unzulässig[56].

Der Wortlaut des Gesetzes gibt also direkt keine Lösung für die gestellte Frage. Nichts wird in § 448 ZPO darüber gesagt, ob die Parteivernehmung von Amts wegen subsidiär ist.

Unseres Erachtens ist die Lösung in der Begründung des Entwurfes 1931[57] zu finden. Dort wird für die Anordnung der Parteivernehmung von Amts wegen auf die Anordnungsvoraussetzungen des richterlichen Parteieides verwiesen. Dieser war zwar im Gesetz als nicht subsidiär geregelt (§ 475 ZPO a. F.), die Rechtsprechung des RG und die Theorie aber hatten ihn als subsidiäres Beweismittel behandelt[58]. Dieser subsidiäre Charakter ist also laut Begründung des Entwurfs 1931 auch für die Parteivernehmung von Amts wegen vorgesehen[59].

Einen Hinweis, daß diese Behauptung richtig ist, könnte man auch in der Formulierung des § 448 ZPO sehen. Das Wort „auch", mit welchem § 448 ZPO beginnt, hat nur dann einen Sinn, wenn es § 448 ZPO an § 445 ZPO anknüpfen soll. Da aber in § 448 ZPO weder die

---

[53] BGH JR 65, S. 146; Stein / Jonas, II 1 zu § 448 ZPO.
[54] BGH MDR 1965, S. 287; BGH NJW 1960, S. 1950; BGH VersR 1965, S. 1076 und 1969, S. 220.
[55] Stein / Jonas, II 1 zu § 448 ZPO; Lent / Jauernig, S. 182.
[56] BGHZ 30, S. 60 (64) mit Rücksicht auf die Beweislast; BGH VersR 69, S. 220. Glücklich, S. 136 f.
[57] Entwurf 1931, S. 337.
[58] Vgl. RGZ 97, S. 242; Maelzer, S. 35.
[59] Volkmar, JW 1933, S. 2885.

3.3. Der strukturelle Aufbau der Parteivernehmung

Beweislast noch der Antrag der Partei eine Rolle spielen, bleibt nur die Subsidiarität, auf die Bezug genommen werden kann. Tatsächlich kann das Mißtrauen des Gesetzgebers gegen die Parteiaussage nicht in § 445 und § 448 unterschiedlich zum Ausdruck gekommen sein. Es kann also mit Sicherheit ausgeführt werden, daß die Parteivernehmung von Amts wegen nicht nur als ein „ergänzendes", sondern auch als ein subsidiäres Beweismittel im Sinne des § 445 ZPO angewendet werden muß[60]. Alle Beweisanträge müssen also erledigt und alle von Amts wegen zu erhebende Beweise erschöpft sein, ehe man zur Parteivernehmung schreiten kann[61], es sei denn, das Gericht ist davon überzeugt, daß sie zu seiner Überzeugungsbildung nicht erheblich beitragen können[62]. In diesen Fällen können diese Beweisantritte zurückgestellt werden[63].

Es ist also offensichtlich, daß die Subsidiarität allein daran schuld ist, daß die Anordnung der Parteivernehmung in den meisten Fällen unzulässig ist[64]. Damit schließt sich für den gesetzesmäßig verfahrenden Richter ebenfalls die Möglichkeit aus, die Parteien auch nach § 448 ZPO zu vernehmen. Der Versuch, die Schranken der Subsidiarität zu überwinden, liegt dann nahe, wenn man bedenkt, welcher Wert der Parteiaussage im modernen Prozeß beigemessen wird[65].

3.3.2.1.1. Die wissenschaftliche Kritik

Die Parteiaussage ist ein wertvolles Auskunftsmittel im Zivilprozeß, weil die Partei häufig über das beste Wissen bezüglich des streitigen Sachverhaltes verfügt. Daher ist die Verwertung dieses Wissens in einem Prozeß, der die Erforschung der materiellen Wahrheit als Ideal hat, unerläßlich. Der Gesetzgeber hat durch die Einführung der Parteivernehmung dieser Erkenntnis Rechnung getragen.

---

[60] So Glücklich, S. 154 ff.; Wehmeier, S. 9; Wieczorek, A I zu § 448 ZPO. Die Ansicht, die Parteivernehmung nach § 448 ZPO sei nicht subsidiär im erwähnten Sinne, wird vertreten von Schönke / Kuchinke, S. 303 mit Berufung auf RGZ 144, S. 312 (323); Nikisch, S. 359, der allerdings gleich im nächsten Abschnitt seine Ansicht zu mildern versucht.

[61] Wieczorek, A I zu § 448 ZPO; Sattelmacher, S. 127.

[62] Wieczorek, A I zu § 448 ZPO.

[63] Ebenda, A I a zu § 448 ZPO; Stein / Jonas, II 3 zu § 448 ZPO.

[64] Es ist offensichtlich, daß der Grundsatz der Subsidiarität nur für die Anordnung der Parteivernehmung, keinesfalls dagegen bei der Würdigung ihrer Ergebnisse gilt. Die abweichende Meinung Glücklichs, S. 114 ff., ist inzwischen von der Rechtsprechung verworfen worden. Vgl. BGHZ 8, S. 235; BGH NJW 1974, S. 56; Zöller, 1 zu § 445.

[65] Gafner, S. 131, führt diesbezüglich aus: „Die unschätzbaren Dienste zur Erforschung der Wahrheit werden hauptsächlich durch die primäre Parteibefragung, nicht durch die subsidiäre, geleistet."

Die Parteiaussage ist zugleich aber eine Wissensquelle, der man viel Vorsicht entgegenbringen muß, bedenkt man, daß die Partei die am meisten interessierte Person am Ausgang des Prozesses ist[66]. Ist es im Normalfall für eine „neutrale" Person schon schwierig, eine erlebte Tatsache objektiv wiederzugeben[67], so fehlt bei der Partei „die Unbefangenheit, aus der die Wahrheit geboren wird"[68]. Wegen dieser leichten Verwischung von Wahrheit und Einbildung in der Parteiaussage ist der Gesetzgeber mißtrauisch gegenüber ihrem Beweiswert. Den Ausdruck dieser rechtspolitischen Wertung bildet im Gesetz der Grundsatz der Subsidiarität. Die Partei ist also das am besten informierte Auskunftsmittel, zugleich aber das unzuverlässigste. Ein Richter, der dies verkennt, ist der Gefahr ausgesetzt, sich ein ganz vom Interesse der Partei gefärbtes Sachverhaltsbild zu verschaffen. Dieser Gefahr versucht der Gesetzgeber mit dem Grundsatz der Subsidiarität entgegenzutreten[69].

So perfekt dieser Gedankengang scheinen mag, so ist doch die rechtspolitische Entscheidung des Gesetzgebers traditionsbedingt[70]. Der Eindruck, die Parteiaussage wäre ein gefährliches Auskunftsmittel, hat sich mit der Anwendung der Vorschriften über den Parteieid so eng vereinigt, daß man sich von ihm bei der Schaffung des Instituts der Parteivernehmung nicht mehr trennen konnte[71]. Nun war dieser Eindruck beim Parteieid durchaus gerechtfertigt, wenn man bedenkt, daß er formale Beweiskraft besaß. Ist die Parteiaussage für den Richter bindend, so muß angesichts ihrer Unzuverlässigkeit seitens des Gesetzgebers dieser Gefahr durch den Grundsatz der Subsidiarität Rechnung getragen werden.

Gerade diese formale Beweiskraft aber und die daraus entstehenden Gefahren für das Gericht fehlen bei der Parteivernehmung, so daß bei ihr der hauptsächliche Rechtfertigungsgrund des subsidiären Charakters

---

[66] Brennemann, S. 28 f.; Sändig, S. 39; Wehmeier, S. 11 f.; Hendel / Rintelen, Jud. V, Sp. 13 Anm. 25; Raab, S. 11; Goedecke, S. 13; Schönke, DGWR 37, S. 349; Glücklich, S. 101.

[67] Über die Psychologie der Aussage vgl. unten 5.3.5.

[68] Hendel / Rintelen, Jud. V, Sp. 21; Klein führt diesbezüglich aus (Vorlesungen, S. 368): „Zeugenaussagen und Parteiaussagen sind psychologisch und erkenntnistheoretisch dasselbe. Sie unterscheiden sich nur durch die Interessenlage in den aussagenden Personen."

[69] Als weitere Gründe werden im Schrifttum die Gewissenskonflikte der Partei (Glücklich, S. 101) sowie die Gefahr, mancher Richter würde sich auf die Parteiaussage als bequemes Beweismittel beschränken (Schönke, a.a.O.; Hendel / Rintelen, Jud. V, Sp. 15/16). So wichtig diese Argumente für den Parteieid gewesen sein mögen (vgl. Püschel, Gutachten, S. 767; Rühl, S. 15), so spielen sie bei der Parteivernehmung eine geringe Rolle.

[70] Kollroß, ZJP 1937, S. 85. s. auch oben 3.2.3.

[71] Siehe oben Anm. 40; vgl. auch Wehmeier, S. 54 f.

3.3. Der strukturelle Aufbau der Parteivernehmung

nicht mehr gegeben ist[72]. Damit will gesagt sein, daß der Richter, der seine Überzeugung frei bildet, durch den evtl. bedenklichen Beweiswert der Parteiaussage keinerlei Gefahr ausgesetzt ist, da diese für ihn keine bindende Beweiskraft hat, noch weniger den Prozeß bindend entscheiden kann. Der Gesetzgeber braucht hier also nicht einzugreifen, da dem Richter schon durch die Möglichkeit der freien Beweiswürdigung genügend Schutz gegen die Unzuverlässigkeit der Parteiaussage gegeben ist[73]. So rücken die erwähnten Nachteile der Parteiaussage in den Hintergrund. Was übrig bleibt, ist dann der unbestrittene Wert der Parteiaussage, der vollen Ausnutzung welcher der Grundsatz der Subsidiarität gerade im Wege steht[74].

Hinzu kommt, daß die Subsidiarität dazu führen kann, daß die Partei, die inzwischen das Ergebnis der bisherigen Beweisaufnahme kennt, ihre Einlassung diesem Ergebnis entsprechend macht[75]. Ganz anders wäre es, wenn die Partei vor den anderen Beweismitteln am Anfang der Beweisaufnahme vernommen würde; sie würde dann wissen, daß ihre Aussage durch die anderen Beweismittel kontrolliert wird[76]. Im Falle einer beeideten Parteivernehmung wäre sie sogar der Gefahr eines Meineides direkt ausgesetzt, eher als mit den geltenden Vorschriften.

Schließlich wird in der wissenschaftlichen Diskussion noch als Bedenken angegeben, das gegen die Subsidiarität der Parteivernehmung spricht, die Prozeßverschleppung[77]. Diese wird dadurch verursacht, daß der Richter erst alle Beweisantritte erledigen muß, auch wenn er überzeugt ist, daß nur die Parteivernehmung manche Fragen klären wird[78].

Ein Argument der Gegner der Subsidiarität[79] ist jedenfalls richtig und verdient hier besonderer Hervorhebung. Dieser Grundsatz schränkt die freie Beweiswürdigung des Gerichts, die nach § 453 ZPO für die

---

[72] Schönke, DGWR 37, S. 349; Kralik, GZ 1931, S. 227; Benkendorff, DRiZ 1934, S. 239 f.

[73] Vgl. Wehmeier, S. 56 f.

[74] Siehe Kollroß, ZJP 1937, S. 93; Baur, JZ 69, S. 483.

[75] Kralik, GZ 1931, S. 229; Ratzenhofer, GZ 1925, S. 108; Hendel / Rintelen, Jud. V, Sp. 20/21; so auch Schönke, DGWR 37, S. 349; Baumbach / Lauterbach, 1 B zu § 453 ZPO.

[76] Ratzenhofer, a.a.O.; Kralik, a.a.O.; de Boor / Erkel, S. 145; vgl. auch Schumacher, DGWR 1936, S. 296 ff., der die Einführung einer dem § 247 StPO analogen Vorschrift für die Parteivernehmung vorschlägt.

[77] u. a. von Schönke / Kuchinke, S. 350; Vater, DRiZ 1932, S. 83; Gafner, S. 132; vor allem aber Rosenberg, ZZP 57, S. 331 und Kralik, GZ 1931, S. 229.

[78] Das ist ein wichtiger Grund, warum die Gerichtspraxis als Ersatz zur Parteianhörung greift. Vgl. Fasching, Vor § 371 öZPO. Überhaupt wird die beweismäßige Anwendung von § 141 ZPO als Argument gegen die Subsidiarität angeführt. Vgl. Kralik, GZ 1931, S. 229 ff.; Wehmeier, S. 64 ff. (69).

[79] Schönke / Kuchinke, S. 350; Wehmeier, S. 70.

Parteiaussage gilt, so sehr ein, daß man sagen kann, es bestehe zwischen Subsidiarität und freier Beweiswürdigung ein Widerspruch. Daß er angesichts der hervorragenden Stellung, die die Erforschung der materiellen Wahrheit im modernen Prozeß erlangt hat, zugunsten der freien Beweiswürdigung zu entscheiden ist[80], müßte wohl zweifellos sein.

3.3.2.1.2. Folgen der Verletzung der Subsidiarität

Gerade diese heftige Kritik, die früh nach der Einführung der Parteivernehmung einsetzte, hat wahrscheinlich Schrifttum und Praxis veranlaßt, die Verletzung der Subsidiarität der Parteivernehmung im konkreten Fall zu billigen[81].

Als Argument dafür wird die Vorschrift des § 450 II ZPO („Die Ausführung des Beschlusses *kann* ausgesetzt werden ...") angegeben, u. E. mit Recht[82]. Das Ermessen des Gerichts zur Aussetzung des speziellen Beweisbeschlusses bezeugt, daß der Subsidiaritätsgrundsatz eine Sollvorschrift ist, deren Verletzung zunächst keine Sanktionen auslöst[83]. Ob die Parteivernehmung auch in dem Fall, daß sie entgegen der Vorschrift des § 445 II ZPO zum Gegenbeweis angeordnet wird, keine Revision begründet, ist eine Frage, die hier dahingestellt bleiben kann[84].

Diese Gedanken konsequent weiterverfolgt führen zu dem Ergebnis, daß das Gericht nach seinem freien Ermessen entscheiden kann, wann es zu einer Parteivernehmung von Amts wegen schreiten will, wenn eine gewisse Wahrscheinlichkeit für die zu beweisenden Behauptungen schon existent ist. Der Grundsatz der Subsidiarität verhindert es also nicht — besser gesagt nicht mehr —, eine Partei auch am Anfang der Beweisaufnahme zu vernehmen und somit die Nachteile der Subsidiarität zu vermeiden. Ob dann der Richter die anderen evtl. vorher oder gar gleichzeitig mit der Anordnung der Parteivernehmung angetretenen Beweise nachher noch erheben muß oder kann, scheint ein Problem

---

[80] Auch der 36. DJT, Bd. II, S. 734, hat sich gegen die Subsidiarität entschieden.

[81] Vgl. Nagel, Grundzüge, S. 303; Rosenberg / Schwab, § 125 II 1; Stein / Jonas, IV zu § 445 ZPO; Wieczorek, D III b und D IV c 1 zu § 445 ZPO und die dort angeführten Entscheidungen; Blomeyer, S. 397; Baumbach / Lauterbach, 2 B zu § 445 ZPO; J. Schmidt, S. 115 und 123; so auch Pollak, System, S. 690 für das österreichische Recht.

[82] Rosenberg / Schwab, § 125 II 1; Seuffert / Walsmann, Nachtrag, I 3 zu § 445 ZPO; Krencker, S. 70 Anm. 38; Rosenberg, ZZP 58, S. 318 ff.

[83] Ebenda; so auch Glücklich, S. 189. Vgl. aber Nagel, Grundzüge, S. 303 Anm. 132.

[84] Rosenberg / Schwab, a.a.O., bejahen das; Rosenberg, ZZP 58, S. 318 ff.; a. A. Wieczorek, D IV c 1 zu § 445 ZPO.

zu sein, das durch die Implikation des „Müssens" zu lösen sein wird, zumal wenn man bedenkt, daß der Gegenbeweis gegen die Parteivernehmung jederzeit zulässig ist (arg. § 450 Abs. II ZPO)[85]. Darauf kann im Gegenfall eine Revision gestützt werden[86].

Bedenkt man ferner, daß die Erfüllung der erwähnten Voraussetzung der „Wahrscheinlichkeit" für die Anordnung der Parteivernehmung von Amts wegen nach § 448 ZPO eine Tatfrage ist, die von der Revision nicht nachprüfbar ist, so muß man wohl zugeben, daß sich Literatur und Gerichtspraxis[87] hinsichtlich der Aufhebung der Schranken, welche die Subsidiarität für die volle Ausnutzung der Parteivernehmung setzte, verdient gemacht haben. Es wird später noch darauf zurückzukommen sein, um die Vorteile zeigen zu können, die sich aus dieser Erkenntnis für eine zweckmäßigere Gestaltung des Verfahrens, zugleich aber für den vollständigen Gebrauch der Vorschrift des § 286 ZPO ergeben.

3.3.3. Das Verfahren bei der Parteivernehmung

a) Der Beweisbeschluß

Liegen die erforderlichen Voraussetzungen vor und will das Gericht[88] eine Parteivernehmung anordnen, so geschieht dies durch den Erlaß eines Beweisbeschlusses (§ 450 I Hs. 1 ZPO)[89]. Es handelt sich hierbei um einen formellen Beweisbeschluß i. S. d. § 359 ZPO, obwohl dieser speziell auf die Parteivernehmung abgestimmt, mit dem allgemeinen Beweisbeschluß also, der zu Beginn der Beweisaufnahme erlassen wird, nicht identisch ist. Dieser Beschluß muß nach § 359 ZPO in Verbindung mit § 450 I Hs. 1 ZPO ein bestimmtes Thema enthalten, worüber die Partei vernommen wird, das sog. „thema probandum"[90]. Für den Erlaß dieses Beschlusses ist es gleichgültig, ob die Partei bei seiner Verkündung anwesend ist oder nicht[91]. Ist ersteres der Fall[92], so

---
[85] Rosenberg / Schwab, § 125 II 1; Stein / Jonas, IV zu § 445.
[86] Stein / Jonas, ebenda.
[87] Diese Tendenz der Auflockerung ist auch in anderen Fällen zu beobachten. Vgl. de Boor, Auflockerung, S. 29.
[88] Auch der Einzelrichter kann einen solchen Beschluß erlassen und sogar die Vernehmung der Parteien selbst vornehmen in den Fällen, in denen ihm die Zivilkammer den gesamten Rechtsstreit gemäß § 348 ZPO zur Entscheidung übertragen hat. Vgl. Thomas / Putzo, 3 a zu § 348 ZPO.
[89] Ein solcher ist nach Rosenberg, ZZP 58, S. 328, nicht nötig, wenn die Partei es ablehnt, sich vernehmen zu lassen oder trotz Aufforderung des Gerichts keine Erklärungen abgibt (arg. §§ 446 und 448 i. V. m. 533 I ZPO).
[90] Mit Recht vertritt Bruns (S. 350) die Ansicht, daß dies nicht streng eingegrenzt zu sein braucht, da die Partei am besten zu dem gesamten Faktenbestand des Prozesses gefragt werden soll.
[91] H. M. Stein / Jonas, I 1 zu § 450 ZPO; Goedecke, S. 3; Thomas / Putzo, zu § 357 a ZPO; a. A. Blomeyer, S. 397; J. Schmidt, S. 123. Vgl. auch Gaedecke, JW 1936, S. 3033, der einen stillschweigenden Beschluß bei der Parteivernehmung für möglich hält.

ist die Partei möglichst sofort zu vernehmen (§ 357 a ZPO), andernfalls wird durch denselben Beschluß der Termin zur Vernehmung verkündet (arg. § 450 I Hs. 2 ZPO)[93].

Die Vorschrift des § 450 I Hs. 1 ZPO ist eine Mußvorschrift[94], kann also vom Gericht nicht außer Acht gelassen werden, denn das Fehlen des Beweisbeschlusses stellt einen Verfahrensmangel dar, der von den Parteien bis zur Verkündung der Entscheidung[95] gerügt werden kann[96]. Erfolgt eine Rüge seitens der Parteien nicht, so ist dieser Verfahrensmangel nach § 295 geheilt[97], es sei denn, die Parteien haben nicht erkannt, daß eine Parteivernehmung stattgefunden hat[98].

Nun führt zwar eine Entscheidung des BAG[99] aus, daß der Wert des speziellen Beweisbeschlusses darin zu erblicken sei, daß die Parteien darauf Wert legen werden, im Klaren darüber zu sein, daß eine Parteivernehmung erfolgt, da bei dieser der Partei ein Fragerecht gewährleistet ist (§ 541 i. V. m. § 397 ZPO)[100]. Dies erklärt die Notwendigkeit eines speziellen Beweisbeschlusses aber nicht, denn ein solches Recht steht den Parteien auch bei der Zeugenvernehmung zu (§ 397 ZPO), für welche kein spezieller Beschluß notwendig ist (§ 357 a ZPO).

Der eigentliche Grund, der für die Einführung der Vorschrift des § 450 I ZPO maßgebend war, kann in der Bewahrung des Subsidiaritäts-

---

[92] Sie kann entweder freiwillig oder anläßlich einer Anordnung gemäß § 141 ZPO erschienen sein. Die Befugnis des § 272 b II 3 ZPO entspricht gerade dieser Anordnung des § 141 ZPO, dient also nicht der Anordnung der Parteivernehmung, wie es von Baur, ZZP 66, S. 213, behauptet wird. Dies bezeugt § 272 b IV a. E., welcher die Erscheinungspflicht der Partei vorschreibt. Einer solchen Pflicht unterliegt die Partei bei ihrer Vernehmung aber nicht.

[93] Die Ausführung dieses Beschlusses kann nach § 450 II ZPO ausgesetzt werden. Siehe oben 3.3.2.1.

[94] Bei fehlendem Beweisbeschluß wird von RG JW 1935, S. 1041, eher eine Parteianhörung angenommen. a. A. Glücklich, S. 185, der § 450 I ZPO für eine Sollvorschrift hält.

[95] BGHZ 139, S. 14; Wieczorek, A I zu § 450 ZPO; a. M. Baumbach / Lauterbach, 1 A zu § 450 ZPO.

[96] Wieczorek, A I zu § 450 ZPO.

[97] BGH FamRZ 65, S. 212; Egon Schneider, Beweiswürdigung, S. 237; BGH MDR 1959, S. 638 Nr. 11; Baumbach / Lauterbach, 1 zu § 450 ZPO; Nagel, Grundzüge, S. 303; J. Schmidt, S. 123.

[98] Vgl. § 295 ZPO; BGH LM Nr. 3 zu § 516 BGB; Baumbach / Lauterbach, I A zu § 450; Zöller, 2 zu § 445.

[99] NJW 63, S. 2340.

[100] Als weiterer Grund wird von Rühl (S. 20) ausgeführt, daß der Wahrheitsgehalt der Parteiaussage gesteigert wird, wenn sie weiß, daß sie als Beweismittel fungiert. Dies erscheint dem Verf. in Hinblick auf die Wahrheitspflicht (§ 138 ZPO) und die Tatsache, daß auch die Parteiaussage bei der Parteianhörung die Voraussetzungen des Prozeßbetrugs erfüllen kann (s. unten 3.4.1.7.), sehr bedenklich.

3.3. Der strukturelle Aufbau der Parteivernehmung

grundsatzes gesehen werden. Gerade weil sich ihre Existenzberechtigung daraus ergibt, wurde auch die Vorschrift des § 450 I Hs. 1 ZPO kritisch angegriffen[101]. Diese Kritik hat es aber bis heute nicht fertiggebracht, die Rechtsprechung auf dieselbe Weise wie bei der Subsidiarität zu beeinflussen, um in der Forderung des Beweisbeschlusses ebenso eine Sollvorschrift zu betrachten. Allerdings ist die Rechtsprechung soweit gegangen, die daraus entstehenden Mängel für heilbar nach § 295 ZPO zu halten.

b) Die Ladung

Zu dem Termin der Vernehmung muß die Partei, falls sie bei der Verkündung des Beweisbeschlusses nicht persönlich anwesend war, gemäß § 450 I Hs. 2 ZPO geladen werden. Dasselbe gilt, wenn der Beweisbeschluß keine Terminbestimmung enthält[102].

Ist dagegen die Partei persönlich anwesend, so wirkt die Verkündung des Beweisbeschlusses, der den Termin enthält, als Ladung (§ 450 I Hs. 2 ZPO).

Die Ladung erfolgt unter Mitteilung des Beweisbeschlusses von Amts wegen und ist einer förmlichen Zustellung bedürftig[103]. Die zu vernehmende Partei wird persönlich einschließlich der evtl. Terminbenachrichtigung des Prozeßbevollmächtigten im Anwaltsprozeß geladen. Diese Ladung ist nicht mit der Ladung der Partei gemäß § 141 ZPO zu verwechseln[104].

Wird die Vorschrift des § 450 I Hs. 2 ZPO verletzt, so kann das Gericht aus dem Nichterscheinen der nicht geladenen Partei keinerlei Schlüsse ziehen. Erscheint die Partei trotzdem, so ist der Mangel behoben und die Vernehmung kann stattfinden.

c) Der Parteibegriff im Rahmen der Parteivernehmung

Subjekt der Parteivernehmung ist die Partei. Als Partei gilt im Zivilprozeß, wer „für sich Rechtsschutz vom Gericht begehrt und gegen wen Rechtsschutz begehrt wird, durch ein auf den Namen beider abgestelltes, für und gegen sie wirkendes Urteil"[105]. Der Parteibegriff bei der Parteivernehmung ist aber viel enger, als es in dieser allgemeinen Definition zum Ausdruck kommt. Dort kommen nämlich als

---
[101] Vgl. Bender, DRiZ 1972, S. 15 - 17; Kralik, GZ 1931, S. 231; Schönke, ZZP 61, S. 39; a. A. Nagel, DRiZ 1972, S. 99 - 100, der sich aber gegen die Subsidiarität ausspricht.
[102] Stein / Jonas, II 1 zu § 450 ZPO.
[103] Ebenda, II 2 zu § 450 ZPO; Wieczorek, A II zu § 450 ZPO.
[104] Ebensowenig ist sie mit der Ladung gemäß § 272 b IV a. E. ZPO zu verwechseln. Vgl. oben Anm. 92.
[105] Lent / Jauernig, S. 45.

3. Die Parteivernehmung

Parteien nur die prozeßfähigen bzw. die gesetzlichen Vertreter[106] der prozeßunfähigen Parteien in Betracht (§ 445 I ZPO)[107]. Eine Ausnahme von dieser Regelung bildet § 445 II ZPO, wonach auch Minderjährige über 16 Jahre und beschränkt geschäftsfähige Volljährige (§ 114 BGB) vernommen werden können, soweit das thema probandum ihre eigenen Handlungen und Wahrnehmungen betrifft[108].

Als Partei wird auch der Streitgenosse (§ 449 ZPO)[109] sowie der streitgenössische Nebenintervenient[110] vernommen.

d) Erscheinenslast — Aussagelast

Da das Ausbleiben der ordnungsgemäß geladenen Partei an dem zu ihrer Vernehmung bestimmten Termin unter keinerlei Strafandrohung steht[111], kann von einer Erscheinenspflicht der Partei keine Rede sein. Der § 454 ZPO enthält keinen Anhaltspunkt, der eine Parallele zu § 380 ZPO ahnen ließe.

Es handelt sich also hier um eine echte Erscheinenslast, nach welcher beim unentschuldigten Ausbleiben der Partei prozessuale Nachteile drohen[112], insbesondere kann die Aussage als verweigert und somit die behauptete Tatsache als erwiesen angesehen werden (§ 454 I i. V. m. § 453 II und § 446 ZPO).

Dieser Gefahr kann die Partei aus dem Wege gehen, wenn sie vorher, zum Termin durch ihren Prozeßbevollmächtigten oder zum evtl. neu anberaumten Termin (§ 454 II ZPO), für ihr Versäumnis dem Gericht genügende Gründe angibt (§ 454 I ZPO: „... aus etwaiger von der Partei für ihr Ausbleiben angegebener Gründe ...").

Ähnliches kann für die Aussage der Partei ausgeführt werden, denn auch hierzu ist die Partei nicht verpflichtet. Deswegen ist ihr zunächst auch ausdrücklich kein Aussageverweigerungsrecht gewährleistet. Ver-

---

[106] Mit Recht kritisiert Lent / Jauernig (S. 183 a. E) diese Regelung als unangemessen.

[107] Eine detaillierte Auseinandersetzung mit der Frage, ob die Parteien, die nicht zur Parteivernehmung zugelassen werden, als Zeugen vernommen werden können, ist hier trotz ihres Interesses nicht möglich. Der Verf. ist jedoch der Ansicht, daß dies möglich sein soll, um dem Gericht die Erforschung der Wahrheit zu erleichtern. So Stein / Jonas, I zu § 445 ZPO; a. A. Wieczorek, A I b zu § 445 ZPO.

[108] Über Parteien unter 16 Jahren vgl. Bertram, VersR 65, S. 219; Glücklich, S. 79 f.

[109] Jedoch nicht uneingeschränkt. Siehe Glücklich, S. 76.

[110] So Rosenberg, ZZP 58, S. 320; Stein / Jonas, II zu § 449 ZPO; a. A. Glücklich, S. 73 f., der sich mit diesem Thema intensiv, wenn auch nicht immer überzeugend auseinandersetzt. Vgl. insbes. S. 85 ff.

[111] Kosten und Verzögerungsgebühr sind keine Strafen. Vgl. Stein / Jonas, III b zu § 454 ZPO.

[112] Vgl. Rosenberg, a.a.O., S. 331; Stein / Jonas, III zu § 454 ZPO. Ein Versäumnisurteil kann hier nicht ergehen. Vgl. Raab, S. 44.

3.3. Der strukturelle Aufbau der Parteivernehmung

weigert die Partei unentschuldigt ihre Aussage, so kann das Gericht daraus Schlüsse ziehen, insbesondere die behauptete Tatsache als erwiesen ansehen (§ 453 II i. V. m. § 446 ZPO). Ob die Partei ein Aussageverweigerungsrecht wie der Zeuge besitzen soll, ist wegen des nicht erkennbaren Willens des Gesetzgebers streitig[113]. Die Frage ist, nach dem oben ausgeführten, zunächst zu verneinen. Doch erscheint hier ein Kompromiß angemessen. Die Aussageverweigerung ist dann vom Gericht als entschuldigt im Sinne des § 453 II i. V. m. § 446 ZPO zu betrachten, wenn ein Zeuge dafür schon ein solches Recht hätte.

e) Die Wahrheitsermahnung

Eine weitere Vorschrift, die das Verfahren der Parteivernehmung kennzeichnet, ist § 451 ZPO, nach welchem die Bestimmungen über das Verfahren bei einer Zeugenvernehmung weitgehend entsprechend anzuwenden sind.

Das Verfahren bei einer Parteivernehmung wird also dadurch eingeleitet, daß der Vorsitzende die zu vernehmende Partei mit Hinweis auf ihre Wahrheitspflicht (§ 138 ZPO) zur Wahrheit ermahnt und darauf aufmerksam macht, daß sie unter Umständen mit einer Beeidigung ihrer Aussage zu rechnen hat (§ 451 i. V. m. § 395 I ZPO).

Diese Wahrheitsermahnung ist eine „bloße Ordnungsvorschrift"[114]. Sie kann also ungeachtet bleiben, ohne daß daraus ein Verfahrensmangel entsteht.

Anschließend stellt der Richter Fragen zur Person der Partei (§ 395 II ZPO). Den eigentlichen Erklärungen der Partei (§ 396 I ZPO) schließen sich die Fragen des Gerichts (§ 396 II, III ZPO) sowie die des Gegners (§ 397 I ZPO) an.

Die Vernehmung kann dann mit einer Beeidigung bzw. eidesgleichen Bekräftigung der Partei abschließen, wenn dies das Gericht für erforderlich hält, um seine Überzeugung vervollständigen zu können (§ 452 i. V. m. §§ 478 ff. ZPO).

f) Die Protokollierung

Die Aussagen der Parteien im Falle einer Vernehmung nach §§ 445 ff. ZPO sind hauptsächlich[115] durch Aufnahme in das Protokoll festzu-

---

[113] Stein / Jonas, II zu § 446 ZPO; Lent / Jauernig, S. 183.
[114] Thomas / Putzo, zu § 395 ZPO.
[115] Die Ausnahme des § 161 ZPO sollte selten vorkommen, da ihre Anwendung in der Praxis selten zweckmäßig sein wird. Im Zeitraum zwischen der Parteivernehmung und der Entscheidung des Gerichts können manche Mitglieder ausscheiden. Deshalb fordert auch der Bericht 1961, S. 246 f. die Abschaffung dieser Vorschrift, einer Forderung, der vom neuen Gesetz zur Entlastung der Landgerichte und zur Vereinfachung des gerichtlichen Protokolls vom 20. 12. 1974 (BGBl. I 3651) nicht entsprochen wurde. Vgl. auch BGH NJW 1969, S. 428 = Baur, ESJ Fall 31.

halten (§ 160 II ZPO), und zwar genauso wie die Zeugenaussagen[116]. Dies ist auch dann der Fall, wenn irrtümlich kein Beweisbeschluß vorangegangen ist, wenn also die Parteivernehmung nicht ausdrücklich angeordnet wurde[117]. Denn auch dann bleibt die Parteivernehmung eine solche im Sinne des § 160 II 4 ZPO[118].

Wie wichtig diese Vorschrift des Gesetzes überhaupt ist, die insofern als von absolut zwingender Natur bezeichnet werden kann, ist nicht zuletzt an der ständigen Rechtsprechung des RG und des BGH zu erkennen, die eine Fülle von Entscheidungen wegen Nichtbeachtung dieser Vorschrift aufgehoben haben[119]. Mit Recht, wenn man bedenkt, daß das Protokoll allein die Beachtung bzw. Nichtbeachtung der in der ZPO vorgeschriebenen Formalitäten sichert[120], ja sogar nach § 165 beweisen kann[121].

3.3.4. Die Grenzen der Formlosigkeit der Parteivernehmung von Amts wegen

Faßt man das bisher Ausgeführte zusammen, so stellt man hinsichtlich des strukturellen Aufbaus der Parteivernehmung von Amts wegen folgendes fest:

Die Parteivernehmung von Amts wegen ist subsidiär, kann also nur dann angeordnet werden, wenn die Voraussetzungen des § 448 ZPO, Wahrscheinlichkeit der Tatsache und fehlender voller Beweis durch andere Beweismittel, erfüllt sind. Die Anordnung erfolgt durch speziellen Beweisbeschluß, der der nicht anwesenden Partei samt Ladung zum Termin förmlich zugestellt werden muß. Die zu vernehmende Partei unterliegt jedoch weder einer Erscheinens- noch einer Aussagepflicht.

Als Partei wird die prozeßfähige selbst oder der gesetzliche Vertreter der prozeßunfähigen Partei geladen, es sei denn, daß Gericht will von § 455 II ZPO Gebrauch machen. Vor der Vernehmung findet eine Wahrheitsermahnung statt. Im übrigen wird wie bei einer Zeugenver-

---

[116] Schulin, S. 132.
[117] Ebenda; Kip, S. 90.
[118] KG JW 1934, S. 700.
[119] RGZ 149, S. 63; BGHZ 21, S. 50 (61) = NJW 1956, S. 1355 = LM Nr. 4 zu § 161 ZPO; BGHZ 40, S. 84 (86); BGH NJW 1963, S. 2340; vgl. auch oben Anm. 115 und die dort zitierte Entscheidung sowie BGH LM Nr. 2 zu § 141 ZPO.
[120] Angesprochen ist hier das Problem des Formalismus oder der richterlichen Gestaltungsfreiheit des Verfahrens. Vgl. über die Wichtigkeit der Formalität im Prozeßrecht Eike Schmidt, S. 40 und Baur, Richtermacht, S. 116. Siehe auch die Schrift Vollkommers, Formenstrenge und prozessuale Billigkeit.
[121] RGZ 107, S. 285; BGH NJW 63, S. 1060 ff.; vgl. auch Lent / Jauernig, S. 248.

3.3. Der strukturelle Aufbau der Parteivernehmung

nehmung verfahren. Die Parteiaussagen werden dabei protokolliert. Vorgesehen ist auch die Möglichkeit der Beeidigung der Partei, falls das Gericht dies zur Vervollständigung seiner Überzeugungsbildung für notwendig hält.

Es besteht kein Zweifel, daß die Einhaltung dieser Formalitäten vom Gesetzgeber deshalb gefordert wird, um die Anwendung der Parteivernehmung, dieses „gefährlichen" Auskunftsmittels, zu erschweren. Betrachtet man aber die für die Verletzung dieser Vorschriften vorgesehenen Sanktionen, so stellt man fest, daß solche Sanktionen heute in den meisten Fällen völlig fehlen.

So ist z. B. die Subsidiarität der Parteivernehmung als eine Sollvorschrift zu betrachten, ebenso die Eidesbelehrung und die Wahrheitsermahnung. Ist die Partei aus irgendeinem Grunde anwesend, so spielen sogar die Vorschriften über die Ladung und ihre Zustellung keine Rolle mehr.

Lediglich die Vorschriften über den Beweisbeschluß und die Protokollierung der Parteiaussage können nicht außer Acht gelassen werden. Denn das Fehlen des Beweisbeschlusses begründet nach Ansicht der Rechtsprechung eine Verfahrensrüge seitens der Parteien. Einerseits ist aber dieser Mangel gemäß § 295 ZPO heilbar, andererseits ist das diesbezügliche Beharren der Rechtsprechung inkonsequent, wenn gerade sie den Grundsatz der Subsidiarität de facto abgeschafft hat, den Grund also für die Existenz des Beweisbeschlusses.

Anders ist es bei fehlender Protokollierung. Sie stellt das Mindestmaß der bei der Parteivernehmung erforderlichen Formalität dar; ihr Fehlen begründet deshalb die Revision[122].

Somit muß als Ergebnis der bisherigen Ausführungen festgehalten werden, daß der Richter nur die Formalität der Protokollierung[123] und darüber hinaus evtl. die des Beweisbeschlusses einhalten muß, um die Partei gemäß § 448 ZPO auf zulässige Weise vernehmen zu können. Alle anderen Vorschriften kann er außer Acht lassen, ohne daß dabei ein Verfahrensmangel entsteht. Ob er dies aber tun soll ist ein Problem, dessen Lösung vorläufig zurückgestellt werden muß.

Dieser Abbau der Formalität bei der Parteivernehmung kommt selbstverständlich nicht von ungefähr. In der Überzeugung vom Wert der Parteiaussage gingen die deutsche Theorie und Rechtsprechung mit der Entwicklung in den anderen Rechtsordnungen[124] kongruent, indem sie

---

[122] Eine demzufolge unzulässige Vernehmung kann nach Wais, S. 42, als gewöhnliches Parteivorbringen verwertet werden.
[123] Schulin, S. 132.
[124] Vgl. oben 2.6.

zu einer teils dogmatisch fundierten, teils de facto durchgesetzten Auflockerung ihren Beitrag geleistet haben[125]. Damit wurde erreicht, daß heute die Parteivernehmung von Amts wegen ein verhältnismäßig flexibles Rechtsinstitut darstellt[126], welches, von den unnötigen Relikten des Parteieides befreit, dem Gericht für die Bildung seiner Überzeugung große Dienste leisten kann. Welche Möglichkeiten dieser Abbau für das Gericht im übrigen eröffnet, aber auch zu welchen Komplikationen er führen kann, ist eine Frage, auf die im letzten Teil dieser Arbeit näher eingegangen wird.

3.4. Die Rechtsnatur der Parteivernehmung

Geht man davon aus, daß die Naturpartei im Zivilprozeß in doppelter Hinsicht tätig werden kann, nämlich zur Aufklärung ihres eigenen Vortrags und zum Beweis des vom Gegner bestrittenen Teils dieses Vortrags, so kann jedes Rechtsinstitut, welches auf die Parteiaussage hinsteuert, eine dieser oder zugleich beide Funktionen erfüllen. Welche von diesen der Parteivernehmung beizumessen ist, wird im folgenden untersucht.

3.4.1. Die Parteivernehmung als Beweismittel

Schon die systematische Eingliederung zwischen den Beweismitteln und die ausdrückliche Bezeichnung als „Beweis"[127] lassen erkennen, daß der Gesetzgeber die Parteivernehmung als Beweismittel vorgesehen hat, ebenso wie der Wortlaut der §§ 450, 448, 445 und 451 ZPO.

Dafür spricht auch die Tatsache, daß die Parteivernehmung gerade an Stelle des Parteieides, der ebenso ein Beweismittel war[128], eingeführt wurde.

Entsprechend ist die Parteivernehmung strukturell ausgestaltet. Die Möglichkeit der Beeidigung wäre ohne die Beweismittelnatur der Parteivernehmung nicht leicht erklärbar[129]. Dasselbe gilt für den speziellen Beweisbeschluß. Anordnung durch Beweisbeschluß heißt zugleich Angabe des thematis probandi, solch eins ist aber nur für eine Beweis-

---

[125] Vgl. unten 5.4.
[126] Die Rechtsprechung des BGH zeigt, daß sogar die hier ausgearbeiteten Schranken der Formalität bei der Parteivernehmung von den unteren Gerichten öfters überschritten werden. Vgl. Baur, ESJ, Fall 31; Kraemer, ZZP 64, S. 162.
[127] Vgl. die Überschrift zum 10. Titel Abschn. I Buch 2 ZPO.
[128] Stricto sensu (im Gesetz geregelt). Die Beweismittelnatur des Parteieides wurde angesichts seiner formalen Beweiskraft oft bezweifelt. Vgl. Wehmeier, S. 4 f.; Nagel, Grundzüge, S. 88 ff.
[129] So Arnold, DJZ 1935, Sp. 603; Bernhard, Aufklärung, S. 41; ders., Rechtsstreit, S. 84; Wesselsky, S. 30; Ksoll, S. 235; Volkmar, JW 1933, S. 2433.

3.4. Die Rechtsnatur der Parteivernehmung

aufnahme denkbar[130]. Dies bezeugt zugleich, daß der Inhalt der Parteivernehmung, genauer der Parteiaussage bei einer Vernehmung, von Wissenserklärungen über Tatsachen bestimmt wird, nämlich über die, die in den bestrittenen Parteibehauptungen enthalten sind[131]. Die Parteivernehmung hat die Rechtsnatur eines Beweismittels, dient also dazu, dem Richter Indizien zu liefern[132], an Hand deren er seine freie Überzeugung von der Wahrheit oder Unwahrheit einer tatsächlichen Behauptung, des Beweisthemas der Vernehmung, bilden kann[133]. Dies ist auch im Gesetz in den §§ 448, 452 und 453 ZPO impliziert.

Diese Ausführungen entsprechen der allgemeinen Meinung[134]. Die Parteivernehmung wird im Schrifttum als ein Mittel bezeichnet, welches dazu dient, „die Wahrheit festzustellen"[135]; ein „Werkzeug, welches von der rechtlichen Beweistheorie als tauglich zur Herstellung eines historischen Beweises erklärt ist"[136].

Die Parteivernehmung stellt deshalb eine Beweisaufnahme dar[137], aus welcher der Richter Beweisstoff[138] gewinnt. In der wissenschaftlichen Diskussion wird die Naturpartei dabei öfters als „Beweisobjekt"[139] bezeichnet im Gegensatz etwa zum Prozeßsubjekt. Daß die Partei bei ihrer Vernehmung nicht die Stellung eines Prozeßsubjekts hat, folgt auch daraus, daß sie im Anwaltsprozeß nicht von dem Prozeßbevollmächtigten begleitet werden muß, ohne daß sie dabei der Gefahr eines Versäumnisurteils ausgesetzt ist[140].

Aus der Auffassung, die Parteivernehmung ist Beweisaufnahme, folgt, daß bei ihr die Beweisgebühr des Gerichts und der Anwälte fällig ist[141]. Als weitere Konsequenz kann hier die Strafbarkeit der falschen, unwahren Parteiaussage aufgeführt werden. Dabei ist zu

---

[130] Klein, Vorlesungen, S. 175.
[131] Vgl. Glücklich, S. 50 ff.
[132] Die Parteivernehmung, wie übrigens jede Zeugenvernehmung, ist Indizienbeweis, denn bei ihr schließt der Richter aus der Parteiaussage mit Hilfe von Erfahrungsregeln auf die mitgeteilte Tatsache selbst. So Zippelius, S. 103; Engisch, S. 52.
[133] Wendt, AcP 63, S. 254 (270); Förster / Kann, Anm. 1 zu § 282.
[134] u. a. Klein, Vorlesungen, S. 175; Bruns, S. 351; de Boor / Erkel, S. 143; Schönke / Kuchinke, S. 302; Nikisch, S. 358; Ksoll, a.a.O.; Zöller, S. 528 vor § 445 ZPO; Blomeyer, S. 397; Göppinger, S. 5.
[135] v. Canstein, ZZP 2, S. 339.
[136] Heusler, AcP 62, S. 224; vgl. Raab, S. 9 ff.
[137] Dix, S. 35; Sändig, S. 39.
[138] Dix, S. 35; Jansen, S. 28.
[139] Der Ausdruck ist insofern nicht zutreffend, als nicht die Partei, sondern ihre Aussage Beweisobjekt ist. Vgl. Dix, Anm. 112.
[140] So Raab, S. 44.
[141] § 31.3 BRAGebO; Glücklich, S. 3 Anm. 3; Dix, S. 41; Riedel / Sußbauer, III 4 zu § 31 BRAGebO.

bemerken, daß nur die unwahre beeidete Aussage der Partei zu ihrer strafrechtlichen Verfolgung wegen Meineids (§ 154 StGB) führen kann[142]. Dagegen kann eine falsche uneidliche Aussage nur den Tatbestand des Prozeßbetrugs erfüllen (§ 263 StGB)[143].

3.4.2. Die Parteivernehmung als Prozeßführungsmittel

Die Frage nach der Rechtsnatur der Parteivernehmung wurde zugunsten des Beweismittels gelöst. Ist dies aber richtig, so muß, um das diesbezügliche Bild zu vervollständigen, auch eine zweite Frage aufgeworfen werden. Es muß nämlich ferner untersucht werden, inwieweit dieses Rechtsinstitut ausschließlich dem Beweis dient, oder ob es vielleicht auch ein Mittel ist, der zweiten Funktion der Partei, der Prozeßführung zu entsprechen. Kurz formuliert: Enthält die Parteiaussage bei der Parteivernehmung nur Beweisstoff oder kann sie zusätzlich etwa Dispositionsakte der Partei bzw. Willenserklärungen enthalten in Form von Geständnissen und Parteibehauptungen[144]? Bedenkt man, daß die Partei nicht immer im Stande sein wird, ihr prozessuales Verhalten den scharfsinnigen Begriffsunterscheidungen der ZPO anzupassen, so liegt die Annahme nahe, daß es unvermeidlich ist, daß die Naturpartei diese Rollen nur gleichzeitig spielen kann. Dann wäre allerdings die aufgestellte Frage zu bejahen. Ob dies so ist, versucht die folgende Untersuchung zu konstatieren.

3.4.2.1. *Parteivernehmung und Geständnis*

Bedenkt man einerseits, daß die Parteivernehmung als Rechtsinstitut Parteiaussagen über tatsächliche Behauptungen liefert, ja sogar auf deren Beweis hinzielt, andererseits, daß das gerichtliche Geständnis auch die Bejahung der tatsächlichen Behauptung des Gegners darstellt, so scheint eine Normenkonkurrenz hinsichtlich der Parteiaussagen über der aussagenden Partei ungünstige Tatsachen wohl möglich zu sein. Es entsteht also die Frage, ob die Parteiaussage im Rahmen einer Parteivernehmung als ein Ganzes zu betrachten ist, welches gemäß § 453 I ZPO frei gewürdigt wird, oder ob dieser Grundsatz nur für die der vernommenen Partei günstige Aussagen gilt, während der ihr

---

[142] Schönke / Schröder, III 3 zu § 154 StGB.

[143] Ebenda, V 7 a zu § 263 StGB; Bernhardt, Aufklärung, S. 41. Dagegen kommt eine Verfolgung der Partei wegen falscher uneidlicher Aussage gemäß § 153 StGB nicht in Frage. Vgl. Schönke / Schröder, II 2 zu § 153 StGB.

[144] Es ist sehr fraglich, ob Geständnis und Parteibehauptung angesichts der herrschenden Lehre der Wissenserklärungen als Dispositionsakte bezeichnet werden sollen, da Disposition über Tatsachen schlecht vorstellbar ist. Vgl. Bernhardt, Aufklärung, S. 32.

3.4. Die Rechtsnatur der Parteivernehmung

ungünstigen Aussagen die bindende Beweiskraft des Geständnisses gemäß § 288 ZPO beigemessen werden muß.

Der BGH hat in einer viel umstrittenen Entscheidung[145] diese Frage im letzteren Sinne entschieden. Er geht davon aus, daß die Partei auch im Anwaltsprozeß Herr des Prozesses bleibe. Sie und nicht der Rechtsanwalt beherrsche den Tatsachenstoff, deshalb schreibe § 137 IV ZPO vor, daß auch ihr nebst ihrem Anwalt das Wort zu gestatten sei. Daraus schließt der BGH, daß die Parteiaussage ein Geständnis enthalten kann, obwohl der Partei die Postulationsfähigkeit im Anwaltsprozeß fehlt. Seine Argumentationskette über die Gültigkeit der aufgestellten Regelung für die Parteivernehmung schließt der BGH mit dem Argument, den Parteierklärungen im Rahmen einer Parteivernehmung sei kein geringerer Wert beizumessen als den „bei einer sonstigen mündlichen Verhandlung abgegebenen Erklärungen der Partei oder ihres Prozeßbevollmächtigten"[146].

Der Meinung des BGH, die Parteivernehmung könne zu einem Geständnis führen, schließt sich ein Teil der Lehre an[147]. Richtig an dieser Meinung ist jedenfalls, daß die Partei Herr des Prozesses auch im Anwaltszwang bleibt, und zwar sowohl im Rahmen der mündlichen Verhandlung als auch während der Beweisaufnahme. Der Versuch, das Partei-Beweisobjekt von dem Partei-Prozeßsubjekt zu trennen, ist von vornherein gescheitert, denn theoretisch mag diese Abgrenzung ganz unproblematisch erscheinen; es ist aber eine idealistische Utopie zu glauben, in der Praxis wäre sie durchführbar. Die Partei hat im Prozeß als dessen Herr eine sonderbare Stellung und die Abgrenzung der einen von der anderen Rolle trägt gerade dieser Stellung nicht Rechnung[148]. Insofern ist vielleicht der Gedanke, der in dieser BGH-Entscheidung zum Ausdruck kommt, gar nicht falsch. Doch ist das spezifische Ergebnis, zu dem die Argumentation des BGH in konsequenter Weise führt, der Ausschluß der freien richterlichen Beweiswürdigung für die als Geständnis qualifizierte Parteiaussage[149]. Und gerade dort versagt der BGH in seiner Argumentation. Denn es ist hier nicht die Frage, ob die fehlende Postulationsfähigkeit der Partei

---

[145] BGHZ 8, S. 235 (238) = NJW 1953, S. 621 mit Anm. von Lent. Vgl. auch Zöller, zu § 288 ZPO; für das österreichische Recht siehe Holzhammer, S. 195.
[146] BGH, a.a.O.
[147] Herriger, JW 1936, S. 1779; Schönke / Kuchinke, § 52 II 3; Baumbach / Lauterbach, B zu § 288 ZPO.
[148] Im Rahmen der Regelung des Geständnisses taucht dieses Problem in der Form seiner Teilbarkeit bzw. Unteilbarkeit auf. Vgl. darüber J. Schmidt.
[149] Baur, ESJ, S. 81 Nr. 1; a. A. Bernhardt, Aufklärung, S. 33 mit Hinweis auf die Wahrheitspflicht. Vgl. auch de Boor, Auflockerung, S. 64.

3. Die Parteivernehmung

die Annahme eines Geständnisses verhindert. Bei der Parteivernehmung geht es vielmehr darum, ob die bindende Beweiskraft des Geständnisses mit § 453 I ZPO zu vereinbaren ist. Das ist das Problem, mit dem sich der BGH hätte auseinandersetzen müssen, um eine überzeugende Argumentation zu finden. Das Ergebnis dieses Fehlers ist, daß seine Entscheidung trotz des richtigen Kerns nicht überzeugend wirkt[150].

Die Parteivernehmung ist, wie erwähnt, ein echtes Beweismittel, welches zum Zweck hat, das Gericht von der Wahrheit oder Unwahrheit der zu erweisenden Tatsache zu überzeugen (§ 453 I ZPO). Ihr Beweiswert wird von dem Gericht frei gewürdigt. Dazu steht die bindende Beweiskraft des gerichtlichen Geständnisses in direktem Gegensatz. Die Parteiaussage im Rahmen der Parteivernehmung bildet also ein Ganzes, und als solches wird sie verwertet. In ihr Äußerungen zugunsten und solche zuungunsten der Partei bzw. für das Gericht bindende und frei zu würdigende zu unterscheiden, wäre hier verfehlt. Die Parteivernehmung zielt meist gerade auf die der Partei ungünstige Ausführungen, da bei ihr normalerweise der Gegner der beweisbelasteten Partei vernommen wird. Wenn dies das Hauptziel der Parteivernehmung ist, dann muß § 453 I ZPO vor allem diese Art der Parteiausführungen umfassen. Eine Unterscheidung also im obigen Sinne widerspricht dem Zweck der Parteivernehmung[151]. Sie wurde an Stelle des Parteieides eingeführt, um gerade seine bindende Beweiskraft durch ihre in § 453 I ZPO sanktionierte freie Beweiswürdigung zu ersetzen. Diese mit Hilfe des Geständnisses in ihrem Kern auf diese Weise zu verletzen, ist ihrem Wesen nach inkommensurabel. Dem § 435 I ZPO muß als lex posterior aber auch als lex specialis gegenüber § 288 ZPO der Vorrang gegeben werden. Mit Recht wird also ausgeführt, daß die Vorschriften über das Geständnis für den Anwendungsbereich der Parteivernehmung außer Kraft gesetzt worden sind[152]. In der Tat würde im Gegenfall die Parteivernehmung überflüssig werden. Was bei Annahme eines Geständnisses von ihr übrig bleiben würde, wären die der Partei günstigen Aussagen. Solche werden aber bekanntlich auch im Rahmen einer Parteianhörung abgegeben und nach § 286 ZPO — nach h. L. als Teil der mündlichen Verhandlung — gewürdigt.

---

[150] Das RG vertrat die entgegengesetzte Meinung: RG JW 1936, S. 1778; RG JW 1938, S. 1272; RG WarnRspr. 1940, S. 139. Vgl. Lent, NJW 53, S. 621; Rosenberg / Schwab, S. 603, 656; Bruns, S. 349; Blomeyer, S. 337; Stein / Jonas, II vor § 445 ZPO.

[151] Lent, NJW 53, S. 621; J. Schmidt, S. 143 f.

[152] Lent, NJW 53, S. 621; J. Schmidt, S. 143 f. Nach Raab, S. 51 Anm. 183, soll nunmehr § 288 so verstanden werden, daß beim Zugestehen die Geständniswirkungen nur eintreten können, wenn die Partei als solche die Erklärung abgibt und nicht, wenn sie als Beweismittel vor Gericht steht.

Schon die rechtsvergleichende Untersuchung hat gezeigt, daß alle Rechtsordnungen heute eine Tendenz aufweisen, wonach die letzten Relikte des Formalbeweises, und das Geständnis ist ein solches[153], durch den Grundsatz der freien Beweiswürdigung ersetzt werden soll. Ein Geständnis im Rahmen der Parteivernehmung anerkennen hieße demzufolge, die geschichtliche Entwicklung umzukehren versuchen.

Ein Geständnis ist also während einer Parteivernehmung ausgeschlossen[154]. Läßt sich die Partei über ihr ungünstigen Tatsachen ein, so gesteht sie nicht die entsprechende gegnerische Behauptung, sondern sie beweist sie. Das Gericht wird also diese Aussagen stets gemäß § 453 I ZPO frei zu würdigen haben. Dagegen spricht nicht das der Prozeßökonomie entnommene Argument, die Partei müsse unnötigerweise, wenn sie gestehen wolle, in der anschließenden mündlichen Verhandlung ihr „Geständnis" wiederholen. Denn die Parteivernehmung muß vor jeglichem bindenden Element gewahrt bleiben, während die Partei im Laufe des Prozesses genügend Gelegenheit hat, sich über die gegnerischen Behauptungen einzulassen, so daß man annehmen darf, bei der Parteivernehmung fehle ihr der entsprechende Dispositionswille[155]. Man soll dabei die Gefahr nicht außer Acht lassen, die aus dem Protokoll und der Art, wie es zustande kommt, wächst. Es wird nämlich vom Vorsitzenden diktiert. Die Färbung, die die Parteiaussage dabei bekommt, kann durchaus zu einem „konstruierten" Geständnis führen, welches von der Partei gar nicht gemacht worden ist. Geeignet sind dazu vor allem die unbestimmten Antworten auf suggestive Fragen (siehe unten 5.5.).

Dies gilt sowohl für den Anwalts- wie auch für den Parteiprozeß, da das Geständnis bei der Parteivernehmung darum abgelehnt wird, weil es ihrer Rechtsnatur und ihrem Zweck nicht angepaßt werden kann und nicht, weil die Partei während der Parteivernehmung im Anwaltsprozeß keine Postulationsfähigkeit besitzt[156], die ja für eine Beweisaufnahme ohnehin nicht notwendig ist.

3.4.2.2. Parteivernehmung und Parteibehauptung

Was schon für das Geständnis ausgeführt wurde, gilt zunächst auch für die Aufstellung von Parteibehauptungen im Rahmen der Partei-

---

[153] So Pollak, Geständnis, S. 56 ff.; J. Schmidt, S. 109 ff.
[154] So auch Raab, S. 51; Dix, S. 35. Es ist eine andere Frage, ob der Richter praktisch in solchen Fällen fast immer von der Wahrheit der ungünstigen Aussage überzeugt wird.
[155] Ob für die Wirkung des Geständnisses der entsprechende Wille der Partei notwendig ist, kann hier dahingestellt bleiben.
[156] Diese Ansicht wird von Fasching, Komm., vor § 371 öZPO, vertreten mit Hinweis auf die erwähnte BGH-Entscheidung.

vernehmung, da das Geständnis ja auch eine Parteibehauptung mit bestimmtem Inhalt ist. Man kann nicht die Möglichkeit des Geständnisses ausschließen und das Aufstellen von Parteibehauptungen allgemein bejahen. Die Parteiaussage kann also bei einer Parteivernehmung keine tatsächliche Behauptungen enthalten[157]. Dafür sprechen zwar die oben gegen die Zulassung des Geständnisses ausgeführten Gründe nur mittelbar. Doch soll die Parteivernehmung eine Beweisaufnahme sein, so ist die Partei bei ihr nur „unmittelbare Erkenntnisquelle zur Findung der Wahrheit über die von ihr behaupteten oder bestrittenen streitentscheidenden Tatsachen"[158]. Mit anderen Worten: Die Partei fungiert dabei als Zeuge; es würde also der Rechtsnatur der Parteivernehmung widersprechen, ihren Inhalt als Prozeßstoff zu behandeln[159]. Auch aus dem für dieses Rechtsinstitut fundamentalen § 453 I ZPO ergibt sich mühelos, daß der Richter die Parteiaussagen frei würdigen kann. Dies ist aber mit der bindenden Natur der Parteibehauptungen als solchen im Rahmen der Verhandlungsmaxime nicht zu vereinbaren. Der Richter setzt die Parteibehauptungen in Form des Tatbestandes seiner Entscheidung „obligatorisch" zugrunde. Könnte er sie frei würdigen, d. h. darüber entscheiden, ob sie als solche gelten sollen, dann wäre die immer noch geltende Verhandlungsmaxime — so eingeschränkt sie sein mag — aufgehoben.

Abgesehen also von der Frage der Postulationsfähigkeit der Partei im Anwaltsprozeß, die hier zurückgestellt werden kann, muß aus den erwähnten Gründen jegliche Art von Parteierklärung, der irgendeine bindende Wirkung zugeschrieben wird, mag sie Geständnis, Behauptung oder sonstige Dispositionserklärung heißen, im Rahmen der Parteivernehmung abgegeben, als solche unzulässig sein und unberücksichtigt bleiben[160]. Die Parteiaussage bei der Parteivernehmung gilt also als ein einheitliches Ganzes ausschließlich als Beweisstoff.

3.4.3. Fazit: Die Parteivernehmung als Beweismittel und das System der ZPO

Es wurde festgestellt, daß der deutsche Gesetzgeber bei der Einführung der Parteivernehmung für sie die Rechtsnatur eines Beweismittels vor Augen hatte. Angesichts der Vorschrift des § 453 I ZPO

---

[157] Es ist eine andere Frage, ob der Richter neue Tatsachen, die erst bei der Parteivernehmung zum Ausdruck kommen, wegen der angeblichen Verletzung der Vollständigkeitspflicht nach Ausübung der Pflicht des § 139 ZPO als Behauptungen berücksichtigen soll. Vgl. Bernhardt DJZ 1936, S. 1405; ders., Aufklärung, S. 34 f.; Raab, S. 37; Levin, S. 125; Lent, ZZP 63, S. 33; Egon Schneider, MDR 1968, S. 725; s. auch BGH VersR 1967, S. 1095.

[158] Fasching, Kommentar, vor § 371 öZPO.

[159] Klein, Vorlesungen, S. 176; vgl. auch LM Nr. 1 zu § 137 ZPO.

[160] So bezüglich der sonstigen Dispositionserklärungen Fasching, Kommentar, vor § 371 öZPO; wie oben ausgeführt auch Klein, Vorlesungen, S. 176; a. A. Raab, S. 16.

3.4. Die Rechtsnatur der Parteivernehmung

gibt es auch unter den heutigen Verhältnissen keinen Grund, von dieser Vorstellung abzuweichen. Führt man aber diese Gedanken konsequent zu Ende, so ergibt sich klar, daß eine „absolut" beweismäßige Auffassung der Parteiaussage bei der Parteivernehmung in der Praxis recht problematisch ist. Die zitierten Entscheidungen spiegeln die Abgrenzungsschwierigkeiten wider, die zwischen den verschiedenen Arten der Parteierklärungen entstehen. Dies ist nicht so erstaunlich, bedenkt man, daß die Parteivernehmung — zusammen mit der Wahrheitspflicht — aus einer ganz anderen Entwicklungsepoche der ZPO stammt und somit in deren System nicht ohne weiteres einpaßt. Diese Widersprüche sind dem Novellengesetzgeber von 1933 offensichtlich nicht bewußt geworden, da er es unterlassen hat, das Recht der Parteiaussage in der ZPO zu harmonisieren.

Tatsächlich hat er nicht berücksichtigt, daß er mit der Einführung der Parteivernehmung als frei zu würdigendes Beweismittel in einem System, in dem die Regel „nemo testis in re sua esse debet" herrschte, die Partei gezwungen hat, verschiedene Rollen getrennt zu spielen: Einmal soll sie Prozeßsubjekt sein und Dispositionserklärungen abgeben bzw. Tatsachen in Form von Behauptungen (positiones) aufstellen, einmal als Beweismittel mit dem gleichen Vortrag Tatsachen beweisen[161]. Es ist evident, daß von diesem zweiten Vortrag, der ja dem ersten so ähnlich ist, dispositive Elemente nicht auszuschließen sind[162]. Um den Fortschritt zu retten, den die Parteivernehmung mit der Vorschrift des § 453 I ZPO gebracht hat, muß man dann mit systematischen Konstruktionen versuchen, das nachzuholen, was der Gesetzgeber versäumt hat. Doch das Gefühl der Unzufriedenheit, das man dabei — trotz gelungener Argumentation — spürt, bezeugt gerade, daß es sich hier eben um eine Konstruktion handelt. Die Lösung, zu der man gelangt, mag dogmatisch fundiert sein; in der Praxis werden die Abgrenzungsschwierigkeiten immer wieder auftauchen.

Es kann also abschließend zu unserer Untersuchung der Rechtsnatur der Parteivernehmung als vorläufiges Ergebnis festgehalten werden, daß diese zwar vom Gesetz als Beweismittel vorgesehen ist und dementsprechend der beweismäßigen Funktion der Partei im Prozeß dienen soll. Die Abgrenzungsschwierigkeiten aber zu der Prozeßführungsfunktion lassen ahnen, daß letztere, trotz des offenbar entgegengesetzten Willens des Gesetzes, von der beweismäßigen nicht zu trennen ist[163].

---
[161] Raab, S. 51; vgl. auch Rühl, S. 17.
[162] Cappelletti, II, S. 647. Vgl. auch Kralik, GZ 82, S. 229, der diese Parteivernehmung als in eine Parteianhörung aufgehend bezeichnet.
[163] Cappelletti, II, S. 647; Wrede, RheinZ 12, S. 364, sieht im dispositionellen Charakter der Parteivernehmung deren wichtigsten Gewinn. J. Schmidt, S. 119, führt mit Recht also aus, daß die Parteivernehmung im Prinzip als prozessualer Dispositionsakt ausgestaltet wurde; vgl. ebenda, Anm. 207 und BGHZ 42, S. 230 f. Siehe auch unten 5.3.6.

4. Die Parteianhörung

4.1. Zum Begriff

Spricht man von einer Parteianhörung, so muß man sich darüber klar sein, daß darunter jede vom Gericht gestattete Äußerung der aus irgendeinem Grunde anwesenden Partei zur „Aufklärung des Sachverhalts" zu verstehen ist. Die Vorschrift des § 141 ZPO, nach der das Gericht das persönliche Erscheinen der Parteien vor Gericht anordnen kann, stellt nur die Möglichkeit dar, wie das Gericht zu einer Parteianhörung kommen kann, falls die Partei nicht anwesend ist[1]. Ist sie dagegen freiwillig vor Gericht erschienen, so kann es sie jederzeit anhören (vgl. § 139 I 2 ZPO).

Der Ablauf dieses Teils des Verfahrens ist von dem einer Anhörung, die nach Anordnung des persönlichen Erscheinens der Partei gemäß § 141 ZPO erfolgt, nicht zu unterscheiden; sie kann daher dieser Gattung zugerechnet werden[2]. Aus diesem Grunde erscheint eine Abgrenzung während der folgenden Untersuchung nicht notwendig. Wenn dabei der Vorschrift des § 141 ZPO der Vorrang gegeben wird, so geschieht dies nur deshalb, weil gerade diese Vorschrift die Zulässigkeit einer solchen Parteianhörung demonstriert.

Nützlich in diesem Zusammenhang ist noch die Feststellung, daß die Vorschrift des § 141 ZPO für die Fälle vorgesehen ist, in denen die Partei persönlich nicht anwesend ist, sondern von einem Prozeßbevollmächtigten vertreten wird. Dies mag im Parteiprozeß möglich sein, gemeint ist damit aber vor allem der Anwaltsprozeß. Daraus ist der Schluß leicht zu ziehen, daß die Parteianhörung[3] für den Anwaltsprozeß geschaffen wurde. Dies wird sich in den folgenden Ausführungen bestätigen.

4.2. Die historischen Entwicklungszüge des § 141 ZPO

Viel älter als die Vorschriften über die Parteivernehmung ist die Vorschrift des § 141 ZPO. Der im Laufe der Zeit vollzogene Wandel der gesellschaftlichen Verhältnisse und seine Einwirkung im Rahmen

---
[1] Für die Anordnung im Vorverfahren gilt § 272 b II 3 ZPO; vgl. auch unten 4.3.
[2] Goedecke, JW 1934, S. 657.
[3] Sie wird oft auch informelle Parteibefragung genannt. Der hier verwendete Begriff ist der am meisten gebrauchte.

des Zivilprozesses haben ohnehin ihre Spuren auf die Auslegung des § 141 ZPO hinterlassen. Gerade deshalb spielt die historische Untersuchung des Instituts der Parteianhörung für die sich ihr anschließenden Ausführungen über dessen Rechtsnatur eine nicht gering zu schätzende Rolle.

4.2.1. Die Parteianhörung in der ZPO von 1877

Die Parteianhörung ist keine originelle Idee der ZPO von 1877. Ihren Ursprung hat sie im interrogatio ad clarificandum positiones[4] des kanonischen Prozesses[5]. Es ist also nicht erstaunlich, daß es schon vor Inkrafttreten der ZPO von 1877 mehrere partikularrechtliche Prozeßordnungen gab, die eine Anordnung des persönlichen Erscheinens der Parteien zu Aufklärungszwecken kannten, so u. a. die Prozeßordnungen von Baden, Bayern, Württemberg und die Handelsgerichtsordnung der Freien Stadt Hamburg[6].

Ähnliche Bestimmungen enthielt der Preußische Entwurf[7]. Der Richter war nach §§ 262, 263 des Entwurfes befugt, „bei der mündlichen Verhandlung von jeder Partei ... diejenigen Aufklärungen zu fordern, welche zum Verständnis ihrer Ausführungen, zur Beseitigung von Zweifeln und Dunkelheiten, wozu dieselben Anlaß geben, sowie überhaupt behufs vollständiger Ermittlung des Sachverhalts dienlich erscheinen". Ebenso war diese Befugnis des Gerichts als ein Mittel zur Ausübung des richterlichen Fragerechts im Norddeutschen Entwurf geregelt[8]. Der Richter hatte „durch geeignete Fragen darauf hinzuwir-

---

[4] Auch interrogatio ad clarificandum merita causae genannt; vgl. Cappelletti / Perillo, S. 228.

[5] Die römisch-rechtliche interrogatio in iure, durch welche gewisse Voraussetzungen für das vom Kläger zu stellende Begehren zu ermitteln waren, ist vom kanonischen Prozeß zu einer Befragung über die in einem Prozeß aufgestellten tatsächlichen Behauptungen umgestaltet worden, welche der Beweisführer zu dem Zwecke einleiten lassen konnte, um durch die zu erlangenden Geständnisse des Gegners der sonst notwendigen Beweisführung enthoben zu werden. Durch diese Einrichtung wurde die Grundlage dafür geschaffen, daß der Richter, vom gewöhnlichen Gang des Verfahrens abweichend, sich an die Parteien wendet, um sich entweder volle Klarheit darüber zu verschaffen, was die Parteien behaupten wollen, oder um die Aussagen und das Verhalten, das die Parteien bei ihrer Vernehmung an den Tag bringen, zur Bildung seiner Überzeugung über die Wahrheit der aufgestellten Behauptungen zu verwerten; vgl. v. Harrasowsky, VI. Es ist offensichtlich, daß die Parteibefragung von damals zunächst die erste Funktion hatte, während die zweite die Funktion der späteren Parteivernehmung wurde.

[6] Vgl. Gotthardt, DRiZ 30, S. 140; Jansen, S. 15 f. und Anm. 31; v. Harrasowsky, S. 215 ff.

[7] Entwurf einer deutschen CPO nebst Begründung. Im kgl. Preußischen Justiz-Ministerium bearbeitet, Berlin 1871 (Neudruck Aalen 1971).

[8] § 295 I und II des Entwurfs einer Prozeßordnung in bürgerlichen Rechtsstreitigkeiten für den Norddeutschen Bund, Berlin 1870.

4. Die Parteianhörung

ken, daß unklare Anträge erläutert, ungenügende Angaben der geltend gemachten Tatsachen ergänzt und die Beweismittel bezeichnet, überhaupt alle für die Feststellung des Sach- und Streitverhältnisses erheblichen Erklärungen abgegeben werden" und „auf die Bedenken aufmerksam zu machen, welche in Ansehung der Prozeßfähigkeit oder anderer von Amts wegen zu berücksichtigender Punkte entstehen".

Die Funktion dieser Befragung in den erwähnten Verfahrensordnungen war durchaus klar: Sie sollte die Ausübung der richterlichen Fragepflicht erleichtern, indem sie die — wegen des durch die Verhandlungsmaxime bedingten positionenartigen Vortrags der Parteien — evtl. entstandenen Lücken und Unvollständigkeiten in der Wiedergabe des Lebenssachverhalts zu beseitigen vermochte. Dadurch hat sie zweifellos auch der Wahrheitsfindung gedient. Beweisstoff konnte sie allerdings wegen des Verbots der beweismäßigen Verwertung der Parteiaussage nicht liefern.

Sich auf diese Vorschriften stützend, versuchte man dann die Parteianhörung in die künftige ZPO einzuführen. Doch konnte dies, wegen der allgemein akzeptierten liberalistischen Auffassung des Zivilprozesses, wonach die Partei absoluter Herr des Prozesses sein sollte, wegen der Übertragung des Gedankens der Privatautonomie in den Prozeß also[9], nicht ohne heftigen Widerstand geschehen.

Schon der Justizministerialentwurf von 1874 beseitigte zunächst die entsprechende Vorschrift, weil man in ihr einen Eingriff in die persönliche Freiheit und das Dispositionsrecht der Parteien sah, ein tatsächliches Bedürfnis aber für einen solchen Eingriff verneinte[10]. Ganz anderer Ansicht war dagegen die Reichsjustizkommission, in der ein Antrag, dem damaligen § 126, der sich auf die Aufklärungspflicht des Richters bezog, einen letzten Abschnitt hinzufügen, wonach das Gericht das persönliche Erscheinen der Parteien anordnen konnte, breite Zustimmung fand[11]. Dabei wurde darauf hingewiesen[12], daß diese Bestimmung keine Beweiszwecke verfolgte, sondern nur der Erleichterung der Ausübung des richterlichen Fragerechts dienen solle, wobei sie als notwendige Ergänzung der freien Beweiswürdigung und als Möglichkeit für den Richter, der Wahrheit auf den Grund zu kommen, angesehen wurde[13]. Es fällt auf, wie klar schon damals die

---

[9] Vgl. darüber Engel, Jud. III, Sp. 88; Fehlig, S. 163; Spohr, S. 201 ff.

[10] Hahn, II, 1. Abt. S. 215; Begründung des Justizministerialentwurfs 1874, S. 133; vgl. Jansen, S. 18 f. und Anm. 34; Ott, GZ 1894, S. 410; v. Harrasowsky, S. 281 f.; Brüggemann, S. 248.

[11] Protokolle, S. 52 ff.

[12] Ebenda, S. 52 - 54 = Hahn, S. 564 f.; vgl. Glücklich, S. 197; Göppinger, ZZP 73, S. 66; Brüggemann, S. 249.

[13] Vgl. die griechische Vorschrift über die richterliche Aufklärungspflicht a. E. Damit ist zunächst der Ausschluß von Lücken und Unvollständigkeiten im Parteivorbringen gemeint, nicht die „bewiesene" Wahrheit;

4.2. Die historischen Entwicklungszüge des § 141 ZPO

Funktion der Parteianhörung war, vor allem das Bewußtsein von deren Bedeutung für die freie Beweiswürdigung. Es ist also erstaunlich, daß man damals den letzten Schritt zur Parteivernehmung nicht wagte.

Allerdings wurde diese Argumentation durch das Inkrafttreten der ZPO vom 30. Januar 1877 trotz des Widerspruchs des Regierungsvertreters gebilligt. Die Vorschrift des § 132 sah in einem Satz vor, daß das Gericht das persönliche Erscheinen einer Partei zur Aufklärung des Sachverhältnisses anordnen kann.

Bei der praktischen Anwendung dieser richterlichen Befugnis zeigte sich die Regelung aber als unvollkommen; indem die Anordnung des persönlichen Erscheinens den Parteien durch die Anwälte zur Kenntnis zu bringen war, wurde dies häufig von ihnen vernachlässigt[14], nicht zuletzt, weil man darin ein „Mißtrauensvotum gegen die Geschicklichkeit oder gegen die Redlichkeit der Anwälte"[15] sah. Auf diese Weise aber konnte die Bestimmung des § 132 ihrem Zweck, den unmittelbaren Kontakt von Gericht und Naturpartei herzustellen, nicht dienen.

Diese Erkenntnis führte dann zur Novelle 1909[16]. Sie fügte § 141 ZPO[17] hinzu, daß die Partei von Amts wegen zu laden und ihr die Ladung persönlich zuzustellen ist, auch wenn sie einen Prozeßbevollmächtigten bestellt hat. Die Einführung von Zwangsmaßnahmen gegen die nicht erschienene Partei wurde nicht für notwendig erachtet[18]. Eine Erscheinenspflicht kann wohl einem Zeugen obliegen, nicht aber der Partei, die im Rahmen der mündlichen Verhandlung und der Aufklärungspflicht des Richters (§ 139 ZPO)[19] als der Herr des Prozesses dem Gericht seinen Willen[20], der aus einem unklaren Vortrag nicht

---

vgl. Hellwig, System, I, S. 417. Es besteht aber kein Zweifel, daß diese Einschränkung, die vom Wortlaut des späteren § 141 ZPO nicht herzuleiten war, eine Auswirkung der Verhandlungsmaxime war, „deren Eigenleben wie schon bei Gönner die nicht mit ihr harmonierenden Vorschriften, wenn nicht beseitigen, so doch in ihrer Wirkung einengen wollte" (Brüggemann, S. 249).

[14] Gotthardt, DRiZ 30, S. 141.
[15] Levin, S. 131.
[16] Gesetz vom 1. Juni 1909, RGBl. S. 475.
[17] Wegen des Inkrafttretens des BGB bekam inzwischen die ZPO eine neue Numerierung, so daß aus § 132 a. F. der neue § 141 ZPO entstand.
[18] Begründung zum Entwurf, OLG-Beihefte, Heft Nr. 3, S. 13.
[19] Darin sah die h. L. die Funktion der Parteianhörung. Vgl. Wach, Vorträge, S. 75; ders., Grundfragen, S. 28 f.; Goldschmidt, Prozeß, S. 114; v. Wilmowsky / Levy, Nr. 4 zu § 132 ZPO; Püschel, Gutachten, S. 769; v. Harrasowsky, S. 359.
[20] Die h. L. hielt die Parteierklärungen im Rahmen der Parteianhörung für reine Willenserklärungen. Dies war ein zusätzlicher Grund, deren Beweiswert auszuschließen. Vgl. Stein, Kommentar, Aufl. 1913, Vorbemerkung IV 3 vor § 128 ZPO; am konsequentesten Wach, Grundfragen, S. 28.

erhellt, unterbreitet[21]. Der Partei oblagen also nach der damaligen Auffassung nur Lasten. Unter diesen Umständen war die Wiederablehnung der Strafandrohung durchaus konsequent[22].

4.2.2. Parteianhörung und Wandel der Auffassung vom Zweck des Zivilprozesses

Die anscheinend klare Rechtsnatur der Parteianhörung, wie sie oben skizziert wurde, gerät in ein Zwielicht, als man gegen Ende des 1. Weltkrieges die liberalistische Auffassung des Zivilprozesses verläßt. Allmählich wandelt sich die Grundanschauung über den Sinn des Rechts und damit auch über den Zweck des Zivilprozesses[23]. Die Rechtspflege gewinnt an sozialer Bedeutung; der Prozeß soll nun auf sozialethischer Grundlage basieren.

Diese Vorstellungen übten in doppelter Hinsicht einen Einfluß auf die wissenschaftlichen Tendenzen im Rahmen des Zivilprozeßrechts aus. Um der Prozeßverschleppung entgegenzuwirken und das Verfahren möglichst zu konzentrieren, wurde zum einen die Verstärkung der Prozeßleitungsbefugnisse des Gerichts, insbesondere der richterlichen Aufklärungspflicht nötig[24]. Zum anderen, aber eng damit verbunden, wurde die Aufdeckung der Unwahrheit im Zivilprozeß, trotz der weiterhin existenten Verhandlungsmaxime[25], nicht mehr allein Sache der daran interessierten Parteien, sondern eine der vornehmsten Aufgaben des Gerichts, „ein Akt der Sozialstaatlichkeit auf dem Gebiete der Rechtspflege"[26].

Das Gericht ist also nicht mehr ein staatliches Organ in den Händen der Parteien, ein Ersatz für Selbsthilfe, sondern ein Vertreter des Sozialstaates, dessen Würde geschützt werden muß. Gerade dieser

---

[21] Diese Aufklärung ist im Rahmen der Verhandlungsmaxime Sache der Parteien. Wenn es sich darum handelt, die Merkmale der gesetzlichen Tatbestände, auf welche sich actio, exceptio usw. stützen, durch einzelne positiones (Tatsachen) zu belegen, so ist es Sache der Parteien, diese positiones aufzustellen, und es liegt nahe, ihre Feststellungsbedürftigkeit schematisch durch Geständnis oder Bestreiten zu regeln und deren nähere Substantiierung demjenigen zu überlassen, der die positio hat aufstellen müssen; vgl. de Boor, Auflockerung, S. 64.

[22] Sie wurde schon bei der Einführung der Vorschrift des späteren § 132 ZPO in den Entwurf der Reichsjustizkommission abgelehnt. Hahn, S. 404; vgl. auch unten Anm. 31.

[23] Vgl. de Boor, Reform, S. 2. Wie oben (1.1. Anm. 1, 3.2.2. Anm. 29) erwähnt, war Vertreter dieser Ideen der österreichische Prozessualist Franz Klein.

[24] Vgl. die neue Fassung des § 139 ZPO mit der Nov. 1924. Siehe auch Henckel, S. 128; Spohr, S. 205 ff.

[25] Mit Recht führt Rosenberg / Schwab, § 78 I 3, aus, daß die Verhandlungsmaxime im eigentlichen Sinne des Wortes nicht mehr existiert. Es handelt sich vielmehr um eine Arbeitsgemeinschaft der Parteien und des Gerichts.

[26] Fehlig, S. 164.

4.2. Die historischen Entwicklungszüge des § 141 ZPO

Schutz der Würde des Gerichts machte aber eine Bekämpfung der Lüge im Prozeß notwendig, die nach den Anhängern des Liberalismus in einem „geregelten Kampf" durchaus legitim war. Man hatte mit Recht bemerkt, daß dieser Kampf stets vom Stärkeren bzw. im prozessualen Bereich vom Geschickteren gewonnen wurde[27]. Dem entgegenzutreten und allen Parteien gleiche Chancen im Prozeß einzuräumen, war das Anliegen der neuen Lehre[28]. In diesem Zusammenhang wurde dann die Einführung einer allgemeinen Wahrheitspflicht der Parteien gefordert.

Folge dieser Entwicklung war die Novelle 1924[29], mit welcher „die Auffassung vom Prozeß als einem geregelten Kampf überholt worden ist"[30].

Sie fügte § 141 ZPO den heute noch geltenden III. Absatz hinzu, in dem Zwangsmaßnahmen zur Sicherung des Erscheinens der Partei vorgesehen sind. Diese Vorschrift ist jedoch kein Ausdruck der Untersuchungsmaxime, wie Goldschmidt[31] annimmt. Sie stellte vielmehr eine zweckmäßige Einengung der Verhandlungsmaxime zugunsten des Schutzes der Würde des Gerichts und der Konzentration des Verfahrens dar, indem dadurch die Wirksamkeit der Möglichkeit dieser Anordnung gesteigert wurde[32].

Die Verstärkung der Aufklärungspflicht des Gerichts einerseits, andererseits die Forderung nach Einführung der Wahrheitspflicht der Parteien sowie die guten Erfahrungen, die man im benachbarten Österreich mit der Parteivernehmung machte, führten unter dem Einfluß der neuen Auffassung vom Zivilprozeß dazu, daß sich auch in Deutschland allmählich die Idee durchsetzte, die Partei könnte auch Beweismittel sein. Diese Tendenz zum Abbau der Beweisuntauglichkeit der Parteiaussagen schlug sich in der Forderung nieder, den Parteieid durch die Parteivernehmung nach österreichischem Vorbild zu er-

---

[27] Vgl. Hartzfeld, insbes. S. 53 ff.; Spohr, S. 205 ff.
[28] Henckel, S. 145. Vgl. auch Kollroß, ZJP 1937, S. 92.
[29] VO vom 13. Februar 1924, RGBl. I, S. 135.
[30] Bomsdorf, S. 267.
[31] Prozeß, S. 114. Der grundsätzliche Widerstand gegen die Einführung des neuen Abs. III des § 141 ZPO zeigt, wie ungeheuer schwer der Gedanke, die Parteien könnten im Prozeß auch Pflichten haben, sich durchsetzen konnte. Curtius, JW 1924, S. 356, zitiert diesbezüglich folgende Ausführungen, die im Rechtsausschuß des Reichstags gemacht wurden: „Es muß den Parteien überlassen bleiben, selbst zu entscheiden, ob die außerhalb des Prozesses liegenden Interessen oder die Prozeßinteressen für sie die wichtigeren sind; die Parteien sind nicht Objekt im Zivilprozeß, mit den Zeugen nicht zu vergleichen." Vgl. auch de Boor, Reform, S. 6 und Anm. 13.
[32] So Bomsdorf, S. 267. Parallel zu diesen Bestimmungen und konsequent zum Zweck der Novelle war auch die Vorschrift des § 272 b. Näheres unten 4.3.

setzen. Auf die Parteianhörung wirkte sich diese Tendenz dahin aus, daß man sie nicht mehr als ein Willenserklärungen lieferndes Institut betrachtete, sondern den Inhalt der Parteiaussage als Wissenserklärungen qualifizierte[33]. Ein Beweis dafür ist die durch die Novelle 1924 eingeführte weitere, die Parteianhörung betreffende Neuerung. Durch § 141 Abs. III Hs. 2 ZPO wurde der Partei die Möglichkeit gegeben, sich durch die Entsendung eines Vertreters von der Erscheinungspflicht des § 141 III 1 ZPO zu befreien. Daß es dabei zunächst um das Wissen dieses Vertreters ging, ist offensichtlich (siehe unten 4.3.2.).

Die Qualifikation der Parteiaussagen als Wissenserklärungen machte es dann möglich, daß die Gerichtspraxis die fehlende Parteivernehmung durch die Parteianhörung zu ersetzen versuchte. Aus der Kombination der Parteianhörung mit dem Parteieid wurde so in der Gerichtspraxis ein der Parteivernehmung ähnliches Institut geschaffen. Dabei wurde die Parteianhörung dazu verwendet, um anhand des aus ihr gewonnenen Sachverhalts den kurzen Satz des gestabten Parteieides zu einer besseren und wahrheitsnäheren Formulierung zu bringen[34]. Diese Kombination könnte nach Stein[35] „richtig gehandhabt die von der ZPO abgelehnte Parteivernehmung wohl entbehrlich machen".

Es gab aber auch manche Stimmen in der wissenschaftlichen Diskussion, die so weit gingen, daß sie mit Hinweis auf die den neuen Ideen konforme Wahrheitspflicht der Parteien und einer weiteren Auslegung des § 286 ZPO die Parteianhörung direkt als Beweismittel bezeichneten[36]. Der Weg von der Meinung, die Parteianhörung liefere Wissenserklärungen, über die Annahme einer Wahrheitspflicht der Parteien zur beweismäßigen Rechtsnatur der Parteianhörung[37], war unter dem Einfluß der sozialethischen Auffassung des Zivilprozesses und der Tendenz zur Einführung der Parteivernehmung kurz[38]. In dieser Zeit, um 1924, kann also von der Funktion der Parteianhörung als einem

---

[33] So Hellwig, System, I, S. 430; ders., Lehrbuch, II § 71 Anm. 11; Klein, Parteihandlung, S. 20 ff. Eine Mittelmeinung vertritt Planck, Lehrbuch, II, S. 104; Koffka, JW 1913, Beilage zu Heft 15, S. 5. Vgl. ausführlich über den wissenschaftlichen Streit Glücklich, S. 206 ff.; Raab, S. 52 ff.
[34] Vgl. Runde, S. 691.
[35] Kommentar 13, S. 398; ferner v. Canstein, Gutachten, S. 3. R. Schmidt, JW 1913, S. 776.
[36] Gerland, Rechtsprobleme, S. 29; Stein, Kommentar, Aufl. 1925, I zu § 619 ZPO bei Anm. 4; ders., Grundriß, S. 176; Levin, S. 131 f.; K. Schneider, § 17; Förster/Kann, 1 zu § 141 ZPO; Hellwig, System, I, S. 672; RG JW 1912, S. 541. Vgl. Brüggemann, S. 382.
[37] Vgl. Goldschmidt, Prozeß, S. 424 f.; ferner Brüggemann, S. 249.
[38] Einen Ausdruck dessen könnte man in der ebenfalls durch die Novelle 1924 vollzogenen Abänderung des Begriffs „Sachverhältnis", das anscheinend der liberalistischen Gegnerstellung der Parteien entsprach, in „Sachverhalt", welcher vielmehr den wahren Lebenssachverhalt andeutet, sehen (siehe unten 4.4.1.).

Aufklärungsmittel des Parteivortrags nicht mehr die Rede sein. Sie ist vielmehr zu einer Art Beweismittel als Ersatz für die fehlende Parteivernehmung entwickelt worden[39].

4.2.3. Die Auswirkungen der Novelle 1933

Dieser Bedeutungswandel der Parteianhörung war anscheinend eine Ersatzlösung, denn trotz der oben geschilderten Entwicklung und unabhängig von dieser wurde der Parteieid weiter angegriffen. Die Parteianhörung war allein nicht imstande, seine bindende Beweiskraft zu überwinden. Man sah den einzigen Ausweg weiterhin in der Einführung der frei zu würdigenden Parteivernehmung[40].

Die möglichen Auswirkungen der evtl. Einführung der Parteivernehmung auf die inzwischen beweismäßigen Charakter erlangte Parteianhörung blieben allerdings nicht unbemerkt[41]. Es ist offensichtlich, daß — solange die Parteianhörung mit dem Parteieid konkurrierte — eine Abgrenzung der beiden wegen der gestabten Form und der formalen Beweiskraft des letzteren unproblematisch war. Anders wäre die Situation bei einer Konkurrenz der Aussage der Partei bei der Parteianhörung mit der frei zu würdigenden und der in Zusammenhang zu machenden Aussage bei der Parteivernehmung.

Trotz dieser Warnungen ließ der Entwurf 1931 diese Problematik außer Acht und sah neben der Einführung der Parteivernehmung auch die Beibehaltung der Befugnis des Gerichts zur Anordnung des persönlichen Erscheinens der Parteien zur Aufklärung des Sachverhalts vor[42]. Fast unverändert wurde diese Regelung von der Novelle 1933 übernommen[43].

Nunmehr gab es zwei Institute, die das Parteiwissen auszunutzen vermochten. Nach dem Ausgeführten liegt es nahe, daß die Einführung der Parteivernehmung nicht ohne jeden Einfluß auf die Auslegung bzw. Anwendung des § 141 ZPO sein konnte. Ebenso interessant ist in dieser

---

[39] Charakteristisch BayOLG 27. 11. 1902, Samml. Bd. 3, S. 982, wonach „eine Anregung zu einer Anordnung nach § 141 abgelehnt werden kann, wenn das Gericht sich ein für seine Überzeugung zu verwertendes Ergebnis nicht verspricht". Vgl. auch RGZ 10, S. 424: „Die Vernehmung der so geladenen und erschienenen Partei, ihre Antworten auf die ihr vorgelegten Fragen, ihre Sachdarstellung, haben nicht bloß eine Bedeutung für den Beweis ..."
[40] Püschel, Gutachten, S. 769.
[41] Gerland, Jud. III, Sp. 322, sprach von einem „sonderbaren Parallelismus". Vgl. auch Vater, DRiZ 1932, S. 83; Heilbrunn, DRiZ 1932, S. 299 f., der die Abschaffung des § 141 ZPO vorschlägt.
[42] § 241 des Entwurfs 1931.
[43] VO vom 17. Juni 1933, RGBl., I, S. 394. Sie änderte § 141 ZPO dahingehend, daß an Stelle der Zustellung der Ladung die Mitteilung trat.

Hinsicht auch die durch dieselbe Novelle eingeführte Wahrheitspflicht der Parteien[44].

Doch bevor wir uns vom heutigen Standpunkt aus der Untersuchung der Rechtsnatur der Parteianhörung widmen, scheint es angemessen zu sein, eine Darstellung des Verfahrensablaufs vorwegzunehmen, um die Anhaltspunkte, die der strukturelle Aufbau für die Entscheidung über die Rechtsnatur der Parteianhörung anbietet, bei deren Untersuchung mitverwerten zu können.

4.3. Der strukturelle Aufbau der Parteianhörung

Die Anhörung des § 141 ZPO konkurriert mit der Anordnung des § 272 b II 3 ZPO. Beide führen zu demselben Ergebnis, zur Parteianhörung, sind jedoch für unterschiedliche Stadien des Verfahrens vorgesehen. Erstere regelt die Anordnung des persönlichen Erscheinens der Partei während der Hauptverhandlung; letztere regelt dieselbe Anordnung während des Vorverfahrens, jedoch für die Hauptverhandlung. Da der § 272 b IV ZPO auf § 141 ZPO verweist, kann seine Untersuchung zugleich mit der des § 141 ZPO geschehen. Eine getrennte spezielle Untersuchung erscheint also nicht notwendig. Im Folgenden werden wir uns also auf die Untersuchung des strukturellen Aufbaus der Parteianhörung gemäß § 141 ZPO beschränken können.

4.3.1. Die Anordnungsvoraussetzungen der Parteianhörung

Keine Voraussetzung muß erfüllt sein, bevor das Gericht zu einer Parteianhörung schreiten kann, wenn die Naturpartei während der mündlichen Verhandlung anwesend ist. Aber auch wenn dies nicht der Fall sein sollte, kann das Gericht gemäß § 141 ZPO jederzeit im Rahmen der mündlichen Verhandlung das persönliche Erscheinen der Partei vor Gericht anordnen[45]. Die Anordnung des § 141 ZPO ist also, als Prozeßhandlung betrachtet, eine Maßnahme der sachlichen rich-

---

[44] Vgl. Arnold, DJZ 1935, Sp. 603; Göppinger, ZZP 73, S. 89. Mit der Novelle 1933 fand eine Entwicklung ihren Abschluß, die mit dem Ausbau der richterlichen Aufklärungspflicht durch die Novelle 1909 und die „Konzentrationsnovelle" von 1924 angefangen, das Ziel verfolgte, dem Richter die Möglichkeit zu geben, zum wirklichkeitsnahen Sachverhalt zu gelangen. Vgl. Brüggemann, S. 64 f.; Bomsdorf, S. 283; v. Hippel, S. 23 ff. In der Einleitung der Novelle wurde dies durch folgende Worte demonstriert: „Keiner Partei kann gestattet werden, das Gericht durch Unwahrheit irrezuführen oder seine Arbeitskraft durch böswillige oder nachlässige Prozeßverschleppung zu mißbrauchen. Dem Rechtsschutz, auf den jeder Anrecht hat, entspricht die Pflicht, durch redliche und sorgfältige Prozeßführung dem Richter die Findung des Rechtes zu erleichtern."

[45] Vgl. Fezer, S. 66 f., 128. Die Anwesenheit der Partei im Beweisverfahren wird, wenn sie selbst nicht vernommen wird, von §§ 357, 397, 451 ZPO geregelt.

terlichen Prozeßleitung[46]. Gerade deswegen sind aber für sie keine Voraussetzungen vorgesehen (§ 141 I ZPO: „das Gericht kann ..."). Die Anordnung des § 141 ZPO steht also im freien Ermessen[47] des Gerichts[48], sowohl, was den genauen Zeitpunkt betrifft, als auch die Frage, ob das Erscheinen einer oder beider Parteien angeordnet wird[49]. Konsequent ist dann, daß diese Anordnung unanfechtbar ist sowie, daß deren Unterbleiben keinen Verfahrensmangel darstellt: Eine Verfahrensrüge kann darauf nicht gestützt werden[50].

Eine einzige Ausnahme davon stellt § 141 I 2 ZPO dar, wonach eine Anordnung des persönlichen Erscheinens der Partei vor Gericht ausgeschlossen ist, wenn sich die Partei weit entfernt vom Gerichtssitz aufhält, oder ihr aus sonstigen wichtigen Gründen, z. B. Krankheit, Alter, Arbeitsüberlastung usw.[51] das Erscheinen nicht zuzumuten ist. Wann diese Fälle vorhanden sind, läßt aber das Gesetz mit Sicherheit nicht feststellen. Trifft das Gericht trotz des Vorliegens eines dieser Gründe die Anordnung, so muß die Partei erscheinen[52], da diese Anordnung, wie erwähnt, unanfechtbar ist. Die Ausnahme des § 141 I 2 ZPO erscheint also mehr als eine Sollvorschrift für das Gericht.

4.3.2. Das Verfahren

a) *Der Gerichtsbeschluß*

Das Erscheinen der Partei wird gemäß § 141 ZPO während der mündlichen Verhandlung durch einfachen Gerichtsbeschluß (§ 329 I

---

[46] Häufig gebrauchter Begriff. Er drückt das Sicherstellen der innerlichen Ordnung des Prozesses aus, z. B. durch Aufklärung und Fragen (§§ 139, 272 b ZPO), erschöpfende Erörterung (§ 136 III ZPO). Vgl. J. Schmidt, S. 120; Thomas / Putzo, 1 zu § 141 ZPO.
[47] Damit ist nicht das freie Belieben, sondern das pflichtgemäße Ermessen gemeint.
[48] Des erkennenden Gerichts bzw. des Vorsitzenden (§ 272 b ZPO). Als Teil der mündlichen Verhandlung muß die Parteianhörung vor dem Gericht stattfinden. Dem ersuchten bzw. beauftragten Richter darf die Parteianhörung nicht übertragen werden. Vgl. Stein / Jonas, III 5 zu § 141 ZPO; Thomas / Putzo, 2 zu § 141 ZPO; Rosenberg / Schwab, § 78 III 2; RG, JW 1909, S. 21 = WarnR 1909, S. 157; OLG Karlsruhe, MDR 58, S. 109; OLG Braunschweig, SA 55, S. 461. A. M. Wieczorek, A I zu § 141 ZPO; Baumbach / Lauterbach, 2 A zu § 141 ZPO; vgl. auch OLG Zweibrücken, JW 19, S. 518; OLG Hamburg, JW 1930, S. 1089 auf § 272 b ZPO stützend. Diese Argumentation halten aber Rosenberg / Schwab, a.a.O., Anm. 1, mit Recht für nicht überzeugend, da § 272 b ZPO freilich an dem Erfordernis der mündlichen Verhandlung nichts geändert hat.
[49] Jansen, S. 20, Anm. 43; a. A. Sändig, S. 22; Krencker, S. 72 a. E.
[50] Thomas / Putzo, 2 zu § 141 ZPO; Stein / Jonas, II 6 zu § 141 ZPO; Wieczorek, A II zu § 141 ZPO; Baumbach / Lauterbach, 2 A zu § 141 ZPO; Jansen, S. 21.
[51] Thomas / Putzo, 2 zu § 141 ZPO; Wieczorek, A zu § 141 ZPO; Baumbach / Lauterbach, 2 C zu § 141 ZPO.
[52] Baumbach / Lauterbach, ebenda; Jansen, S. 20, Anm. 46.

ZPO), außerhalb der mündlichen Verhandlung durch Verfügung des Vorsitzenden (§ 272 b II 1 i. V. m. § 329 II ZPO), angeordnet[53]. Dabei ist das Gericht an keinerlei Anregungen der Parteien gebunden. Dieser Beschluß enthält kein bestimmtes Thema — kein thema probandum —, worüber die Partei angehört werden soll (§ 141 I ZPO: „... zur Aufklärung des Sachverhalts ..."). Wegen des Ermessens des Gerichts unterliegt dieser Beschluß nicht der Beschwerde[54].

b) *Die Ladung*

Ist nun einmal ihr Erscheinen angeordnet, so ist die Partei von Amts wegen zu laden (§ 141 II ZPO). Geladen wird hierbei die Partei selbst, nicht ihr Prozeßbevollmächtigter im Anwaltsprozeß, der benachrichtigt werden muß[55], und zwar entweder durch die Verkündung des Beschlusses (§ 329 ZPO) oder durch Mitteilung der Verfügung des Vorsitzenden (§ 272 b IV i. V. m. § 176 ZPO).

Ist die Partei dagegen anwesend, so genügt mündliche Mitteilung des Beschlusses[56].

Diese Ladung steht im Gegensatz zu der Ladung als Prozeßsubjekt zur mündlichen Verhandlung gemäß §§ 214, 497 ZPO, und ist mit dieser nicht zu verwechseln. Dies wird deutlich im Anwaltsprozeß, zu dem nicht die Partei, sondern ihr Prozeßbevollmächtigter als Prozeßsubjekt geladen wird[57]. Lediglich im Parteiprozeß lassen sich die beiden Ladungen äußerlich verbinden, wenn kein Prozeßbevollmächtigter bestellt ist[58]. Doch wird dann meist die Partei infolge ihrer Ladung als Prozeßsubjekt anwesend sein, so daß sich eine Ladung gemäß § 141 II ZPO erübrigt. Daß die Partei nicht als Prozeßsubjekt, sondern als eine Art „Auskunftsperson"[59] geladen wird, ist von großem Wert für die Untersuchung der Rechtsnatur der Parteianhörung und soll deshalb hier besonders hervorgehoben werden. Dies leuchtet sofort ein, wenn man bedenkt, daß die Partei im Anwaltsprozeß zur Parteianhörung von ihrem Prozeßbevollmächtigten begleitet werden muß, da die Parteianhörung, wie erwähnt, Teil der mündlichen Verhandlung ist. Erscheint

---

[53] Thomas / Putzo, 2 zu § 141 ZPO; Stein / Jonas, II 5 zu § 141 ZPO; Wieczorek, A II zu § 141 ZPO.

[54] Vgl. § 567 I ZPO.

[55] Stein / Jonas, III 2 zu § 141 ZPO; Baumbach / Lauterbach, 3 zu § 141 ZPO.

[56] Die Ansicht Wieczoreks, C I zu § 141 ZPO, daß die Belehrung nach § 141 III 3 ZPO nicht fehlen darf, ist u. E. unlogisch. Es hat keinen Sinn, der anwesenden Partei Strafen anzudrohen für den Fall, daß sie nicht erscheint.

[57] Dies bezeugt, daß die Parteianhörung vor allem für den Anwaltsprozeß geschaffen wurde. Siehe auch oben 4.1.

[58] Vgl. Baumbach / Lauterbach, 3 zu § 141 ZPO; Wieczorek, C I - II zu § 141 ZPO; Stein / Jonas, III zu § 141 ZPO.

[59] Stein / Jonas, III 1 zu § 141 ZPO.

4.3. Der strukturelle Aufbau der Parteianhörung

die Partei ohne ihren Prozeßbevollmächtigten, so ist sie im Anwaltsprozeß säumig und der Gefahr eines Versäumnisurteils bzw. einer Entscheidung nach Lage der Akten ausgesetzt[60].

Diese Ladung der Partei bedarf nach § 141 II 2 ZPO keiner Zustellung; eine Übermittlung durch einfachen Brief genügt durchaus[61]. Sie soll ferner eine Belehrung bezüglich der Folgen des Ausbleibens der Partei enthalten (§ 141 III 3 ZPO), denn sie ist das notwendige Korrelat der unter Strafsanktion gestellten Erscheinungspflicht[62].

c) Der Parteibegriff

Als Partei im Sinne des § 141 ZPO wird die prozeßfähige Partei bzw. ihr gesetzlicher Vertreter (§ 51 ZPO) geladen. Außerdem kommen hier in Betracht der Streitgenosse, der Hauptintervenient (§ 64 ZPO), die ja auch Parteistellung haben sowie der streitgenössische Nebenintervenient und der gewöhliche Streitgehilfe (entsprechend § 69 ZPO, § 67 ZPO)[63]. Bei der Beurteilung der Parteistellung der letzterwähnten Personen muß man davon ausgehen, daß sie die Möglichkeit haben, Tatsachen in Form von Tatsachenbehauptungen selbständig vorzutragen. Dann sind sie aber für deren Aufklärung am besten geeignet. Aufklären soll also derjenige, der die aufklärende Tatsache vorgetragen hat.

d) Der Vertreter

Die Partei hat gemäß § 141 III 2 ZPO die Möglichkeit, statt persönlich zu erscheinen, an ihrer Stelle einen informierten Vertreter zu schicken, der imstande ist, auf die Fragen des Gerichts zu antworten. Da nach erfolgter Anhörung Übereinstimmung der Parteien hinsichtlich eines Vergleichs gegeben sein kann, soll der Vertreter auch mit der diesbezüglichen Ermächtigung versehen sein.

Daraus ergibt sich nun die Frage, warum der Gesetzgeber diese Ermächtigung eigentlich vorgesehen hat, wenn die Parteianhörung ein Institut ist, welches, wie angenommen, speziell für den Anwaltszwang geschaffen wurde, dort aber der Vergleich vom Prozeßbevollmächtigten geschlossen wird. Ein solcher Fall, bei dem diese Ermächtigung nützlich erscheint, kommt im Rahmen des Anwaltsprozesses dann vor, wenn der Prozeßbevollmächtigte sich scheut, ohne das persönliche Einverständnis seines Mandanten den Vergleich zu schließen. Durch die Zu-

---
[60] Vgl. Baumbach / Lauterbach, A 4 zu § 141 ZPO; Stein / Jonas, IV 1 zu § 141 ZPO; Wieczorek, B 1 c zu § 141 ZPO; Raab, S. 44; Dix, S. 26.
[61] Stein / Jonas, III 1 zu § 141 ZPO.
[62] Ebenda.
[63] Baumbach / Lauterbach, 2 A zu § 141 ZPO; vgl. Wieczorek, A III a zu § 141 ZPO; Stein / Jonas, II 2 zu § 141 ZPO; Glücklich, S. 214 f.

stimmung des Vertreters ist er dagegen gegenüber der von ihm vertretenen Partei gedeckt. Der Vertreter schließt also nicht selbst den Vergleich, sondern stimmt dem Abschluß des Rechtsanwalts zu[64].

Was die Person des Vertreters betrifft, so ist diese Vorschrift eng auszulegen. Sie geht nämlich von den Prozessen größerer Unternehmen aus und soll dem Inhaber des Geschäfts bzw. dem Vorstand der Firma die Möglichkeit geben, den häufig genauer unterrichteten Angestellten an seiner Stelle dem Gericht zur Verfügung zu stellen[65]. Als Vertreter im Sinne des § 141 III 2 ZPO sind also Personen gemeint, die über eigenes Wissen von den aufzuklärenden Tatsachen verfügen, nicht solche, die erst angesichts der angeordneten Parteianhörung informiert wurden, wie es der Prozeßbevollmächtigte zumeist ist[66].

e) Die Einlassungslast

Weder die Partei noch ihr Vertreter sind zur Aussage verpflichtet. Beide können ihre Aussagen verweigern, was im Falle des Vertreters zunächst im Namen der Partei getan wird[67].

Da die Partei keinesfalls dazu gezwungen werden kann, sich auf die Fragen des Gerichts einzulassen — was wegen der Erscheinenspflicht (siehe unten f) merkwürdig erscheint — besteht für sie bei der Parteianhörung keine Einlassungspflicht, sondern lediglich eine Einlassungslast in dem Sinne, daß ihr Schweigen oder ihre unzulänglichen Erklärungen für sie prozessual nachteilig sein können, da zum einen Behauptungen oder Beweisangebote wegen ungenügender Substantiierung als unzulässig abgewiesen werden können, zum anderen dieses Verhalten bei der freien Beweiswürdigung nach § 286 ZPO vom Gericht mitverwertet werden kann[68].

f) Die Erscheinenspflicht

Erscheint trotz ordnungsmäßiger Ladung weder die Partei noch ein ausreichend informierter Vertreter, so kann gegen sie Ordnungsgeld

---

[64] Darüber und zum Problem, ob der Vertreter den Nachweis seiner Ermächtigung zu führen hat vgl. Hübner, ZZP 55, S. 108 ff.; Stein / Jonas, V 1 b und c zu § 141 ZPO.

[65] Stein / Jonas, V 1 zu § 141 ZPO; Baumbach / Lauterbach, 4 c zu § 141 ZPO. Vgl. auch Baumann / Fezer, S. 17; Bericht 1961, S. 204 f. Vereinfachungsnovelle 2 zu § 141.

[66] So OLG Hamm, JW 30, S. 3864; KG ZZP 49, S. 378; Glücklich, S. 213; OLG Nürnberg, BayZ 25, S. 377; Ott, a.a.O., S. 411; a. A. OLG Düss., MDR 63, S. 602; Wieczorek, B I a zu § 141 ZPO. Vgl. auch Jansen, S. 21 Anm. 52; Rosenberg / Schwab, § 78 II 2.

[67] Vgl. Wieczorek, B I a zu § 141 ZPO.

[68] Einhellige Meinung. Vgl. u. a. Stein / Jonas, IV 3 zu § 141 ZPO; Baumbach / Lauterbach, 4 D zu § 141 ZPO; Thomas / Putzo, 4 zu § 141 ZPO; Wehmeier, S. 67; Sattelmacher, S. 117; Wieczorek, B I b zu § 141 ZPO; Raab, S. 58; a. M. Wach, Vorträge, S. 75.

festgesetzt werden[69], wie gegen einen nicht erschienenen Zeugen (§ 380 ZPO i. V. m. § 141 III 1 ZPO). Eine Ordnungshaft kann dagegen nicht angeordnet werden[70].

Ist die Partei prozeßunfähig, muß also der gesetzliche Vertreter erscheinen, so treffen ihn die Strafen im Falle seines Ausbleibens[71].

Gegen diese Straffestsetzung ist die Beschwerde gegeben (§ 380 III i. V. m. § 141 III 1 ZPO), welche aufschiebende Wirkung hat (§ 572 ZPO). Gemäß § 381 ZPO kann aber die Strafverhängung bei nachträglich erfolgter genügender Entschuldigung aufgehoben werden.

Die Partei trifft also eine echte Erscheinenspflicht[72]. Warum durch die Novelle 1924 die Erscheinenslast durch diese Pflicht der Partei ersetzt wurde, kann der oben geschilderten Entstehungsgeschichte dieser Novelle entnommen werden. Sieht man von ihr aber vorläufig ab, so könnte man vielleicht Goldschmidt[73] zustimmen, wenn er ausführt, daß diese Pflicht mit dem Lastsystem, welches sich aus der Verhandlungsmaxime ergibt, nicht vereinbar ist, ja vielmehr als Anachronismus erscheint. Doch sollte man sich hier der Ansicht des Gesetzgebers anschließen und die Lasten für die Durchsetzung des Zwecks des § 141 ZPO als nicht ausreichend betrachten. Insofern stellt die Erscheinenspflicht des § 141 III 1 ZPO wiederum „einen Ausgleich gegen Überspitzungen der Verhandlungsmaxime dar"[74].

g) Der Verlauf der Parteianhörung

Erscheint die Partei (oder ihr Vertreter) ordnungsgemäß und erklärt sich bereit, die Fragen des Gerichts zu beantworten, so kann der Vorsitzende (arg. § 139 I ZPO) alle die Fragen stellen, die ihm zur Aufklärung des Sachverhalts notwendig erscheinen. An ein bestimmtes Thema bzw. eine bestimmte Frageform[75] ist er dabei nicht gebunden.

---

[69] Nicht bestraft werden kann die Partei, die sich auf die Klage nicht eingelassen hat. Vgl. Baur, ZZP 66, S. 218 Anm. 27.

[70] Thomas / Putzo, 5 zu § 141 ZPO. Keine Strafen in diesem Sinne sind die zwangsläufige Vorführung sowie die evtl. in Frage kommenden Kostenfolgen.

[71] Hartung, JR 25, S. 127.

[72] Da sie sich infolge des Ausbleibens nicht einlassen kann, trifft sie auch eine Erscheinungslast mit den erwähnten Folgen. Insbesondere wird das Ausbleiben vom Gericht frei gewürdigt. Vgl. Goldschmidt, Prozeß, S. 114; Maelzer, S. 21; Stein / Jonas, V 2 zu § 141 ZPO; Henckel, S. 15; Sydow / Busch / Krantz, zu § 141 ZPO; Staud, DJ 1933, S. 810; Jansen, S. 22; Dix, S. 25; Seuffert / Walsmann, 6 zu § 141 ZPO; RG JR 1930, S. 1860.

[73] Prozeß, S. 114.

[74] Henckel, S. 16 mit sehr einleuchtender Begründung.

[75] Etwa der Art: „Sag mir, was du behaupten willst!", wie es die meisten Anhänger der Theorie der Willenserklärungen sowie der scharfen Angrenzung der Parteianhörung von der Parteivernehmung wollen. Vgl. Raab, S. 57; Stein / Jonas, II 1 zu § 141 ZPO; Wehmeier, S. 65; Hellwig, System, S. 417; a. A. Wach, Vorträge, S. 73; Jansen, S. 30.

Der Richter fragt dann meistens die Partei allgemein nach dem Ablauf des Lebenssachverhalts, worauf die Partei im Zusammenhang antwortet. Sehr nützlich könnte hier eine Ermahnung der Partei zur Wahrheit gemäß § 138 ZPO oder sogar eine Erwähnung der Strafbarkeit des Prozeßbetrugs[76] sein, um die Partei zur wahrheitsgemäßen Aussage zu zwingen.

Die Aufnahme eines Protokolls über die Parteianhörung ist von Amts wegen nicht nötig[77], doch sehr zu empfehlen, falls sie zu wichtigen Ergebnissen führt. Dies wird dann vor allem der Fall sein, wenn sich eine Diskrepanz zwischen der Darstellung der Partei und der des Prozeßbevollmächtigten feststellen läßt; insbesondere wenn die Partei ihr ungünstige Aussagen macht. Dann ist mindestens ein Vermerk im Protokoll zu empfehlen, auf den im Urteil Bezug genommen werden kann[78]. Allerdings kann jeder Beteiligte durch Antrag das Gericht veranlassen, solche Vorgänge in das Protokoll aufzunehmen, es sei denn, das Gericht hält die Feststellung für unnötig. Der entsprechende Beschluß ist dann unanfechtbar (§ 160 IV ZPO)[79].

4.3.3. Zusammenfassung

Zusammengefaßt ergibt sich also bezüglich des Verfahrensaufbaus der Parteianhörung folgendes:

Die Anordnung des persönlichen Erscheinens der Partei gemäß § 141 ZPO ist eine Maßnahme der richterlichen Prozeßleitung und gehört zum Stadium der mündlichen Verhandlung. Daraus ergibt sich, daß die Anordnung der Parteianhörung nicht etwa wie die der Parteivernehmung subsidiär sein kann, sondern im Ermessen des Gerichts liegt. Das heißt einerseits, daß keinerlei Voraussetzungen erfüllt werden müssen, ehe das Gericht zur Parteianhörung schreiten kann, andererseits, daß die Anordnung der Parteianhörung zeitlich unbegrenzt ist.

Nach der Anordnung wird die Partei unter Strafandrohung, der eine Erscheinenspflicht entspricht, geladen. Erscheint die Partei oder ihr Vertreter, so kann sie trotz der Erscheinenspflicht ihre Aussage verweigern, denn sie unterliegt nur einer Einlassungslast.

Will sie von diesem Verweigerungsrecht keinen Gebrauch machen, so stellt das Gericht seine Fragen, die kein bestimmtes Thema haben müssen, an die Partei und jene gibt entsprechend die gebotenen Erklärungen.

---

[76] Siehe oben 3.

[77] Arg. § 160 II 4 ZPO; vgl. RGZ 149, S. 64; Nagel, Grundzüge, S. 303; Wieczorek, A I b 2 zu § 445 ZPO; BGH NJW 1909, S. 428; Stein / Jonas, IV 2 zu § 141 ZPO; Fezer, S. 137.

[78] BGH NJW 51, S. 110 = LM Nr. 2 zu § 141 ZPO. Vgl. auch Fezer, S. 138 (Anm. 208).

[79] Vgl. Thomas / Putzo, 4 zu § 160 ZPO.

Die Parteianhörung ist also ein weitgehend flexibles und informelles Institut analog der französischen comparution personelle und der sowjetischen und griechischen Parteianhörung zur Ausnützung des Parteiwissens durch den unmittelbaren Kontakt des Gerichts mit der Partei bzw. ihrem informierten Vertreter.

Daß der Gesetzgeber auf diesen Kontakt sehr großen Wert legt, ist nicht zuletzt an der Erscheinenspflicht zu erkennen sowie an der Möglichkeit der Partei, bei eventuell fehlendem eigenen Wissen, den besser informierten Vertreter zu schicken.

Welche Bedeutung diesem Institut in der Praxis aber beigemessen werden soll, kann erst festgestellt werden, nachdem seine Rechtsnatur untersucht worden ist. Erst wenn man die praktischen Möglichkeiten dieses Instituts kennt, kann im Zusammenhang mit den bisherigen Ergebnissen sein Wert für die Praxis festgestellt werden. Die Vervollständigung des Bildes der Parteianhörung erscheint notwendig, um — in Gegenüberstellung mit der Parteivernehmung — Vorzüge und Nachteile eines jeden Instituts, ja sogar ihr Verhältnis zueinander, feststellen zu können.

4.4. Die Rechtsnatur der Parteianhörung

So eindeutig die Rechtsnatur eines Beweismittels für die Parteivernehmung bejaht werden mußte, so problematisch erscheint die Feststellung der prozessualen Funktion der Parteianhörung. Denn auch bei ihr stellt sich die Frage nach der Möglichkeit des Auseinanderhaltens der Parteirollen im Prozeß, worauf schon vielfach hingewiesen wurde[80].

Schon der historische Entwicklungsablauf dieses Instituts zeigte, daß die Parteianhörung in ihrer Geschichte für die Erfüllung beider Funktionen gebraucht wurde.

Nun wurde mit der Novelle 1933 die viel erwartete Parteivernehmung in die ZPO eingeführt. Damit wurde nicht nur ein spezielles Beweismittel geschaffen, das die beweismäßige Verwertung des Parteiwissens bezweckt. Es wurde auch der gestabte Parteieid und somit die Kombination der Parteianhörung mit diesem Eid unmöglich gemacht.

Dieser Gedankengang sowie der Charakter der Parteivernehmung als lex specialis gegenüber der Parteianhörung sprechen dafür, daß die Parteianhörung nach der Einführung der Parteivernehmung ihre besondere Bedeutung verlor[81], indem sie dadurch einen erneuten Bedeutungswandel erlitt und somit auf ihre Aufklärungsnatur zurückfiel[82].

---
[80] Koffka, JW 1913, Beil. zu Heft 15, S. 15; Glücklich, S. 202.
[81] So die h. L. Vgl. Rosenberg / Schwab, § 78 II 3 b; Nikisch, S. 358.
[82] Vgl. Glücklich, S. 199; Dix, S. 20 ff.

Andererseits muß man bedenken, daß gerade die Einführung der Parteivernehmung die rechtspolitische Entscheidung des Gesetzgebers demonstriert, daß die Parteiaussagen nunmehr Beweiswert erlangt haben.

Die gleichzeitige Einführung der Wahrheits- und Vollständigkeitspflicht, die zwar sanktionslos blieben[83], jedoch neue Prinzipien in den Zivilprozeß einführten, übte zweifellos einen wichtigen Einfluß auf die Auslegung des § 286 ZPO aus.

Wegen dieser Entwicklung scheint aber das wichtigste Argument, das ursprünglich für die Eindeutigkeit der Rechtsnatur der Parteianhörung als Aufklärungsmittel sprach, nämlich die prinzipielle Unglaubwürdigkeit der Partei, seine Geltung nicht mehr beanspruchen zu können.

Diese Ansicht wird auch in der wissenschaftlichen Diskussion mit eindeutiger Tendenz vertreten[84]. Unter solchen Umständen gerät die Rechtsnatur der Parteianhörung in ein Zwielicht, welches mit Recht manchen Prozessualisten zu Bedenken Anlaß gibt[85].

Die folgende Untersuchung wird sich dem Versuch widmen, die verdunkelnden Elemente ausklammernd, die Rechtsnatur der Parteianhörung nach dem heutigen Stand der Diskussion klar herauszuarbeiten, wobei gleichzeitig die diesbezüglichen Mängel der herrschenden sowie der abweichenden Meinungen aufgezeigt werden.

4.4.1. Sachverhalt oder Tatbestand?

Als von der Parteianhörung verfolgten Zweck wird im Gesetz in § 141 I ZPO die Aufklärung des Sachverhalts bestimmt. Doch ist mit diesem Begriff bei der Auslegung der Vorschrift wenig anzufangen, denn unter „Sachverhalt" versteht man nach allgemeinem Sprachgebrauch einen „tatsächlichen, der Welt der Erscheinungen angehörenden Zustand oder historischen Vorgang"[86]. In prozessualem Sinne wäre dann unter Sachverhalt der tatsächliche Lebensvorgang, welcher der richterlichen Entscheidung zugrunde liegt, zu verstehen[87]. Die Aufklärung

---

[83] Dies begründet Volkmar, JW 1933, S. 2427, damit, daß man fürchtete, durch Androhung von Kosten oder Ungebührstrafen ihre ernste sittliche Bedeutung eher abzuschwächen als zu erhöhen. Vgl. Kollroß, ZJP 1937, S. 87.

[84] Vgl. u. a. Wehmeier, S. 64 ff.; Gerland, Jud. III, Sp. 322; v. Hippel, S. 249 f.; Krencker, S. 68. Kürzlich auch J. Schmidt, S. 122; Cappelletti, II, S. 646; Raab, S. 54 f.

[85] Charakteristisch Baur, JZ 1969, S. 483; ders., Konzentration, S. 20; ders., ESJ, S. 102.

[86] Glücklich, S. 194.

[87] Arg. § 313 I 3 ZPO. Vgl. Sprotte, ZZP 64, S. 46; vgl. auch Dix, S. 21, der auch eine ausführliche Wiedergabe der diesbezüglichen Meinungen unternimmt.

4.4. Die Rechtsnatur der Parteianhörung

dieses Sachverhalts ist aber der Kern jedes Prozesses[88], insbesondere das Ziel der Beweisaufnahme. Dies würde dann praktisch heißen, daß die Parteianhörung der Aufklärung des Lebenssachverhalts dienen solle, mit anderen Worten dessen Beweis[89].

Dafür spricht auch die Ersetzung des ursprünglichen Begriffs „Sachverhältnis" durch den Begriff „Sachverhalt" in der Novelle 1924. Während ersterer unter dem Einfluß liberalistischen Gedankenguts das Verhältnis der Tatsachen, so wie sie durch die tatsächlichen Behauptungen der Parteien aktionsrechtlich wiedergegeben werden, andeutet, hat letzterer den soeben erwähnten Sinn.

Der Begriff „Sachverhältnis" in § 141 ZPO entsprach anscheinend dem gleichen Begriff in § 139 I 2 ZPO[90]. Die Ankoppelung des § 141 ZPO an § 139 ZPO läge dann nahe. Doch hat dieselbe Novelle diesen durch den Begriff „Sachverhalt" ersetzt[91]. Berücksichtigt man die damaligen Strömungen in der Lehre, so müßte darin die Tendenz gesehen werden, den § 141 ZPO aus den Schranken des § 139 ZPO loszulösen. Einer Antwort des hier behandelnden Problems zugunsten der beweismäßigen Funktion der Parteianhörung stünde dann nichts im Wege.

Mit diesen Überlegungen geht aber der Absatz 3 des § 141 ZPO nicht kongruent. Dort wird nämlich als Zweck des Erscheinens des Vertreters der Partei die Aufklärung des Tatbestandes vorgeschrieben. Damit ist aber das gemeint, was die Parteien als Geschehen vortragen, mit anderen Worten, die gesamten Parteibehauptungen, welche von der ZPO dem wahren Sachverhalt semantisch gegenübergestellt werden[92].

Geht man also vom Tatbestand aus, so müßte die Parteianhörung als ein Mittel zur Ausübung der Aufklärungspflicht des Richters qualifiziert werden.

Welcher Sachverhalt ist also in § 141 ZPO gemeint? Etwa der von den Parteien in dem Prozeß in Form von Behauptungen vorgetragene oder derjenige, der dem Tatbestand einer materiellen Norm nach verwirklicht sein muß, um die Rechtsfolge, die im Urteil ausgesprochen wird, zu rechtfertigen? Der Wortlaut des Gesetzes gibt keinen Anlaß, auf die eine oder die andere Weise zu entscheiden. Im Gegenteil, es scheint in

---
[88] Vgl. Gotthardt, DRiZ 30, S. 140.
[89] So Brüggemann, S. 249.
[90] Der Hauptsatz 2 wurde von der Novelle 1924 von der Vorschrift des damaligen § 502 ZPO aus dem amtsgerichtlichen Verfahren auch in das Verfahren vor dem LG übernommen.
[91] Planck, Lehrbuch, S. 461 setzt den Begriff Sachverhältnis dem Begriff Sachverhalt gleich.
[92] Arg. § 313 I 5 ZPO; vgl. Glücklich, S. 194; Dix, S. 21. Der Tatbestand entspricht also im wesentlichen dem Begriff Sachverhältnis in oben festgestelltem Sinne.

dem unterschiedlichen Begriffsgebrauch in Absatz I und III des § 141 ZPO ein Widerspruch zu liegen.

Eines ist jedoch sicher: Der „Sachverhalt" in § 141 I und der „Tatbestand" in § 141 III ZPO müssen dasselbe bedeuten[93], denn der Vertreter soll dieselben Erklärungen abgeben, die auch von der Partei gefordert werden. Die Erklärungen des Vertreters und der Partei sind inhaltlich identisch, weshalb auch ihr systematischer Zweck nicht unterschiedlich sein kann. Ein solcher Widerspruch hätte keine Existenzberechtigung.

Beide Begriffe müssen also einer einheitlichen Auslegung unterzogen werden. Doch ob zugunsten dieses oder jenes, kann nach dem bloßen Gesetzeswortlaut nicht entschieden werden. Daher erscheint eine systematisch-logische Untersuchung notwendig.

4.4.2. Die Parteianhörung als Aufklärungsmittel

Betrachtet man die systematische Stellung des § 141 ZPO im Gesetz, so läßt sich einfach feststellen, daß der § 141 ZPO in der unmittelbaren Nähe des § 139 ZPO gesetzt ist, welcher bekanntlich die sog. Aufklärungspflicht des Gerichts statuiert. Es liegt also nahe, der h. L. Recht zu geben, wenn sie feststellt, daß die Parteianhörung ein Mittel ist, welches der Erleichterung der Ausübung der richterlichen Pflicht des § 139 ZPO dienen soll[94], und zwar durch Ergänzung und Klärung des Tatsachenvortrags der Parteien. Ob dies stimmt, kann erst entschieden werden, nachdem man den Inhalt dieser Pflicht mit dem der Parteianhörung verglichen hat.

Im folgenden soll also kurz der Umfang der richterlichen Aufklärungspflicht gemäß § 139 ZPO festgestellt werden.

4.4.2.1. Die Hinweispflicht des Gerichts[95]

Nach § 139 ZPO hat der Richter „dahin zu wirken, daß die Parteien über alle erheblichen Tatsachen sich vollständig erklären und die sach-

---

[93] So auch Glücklich, S. 195.

[94] So die h. L. Vgl. u. a. Glücklich, S. 194 ff.; Rosenberg / Schwab, § 125 I 2; W. Püschel, Gutachten, S. 769; Rosenberg, ZZP 58, S. 315 f.; Rühl, S. 20; Sändig, S. 19 f.; Ksoll, S. 235; Blomeyer, S. 397; Egon Schneider, Beweis, S. 237; Bruns, S. 351; Schönke / Kuchinke, S. 302; Bergerfurth, S. 176; Göppinger, ZZP 73, S. 89; Arnold, DJZ 1935, Sp. 603; Staud, DJZ 1933, S. 18; Zöller, vor § 445 ZPO. Volkmar, JW 1933, S. 2433; Bernhardt, Rechtsstreit, S. 84; Goedecke, JW 1934, S. 656; Stein / Jonas, I zu § 141 ZPO und II 3 zu § 445 ZPO; Wieczorek, A IV zu § 141 ZPO und A - A I c zu § 445 ZPO; Dix, S. 39 ff.; Jansen, S. 23 ff.; Eike Schmidt, S. 41; Lent / Jauernig, S. 182; Henckel, S. 16; für Österreich vgl. Holzhammer, S. 220; Petschek / Stagel, S. 336.

[95] Dieser Begriff wurde von Baur, Hinweispflicht, S. 35, vorgeschlagen anstelle der gebräuchlichen Bezeichnung „Aufklärungspflicht", um dadurch der Gefahr einer Vermengung mit der im Rahmen der Untersuchungsmaxime

4.4. Die Rechtsnatur der Parteianhörung

dienlichen Anträge stellen ...". Der Zweck dieser Vorschrift ist es, dem Willen der Parteien die richtige Form zu geben und ihr die rechtlichen Schlußfolgerungen aus ihrem Tatsachenvortrag vor Augen zu führen[96], damit sie sich in Kenntnis der Rechtsauffassung des Gerichts für den Antrag entscheiden, den sie wirklich wollen. Den Kern der Hinweispflicht stellt also die Anregung der Partei seitens des Gerichts dar, im Hinblick auf seine Rechtsauffassung sachdienliche Anträge zu stellen[97]. Dieser Prozeß benötigt einer näheren Betrachtung[98].

Durch die vorbereitenden Schriftsätze bildet sich das Gericht anhand der darin vorgetragenen Tatsachen und des entsprechenden Antrags eine vorläufige rechtliche Auffassung[99] bezüglich des zu entscheidenden Streitfalles. Es ist durchaus möglich, daß — im Hinblick auf die in den Schriftsätzen zum Ausdruck kommenden Interessen der Parteien, die durch den Prozeß verfolgt werden sollen — dieser Tatsachenvortrag sich insofern als unvollkommen erweist, als die auf ihm beruhende Rechtsauffassung des Gerichts mit diesen Interessen in Diskrepanz steht, mit anderen Worten, daß dieser Tatsachenvortrag nach Ansicht des Gerichts nicht geeignet ist, die Interessen der Parteien durchzusetzen[100].

Für diesen Fall hat es der Gesetzgeber dem Richter zur Pflicht gemacht, die Parteien auf diese Unvollkommenheiten ihres Vortrags hinzuweisen, ihnen also klarzumachen, daß der von ihnen vorgetragene Sachverhalt andere Rechtsfolgen hat als die, welche von den Parteien gemäß ihren Interessen gefordert wurden. Darin erschöpft sich aber die Pflicht des Gerichts nicht, sondern es muß weiter dahin wirken, daß die Partei die sachdienlichen Anträge stellt, das heißt solche, die nach

---

dem Richter auferlegten Aufklärung des Sachverhalts aus dem Wege zu gehen. Diesen Vorschlag kritisiert Kuchinke, Referat, S. 19 Anm. 3. Er will die Pflicht des § 139 ZPO als vorbereitende Sachaufklärung bezeichnen, da sie auch eine Gegenstandsfestsetzung enthalte. Uns erscheint der Begriff „Hinweispflicht" der zutreffendste zu sein, da er die vom Gesetzgeber bezweckte Aktivierung des Gerichts zur Mitarbeit mit den Parteien betont. Der Richter soll nicht aufklären — das muß von den Parteien geleistet werden — sondern vielmehr die Parteien auf aufklärungsbedürftige Punkte ihrer Vorträge hinweisen. Was nach Kuchinke diesem Begriff noch fehlt, ist, daß das entsprechende Recht des Gerichts nicht zum Ausdruck kommt. Dies aber ist auch sowohl bei dem Begriff Aufklärungspflicht als auch bei dem Begriff vorbereitende Sachaufklärung der Fall. Da nun der Inhalt des § 139 ZPO, der einen Ausdruck der Fürsorgepflicht des Richters darstellt, mit dem Begriff Hinweispflicht besser wiederzugeben ist, wird im Folgenden dieser gebraucht.

[96] Begründung des Entwurfs 1874, S. 134; vgl. Henckel, S. 128.
[97] So auch BGHZ 3, S. 206 (213); vgl. Stein / Jonas, II 2 zu § 264 ZPO.
[98] Vgl. darüber Kuchinke, JuS 1967, S. 298.
[99] Vgl. Rosenberg, ZZP 49, S. 38, 68 ff.
[100] Vgl. Lent / Jauernig, S. 72 (Nr. 3).

4. Die Parteianhörung

Auffassung des Gerichts besser geeignet sind, die eigenen Interessen durchzusetzen. Daß meistens damit auch eine Vervollständigung des Tatsachenvortrags eng verbunden ist[101], mag einleuchten, ist aber auch aus dem Wortlaut des § 139 I 2 ZPO zu entnehmen. Danach hat das Gericht „soweit erforderlich, das Sach- und Streitverhältnis mit den Parteien nach der tatsächlichen ... Seite zu erörtern und Fragen zu stellen".

Das Gericht muß also als notwendiges Korrelat zur Anregung der Aufstellung sachdienlicher Anträge sich auch um die Vollständigkeit des Tatsachenvortrags der Parteien bemühen[102]. Ohne diese Vollständigkeit des Tatsachenvortrags kann das Gericht nicht wissen, welche die „sachdienlichen" Anträge sind, ob überhaupt weitere sachdienliche Anträge als die schon vorhandenen möglich oder notwendig sind. Das Gericht braucht dazu ein genügend umrissenes Sachverhaltsbild, welches übrigens auch Voraussetzung eines richtigen, d. h. der materiellrechtlichen Lage entsprechenden Urteils ist, das die beiderseitigen Parteibehauptungen, so wie sie von den Parteien vorgetragen werden, deswegen nicht liefern können, weil sie nur dialektische Teile des ganzen Sachverhalts sind[103].

Von dem Parteivortrag ausgehend, soll also der Richter den Sachverhalt mit den Parteien erörtern und sie veranlassen, ihre tatsächlichen Angaben falls lückenhaft zu ergänzen, falls unklar zu präzisieren, falls widersprüchlich zu klären[104], wobei stets die Interessen der Parteien der leitende Faktor bleiben soll, der dieses Gespräch bestimmen wird. Den Richter diesbezüglich auf den Vortrag der Parteien zu begrenzen, wie es die h. L. will[105], wäre nach dem Ausgeführten bedenklich, denn die Möglichkeit sachdienlicher Anträge hängt nicht selten von einer Ergänzung des tatsächlichen Parteivortrags ab.

---

[101] Ebenda, Nr. 2.

[102] Mit Recht führt Rosenberg / Schwab, § 62 II 4, daher aus, daß damit dem Gericht die Mitverantwortung für eine erschöpfende Erörterung des Sach- und Streitstandes nach der rechtlichen, vor allem aber nach der tatsächlichen Seite und für eine vollständige Heranziehung des Tatsachen- und Beweismaterials auferlegt wurde. Vgl. Jansen, S. 23.

[103] Vgl. Brüggemann, S. 335: „Aber auch der Richter muß dieses Gespräch suchen; er sucht es mit beiden Parteien. Denn er ist gehalten, von Anfang an das Ganze des Sachverhalts zu sehen und in den Griff zu bekommen. Jenes Ganze, das vor den Teilen (den dialektisch gedachten der beiderseitigen Parteibehauptungen) ist und das schon im Streitstand so selten sich einfach aus den Teilen ohne offenen Rest zusammenschauen läßt." Siehe ferner Hartzfeld, S. 56 f.; Fezer, S. 28. Eine prägnante Schilderung dieses Vorgangs unternimmt Bruns, S. 239 ff.

[104] Kuchinke, Referat, S. 21; Stein / Jonas, II 1 a zu § 139 ZPO; Wieczorek, B II b zu § 139 ZPO.

[105] Vgl. u. a. Baur, ZZP 66, S. 213; Honecker, S. 15 ff.; Stein / Jonas, II 1 c zu § 139 ZPO; Goedecke, S. 103, der damit die Verhandlungsmaxime gewahrt wissen will; BGHZ, a.a.O.

4.4. Die Rechtsnatur der Parteianhörung

Dem Richter wäre dann überhaupt die Möglichkeit untersagt, auf sachdienliche Anträge hinzuweisen, wenn der Mangel der gestellten Anträge in deren tatsächlichen Grundlage besteht, er aber zugleich an diese tatsächliche Grundlage gebunden wäre[106]. Die Entscheidung über diese Streitfrage wird dann wichtig, wenn der Richter etwa aus dem Parteivortrag oder während der Erörterung des Sachverhalts erkennen kann, daß erhebliche Tatsachen nicht vorgebracht worden sind. So vor allem, wenn der Antrag mit ungenügenden tatsächlichen Angaben unterstützt ist. Es spricht nicht nur die Prozeßökonomie und die Vollständigkeitspflicht des § 138 ZPO dafür, daß er die Parteien in ihrem eigenen Interesse veranlassen soll, auch sie zu behaupten[107]. Nicht nur was die Parteien vorgebracht haben, ist für die Ausübung der Hinweispflicht wichtig, sondern auch, was sie angesichts des wahren Sachverhalts und ihrer durchzusetzenden Interessen noch vorbringen können[108].

Die Erarbeitung des Sachverhaltsbildes des Gerichts und somit seine darauf gegründete Rechtsauffassung setzt ein gemeinsames Bemühen des Gerichts und der Parteien voraus, eine Arbeitsgemeinschaft, die durch ein ständiges und intensives Gespräch die Vervollständigung des der Entscheidung zugrundeliegenden Sachverhalts bezweckt.

Für das Gericht ist diese Aufklärung auch insofern wichtig, als es dadurch die unbestrittenen von den streitigen Tatsachenbehauptungen trennen und damit die Beweisaufnahme vorbereiten kann[109].

Diese Ausführungen mögen den Umfang des § 139 ZPO für unsere Zwecke genügend umrissen haben[110]. Es wurde nämlich festgestellt, daß die Hinweistätigkeit des Gerichts vorwiegend in doppelter Richtung

---

[106] So auch Henckel, S. 129; Schönke, DGWR 1937, S. 352; Raab, S. 57; Bruns, S. 244; Bomsdorf, S. 245 mit Hinweis auf § 139 I 2 ZPO. Vgl. K. Schneider, S. 106 f., der sich zum Teil aber über die ständige Rechtsprechung hinwegsetzt.

[107] Vgl. Wieczorek, B III a 3 zu § 139 ZPO; Lent / Jauernig, S. 72.

[108] Daß das Gericht diese neuen Behauptungen keinesfalls von Amts wegen mitberücksichtigen darf, ist hiermit nicht bezweifelt. Insofern bleibt also die Verhandlungsmaxime unberührt. Vgl. Jansen, S. 24; Ude, ZZP 5, S. 319; Wach, Vorträge, S. 61; Baumann, S. 31; Grunsky, S. 178; Henckel, S. 127 ff.

Nach RGZ 169, S. 353 (356); BGHZ 3, S. 206 (213); 8, S. 249 (256), soll das Gericht im Rahmen des § 139 sogar auf eine Klagänderung hinwirken und zu diesem Zwecke auch den Sachverhalt entsprechend aufklären. a. A. RGZ 106, S. 115 (119); 158, S. 40 (48); BGHZ 7, S. 208 (211 f.).

[109] Daraus folgt, daß diese Aufklärung keine eigentliche Beweisaufnahme ist, sondern lediglich einen Teil der mündlichen Verhandlung darstellt. Vgl. BGH LM Nr. 3 zu § 141 ZPO.

[110] Eine weitgehende Konkretisierung versucht Spohr, S. 56 ff. Er unterscheidet dort drei Funktionen: Die Transformationsfunktion (S. 69 ff.), die Klarstellungsfunktion (S. 56 ff.), die Verständigungsfunktion (S. 152 ff.).

ausgeübt wird[111]: Zum einen werden dadurch die Parteien veranlaßt, sachdienliche Anträge zu stellen, zum anderen wird die Vollständigkeit der Tatsachengrundlage angestrebt.

Soll die Parteianhörung ein Aufklärungsmittel im Sinne des § 139 ZPO sein, so muß sie geeignet sein, diese Funktionen seitens der Parteien insofern zu erfüllen, als sie dabei die entsprechenden Erklärungen abgeben können, um den richterlichen Hinweisen nachzukommen. Schon aus unseren Ausführungen bezüglich des Begriffs „Sachverhalt" ergibt sich, daß die Parteianhörung sich nur auf die Vervollständigung der Tatsachengrundlage beziehen kann. Um dieser Art der richterlichen Hinweise nachkommen zu können, muß die Partei über ihren Tatsachenvortrag selbständig verfügen können. Damit wird der Fragenkreis angeschnitten, mit dem wir uns im Folgenden auseinandersetzen müssen, nämlich mit der Frage nach der Postulationsfähigkeit der Partei im Rahmen der Parteianhörung.

4.4.2.2. Die Postulationsfähigkeit der Naturpartei bei der Parteianhörung

Geht man davon aus, daß die Parteianhörung vorwiegend für den Anwaltsprozeß geschaffen wurde, so ist vor allem in diesem die Postulationsfähigkeit der Naturpartei zu untersuchen.

Nun mag das ursprüngliche interrogatio ad clarificandum positiones hauptsächlich auf die Geständnisse des Gegners hingezielt haben; die Umstände bei der heutigen Parteianhörung liegen aber wesentlich anders. Denn damals gab es, wie im heutigen Parteiprozeß, keinen Anwaltszwang, und es wäre nichts naheliegender, als Willenserklärungen — als solche wurden damals Geständnis und Behauptungen qualifiziert — von der betroffenen völlig postulationsfähigen Partei zu verlangen. Nichts würde sie vor allem daran hindern, ihre Erklärungen bindend abzugeben.

Heute dagegen hat die Naturpartei im Anwaltsprozeß zunächst keine Postulationsfähigkeit (§ 78 I ZPO). Diese Tatsache geht auf eine rechtspolitische Entscheidung des Gesetzgebers zurück, nach deren Zweck die rechtsunkundige Partei vom komplizierten Umgang mit den Gesetzesvorschriften, in dem vom Streitwert her gesehen wichtigen Anwaltsprozeß, durch einen Rechtsanwalt geschützt werden muß. Im Anwaltsprozeß kann deshalb nur der Prozeßbevollmächtigte Prozeßhandlungen vornehmen. Mit anderen Worten: Er ist es, der Behauptungen

---

[111] Vgl. Baur, ESJ, S. 71; Kuchinke, JuS 1967, S. 295 ff.

aufstellt, Behauptungen des Gegners zugesteht, Anträge stellt usw. Die Partei kann im Anwaltsprozeß zunächst keine Prozeßhandlung wirksam vornehmen. Dies wird deutlich, wenn man bedenkt, daß der Partei bei ihrem Fernbleiben während der mündlichen Verhandlung keine prozessuale Gefahr droht, während beim Ausbleiben des Rechtsanwalts ein Versäumnisurteil bzw. eine Entscheidung nach Lage der Akten ergehen kann. Damit wird bewiesen, daß die Anwesenheit des Rechtsanwalts unerläßlich ist, während die Partei, auch wenn sie erschienen ist. zunächst nur die Funktion eines „Ratgebers" des Rechtsanwalts hat[112].

Sind die Prozeßhandlungen der Naturpartei in diesem Falle aber unwirksam — was konsequenterweise ebenso für ihre Tatsachenerklärungen gelten soll — so erhebt sich die Frage nach dem Zweck dieser Art der Parteierklärungen, die von der ZPO nicht nur zugelassen, sondern sogar erwünscht sind.

Denn die Partei kann neben ihrem Anwalt das Wort ergreifen (§ 137 IV ZPO). Sie kann sogar nach § 85 Hs. 2 ZPO seine Ausführungen widerrufen oder berichtigen. Solange die Partei die Erklärungen ihres Prozeßbevollmächtigten näher erläutert oder gar widerruft bzw. berichtigt, so ist dies unproblematisch.

Recht problematisch wird der Fall dann, wenn die Partei völlig neue Tatsachen vorbringt oder ihr ungünstige tatsächliche Aussagen macht, vor allem, wenn diese im Widerspruch zum Vortrag des Rechtsanwalts stehen. Macht sich der Prozeßbevollmächtigte den Vortrag der Partei zu eigen, so werden alle Schwierigkeiten überwunden, denn damit wird der Anwaltszwang gewahrt: Der Vortrag gilt als vom Rechtsanwalt gemacht. Anders ist es aber, wenn der Rechtsanwalt sich weigert, den Vortrag der Partei zu übernehmen, was besonders bei Geständnissen vorkommen kann, die aus prozeßtaktischen Gründen seitens des Rechtsanwalts unerwünscht sind, zumal die Partei den Wert einer solchen Aussage nicht unbedingt beurteilen kann.

Die Interessenlage liegt hier folgendermaßen: Die Prozeßtaktik und der Schutz der rechtsunkundigen Partei sprechen dafür, daß man die Übernahme durch den Rechtsanwalt fordert, damit die Parteiaussage als Geständnis bzw. Parteibehauptung gelten darf. Anderseits spricht die Tatsache, daß die Partei besser informiert ist als der Prozeßbevollmächtigte (der ja seine Informationen von ihr bekommen hat) und daß die Partei die Verantwortung für ihre eigenen Aussagen trägt, dafür, daß man den Parteierklärungen den Vorzug gibt.

---

[112] Vgl. Stein / Jonas, IV 1 zu § 141 ZPO; Henckel, S. 15.

Was das Geständnis anbelangt, so hat sich der BGH für die zweite Lösung entschieden[113] auch dann, wenn der Rechtsanwalt es ausdrücklich ablehnt, sich die Erklärung zu eigen zu machen[114].

Dem BGH ist darin nicht zuzustimmen. Wegen der bindenden Wirkung des Geständnisses einerseits und der bestehenden Möglichkeit, daß die Naturpartei über die Wirkung ihrer Handlung nicht unterrichtet ist, muß hier die Wirksamkeit eines selbständigen „Geständnisses" verneint werden. Dafür spricht nicht zuletzt der erwähnte Schutzzweck des Anwaltszwangs[115]. Die Interessen, auf die der BGH seine Wertung stützt, scheinen dann von sekundärer Bedeutung zu sein.

Die Partei kann zwar, wie erwähnt, nach § 85 2 ZPO die Geständnisse ihres Prozeßbevollmächtigten widerrufen bzw. berichtigen, nicht aber von sich aus ohne das Einverständnis ihres Prozeßbevollmächtigten die Behauptungen des Gegners wirksam zugestehen. Gibt sie eine vom Vortrag des Prozeßbevollmächtigten abweichende, ihr nachteilige Darstellung und verweigert der Rechtsanwalt, sie sich zu eigen zu machen[116], so hat sie nicht die bindende Wirkung des Geständnisses, sondern gehört als Widerspruch zwischen der Naturpartei und ihrem Prozeßbevollmächtigten zu den Umständen, die bei der freien Beweiswürdigung mitverwertet werden[117].

So hat nämlich der BGH in einer anderen Entscheidung[118] diese Frage bezüglich der einfachen tatsächlichen Behauptungen zu lösen versucht, empfiehlt dann aber zugleich, der Aussage der Partei den Vorzug zu geben, da auch der Prozeßbevollmächtigte seine Informationen von ihr bekommt, sie also die sicherste Wissensquelle sei[119].

Diese Entscheidung ist zu begrüßen. Denn im Gegensatz zu den oben zitierten läßt sie den Richter in seiner Würdigung frei, anstatt ihn zu binden. Daß dabei der Richter meistens der Parteierklärung den Vorzug geben wird, beweist nicht, daß die Naturpartei Postu-

---

[113] BGHZ 8, S. 235. Vgl. Baur, ESJ, S. 81; Stein / Jonas, C 1 zu § 78 ZPO; Zöller, 2 zu § 288 ZPO.

[114] BGH VersR 66, S. 269.

[115] Wie hier Rosenberg / Schwab, § 117 I 1 c; Wieczorek, B III a vor § 288 ZPO; Bernhardt, Aufklärung, S. 40; J. Schmidt, S. 122.

[116] Äußert sich der Rechtsanwalt gegen die Parteiaussage nicht, so ist sein stillschweigendes Einverständnis anzunehmen, d. h. die Parteierklärung gilt als von ihm zu eigen gemacht, mit den entsprechenden Folgen.

[117] Vgl. Thomas / Putzo, 2 zu § 78 ZPO. Ob man diese Parteiaussage als außergerichtliches Geständnis qualifizieren kann, ist eine Frage, die hier dahingestellt bleiben muß.

[118] BGH LM Nr. 2 zu § 141 ZPO = LM Nr. 6 zu § 288 ZPO. Vgl. Stein / Jonas, VI zu § 78 ZPO.

[119] Vgl. Stein / Jonas, ebenda; Baumbach / Lauterbach, 2 A zu § 85; RGZ 10, S. 423 (424) will den Rechtsanwalt an die Erklärungen der Partei binden.

4.4. Die Rechtsnatur der Parteianhörung

lationsfähigkeit erlangt hat. Sie bleibt weiterhin postulationsunfähig. Nur so ist die Möglichkeit der freien Würdigung der Parteierklärung verständlich[120]. Denn wenn die Naturpartei ein Mindestmaß an Postulationsfähigkeit hätte, so müßte diese Frage gar nicht aufgeworfen werden, sondern ihre Erklärungen für das Gericht und ihren Prozeßbevollmächtigten als bindende Parteibehauptung gelten in dem Sinne, daß das Gericht sich mit ihnen auseinandersetzen müßte. Was aber für die einfachen Parteibehauptungen gilt, muß auch für das Geständnis gelten, da dieses auch die Rechtsnatur einer solchen hat.

Zusammenfassend läßt sich also sagen, daß die Partei im Anwaltsprozeß auch dann postulationsunfähig bleibt, wenn sie selbst zu Wort kommt, mit der Wirkung, daß sie selbständig weder eigene Behauptungen aufstellen, noch die des Gegners zugestehen kann[121]. Die Regelung der §§ 137 IV, 85 2 ZPO gibt zwar der Naturpartei die Möglichkeit, gehört zu werden, doch ist ihr Vortrag auch dann nicht dem des Prozeßbevollmächtigten gleichzustellen. Denn die Partei darf in diesen Fällen nur „subsidiär" auf den Vortrag des Rechtsanwalts wirken, sie darf aber nicht „positiv" agieren, d. h. ohne das Einverständnis des Prozeßbevollmächtigten selbständig Tatsachen vortragen[122]. Ihre Auslassungen werden also in diesem Falle nicht direkt als Parteibehauptungen behandelt, sondern erst nach freier Würdigung des Gerichts berücksichtigt.

Auf die Parteianhörung übertragen, besagt dieses Ergebnis, daß sie im Anwaltsprozeß, wo sie zur vollen Geltung kommt, keine tatsächliche Parteibehauptungen enthalten kann. Umso mehr gilt dies dann für Geständnisse[123].

Damit wurde auch die Frage nach dem Inhalt der Parteiaussage bei der Parteianhörung beantwortet. Die Partei äußert sich unverbindlich für das Gericht über den Sachverhalt. Abgesehen davon, daß man in der heutigen Prozeßlehre eine Verfügung der Partei über Tatsachen

---

[120] In der erwähnten BGH-Entscheidung wird die Parteierklärung mit Hinweis auf Rosenberg / Schwab, 9. Aufl., § 63 II 3 a - ß (11. Aufl., § 78 II 2) als nach § 286 ZPO frei zu würdigender Teil der Verhandlungen behandelt. Vgl. auch BGH LM Nr. 4 zu § 286 B ZPO.

[121] So auch J. Schmidt, S. 122; anders BGH NJW 1953, S. 621; NJW 1960, S. 100 Nr. 14.

[122] Wieczorek, A IV und B I c zu § 141 ZPO; KG JW 35, S. 1041. Vgl. Dix, S. 26 Anm. 73; Rosenberg / Schwab, S. 393. In diesem Sinne Lent / Jauernig, S. 59 f. a. A. anscheinend Baumann, S. 95.

[123] So Fasching, Kommentar, Vor § 371 öZPO; vgl. Hübner, ZZP 55, S. 113, bezüglich des Vertreters des § 141 III ZPO: „denn die Ermächtigung des Vertreters betrifft zum weitaus größten Teil nur Erklärungen gegenüber dem Prozeßbevollmächtigten, nicht solche gegenüber dem Gericht"; a. A. Glücklich, S. 214, dessen Meinung jedoch nicht klar ausgedrückt ist.

ausdrücklich verneint[124], schließt die Unverbindlichkeit der Parteiaussagen ihre Geltung als Willenserklärungen aus[125]. Die Naturpartei gibt also im Rahmen der Parteianhörung Wissenserklärungen über Tatsachen ab.

4.4.2.3. Das Verhältnis der Parteianhörung zu § 139 ZPO

Liefert die Parteianhörung keine Parteibehauptungen und kann die Naturpartei in ihrem Rahmen wegen der mangelnden Postulationsfähigkeit keine Prozeßhandlungen unternehmen, so muß man daraus schließen, daß die Parteianhörung kein Institut ist, in dessen Rahmen das Gericht seiner Hinweispflicht nach § 139 ZPO genügen kann. Denn wenn die Naturpartei den richterlichen Hinweisen nicht entsprechen kann, so muß das Gericht diese Pflicht gegenüber dem Prozeßbevollmächtigten ausüben. Dieser wohnt der Parteianhörung bei, wird aber dabei prinzipiell nicht zu Wort kommen[126]. Auf diese Weise kann also die Vorschrift des § 141 ZPO nicht der richterlichen Hinweispflicht dienen[127].

Tatsächlich hat die Parteianhörung dort ihren Platz, wo die Ausübung der Hinweispflicht durch Erörterung des Sachverhalts in oben ausgeführtem Sinne vorbereitet wird. Die Vorschrift des § 141 ZPO knüpft also an die Vorschrift des § 139 I 2 ZPO. Die Parteianhörung dient der Erleichterung der Ausübung der Hinweispflicht, nicht aber als ein Institut, in dessen Rahmen das Gericht seine Pflicht ausüben kann, sondern als ein Institut, welches diese Ausübung vorbereitet, ja manchmal überhaupt erst möglich macht. Dieses Institut ist nämlich als ein häufig unerläßlicher Ersatz der ungenügenden tatsächlichen Angaben des Prozeßbevollmächtigten im Rahmen der Aufklärung des Sachverhältnisses gemäß § 139 I 2 ZPO vorgesehen. Der Gesetzgeber geht dabei mit Recht davon aus, daß es in schwierigen Fällen nötig sein wird, die zur Ausübung der Hinweispflicht notwendigen Informationen direkt von der besseres Wissen besitzenden Partei zu verlangen[128].

---

[124] Siehe oben. Bernhardt, JZ 63, S. 246; Kollroß, ZJP 1937, S. 88. Ein Indiz dafür ist auch die Unzulässigkeit der bedingten Parteibehauptung. Vgl. de Boor / Erkel, S. 115.

[125] Diese Theorie, die von den Liberalisten entwickelt wurde (s. o. Anm. 18) hat heute kaum noch Anhänger. Vgl. Koffka, JW 1913, Beil. zu Heft 15, S. 4 ff.; vor allem Raab, S. 52 ff. (Anm. 186); a. A. Jansen, S. 26. Eine weitgehende Auseinandersetzung mit diesem Problem erscheint dem Verfasser deshalb nicht nötig.

[126] So Bernhardt, Aufklärung, S. 39.

[127] Vgl. die diesbezüglich zum Teil anders lautende, zum Teil diffuse Meinungen von Bernhardt, Rechtsstreit, S. 84; Jansen, S. 23 ff.; Dix, S. 21 f.; Göppinger, ZZP 73, S. 78; Ksoll, S. 235; Goldschmidt, Prozeß, S. 114, die die Vorschrift des § 141 an den Abs. I des § 139 ZPO knüpfen.

[128] Jansen, S. 22; Henckel, S. 15 f.

4.4. Die Rechtsnatur der Parteianhörung

Die Parteianhörung kann also heute nicht als ein Mittel gelten, welches dazu dient, den Willen der Partei dem Gericht zu unterbreiten, wie es unter der Herrschaft liberalistischer Ideen der Fall war (s. o. 4.2.1.). Sie muß heute unter dem Aspekt eines unverbindlichen Informationsmittels gesehen werden[129], welches nicht nur die Unvollständigkeiten im bereits vorhandenen Parteivortrag zu beseitigen vermag[130], sondern den vollständigen Lebenssachverhalt ans Licht bringen soll[131]; jegliche Zweifel des Richters bezüglich der Sachverhaltsdarstellung sollen dadurch beseitigt werden. Dies deutet nicht zuletzt die Ladung der Partei als „Auskunftsperson" neben ihrem Prozeßbevollmächtigten, der als das eigentliche Prozeßsubjekt im Rahmen des Anwaltsprozesses geladen wird[132].

Die Anordnung des persönlichen Erscheinens gemäß § 141 ZPO steht so harmonisch zwischen den anderen Möglichkeiten, die dem Gericht zur Verfügung stehen, wenn es sich über den Sachverhalt informieren will. Ihre informatorische Funktion entspricht ihrer systematischen Stellung neben den §§ 142 ff. ZPO. Sie gehört in die mündliche Verhandlung und bezweckt nicht die Lieferung von Beweisstoff. Mit „Aufklärung des Sachverhalts" ist somit in § 141 2 ZPO nicht die Beweisaufnahme gemeint[133]. Deswegen löst sie die Beweisgebühr nicht aus[134]. Die von der Parteianhörung gelieferten Informationen ermöglichen es dem Gericht ferner, den schon vorhandenen Tatsachenvortrag der Parteien zu klären, insbesondere wird die Scheidung der Parteibehauptungen in bestrittene und unstreitige erleichtert und damit die Beweisaufnahme vorbereitet[135], zum anderen der Rahmen für eventuelle Vergleichsbemühungen abgesteckt[136]. Diese sind aber Begleiterscheinungen des allgemeineren informatorischen Charakters der

---

[129] Nach Brüggemann, S. 353, bezweckt sie, dem Richter „ein plastisches Bild von den Dingen zu geben, Einzelheiten zu erläutern"; vgl. Bähr, ZZP 19, S. 95; Gerland, Jud. III, S. 314; Sändig, S. 22; Zöller, vor § 445 ZPO.
[130] So Ksoll, S. 235; Bergerfurth, S. 176.
[131] So mit Recht Bernhardt, Aufklärung, S. 39; vgl. Levin, S. 131. Es ist selbstverständlich, daß dies insofern möglich ist, wie die Parteien bereit sind, im Rahmen der Verhandlungsmaxime dazu beizutragen. Vgl. Jansen, S. 24; Raab, S. 57.
[132] Siehe oben 4.3.2. b). Vgl. Ott, Allg. öGZ 1894, S. 411 f.
[133] BGH LM Nr. 3 zu § 141 ZPO. Mit Recht führt Göppinger, ZZP 73, S. 80 und Anm. 135 aus, daß dieser Begriff schief und ungenau ist. Dies beruhe auf der Eile, mit der die Novelle 1924 verabschiedet wurde.
[134] Zöller, vor § 445 ZPO; Kraemer, ZZP 64, S. 162; Riedel / Sußbauer, 3 zu § 31 BRAGebO; OLG Düsseldorf, MDR 1964, S. 685.
[135] Stein / Jonas, I zu § 141 ZPO; Schönke / Schröder / Niese, S. 300; Schönke / Kuchinke, S. 302; Göppinger, a.a.O. Darin sieht auch der Bericht 1961, S. 204, den großen Wert der Parteianhörung. Vgl. ferner Münzel, DRiZ 1934, S. 175; Bähr, ZZP 19, S. 95.
[136] So Göppinger, ZZP 73, S. 77 f.

Parteianhörung, für ihre Rechtsnatur also nicht von maßgeblicher Bedeutung[137], obwohl sie für die Praxis angesichts der dadurch zu erreichenden Prozeßbeschleunigung[138] sehr wichtig sind[139].

4.4.3. Die beweismäßige Funktion der Parteianhörung

Von der festgestellten Informationsfunktion der Parteianhörung bezüglich des Sachverhalts bis zu ihrer beweismäßigen Anwendung ist die Brücke leicht zu schlagen[140].

Ob die Parteianhörung neben der festgestellten Rechtsnatur auch die eines Beweismittels hat, hängt zu allererst davon ab, was als solches qualifiziert werden kann. Denn wenn man als Beweismittel nur die bezeichnet, die in der ZPO systematisch als solche aufgezählt sind, die sogenannten Beweismittel „im engeren"[141] oder „im technischen Sinne"[142], so wird offensichtlich, daß die Parteianhörung kein solches ist. Anders scheint es zunächst zu sein, wenn man sich der Meinung anschließt, nach welcher der Grundsatz der freien Beweiswürdigung den numerus clausus der Beweismittel sprengt[143], wonach als Beweismittel alles bezeichnet wird, was den Richter von der Wahrheit bzw. Unwahrheit einer Tatsache überzeugen kann[144].

Wie dieses Problem zu lösen ist, kann erst nach erfolgter Untersuchung des Inhalts des § 286 ZPO entschieden werden, wobei den Kern der Untersuchung die Frage bilden wird, auf welche Grundlage der Richter seine Überzeugung im Rahmen des § 286 ZPO stützen muß, mit anderen Worten, ob er dabei von dem numerus clausus der Beweismittel ausgehen muß, oder ob er auch ohne jede Beweisaufnahme zu der Überzeugung von der Wahrheit oder Unwahrheit einer Tatsachenbehauptung gelangen kann.

---

[137] Jansen, S. 25; wohl auch Ott, Allg. öGZ 1894, S. 411; a. A. Dix, S. 21, der darin den Hauptzweck der Parteianhörung sieht.

[138] Vgl. Henckel, S. 16; Baumann / Fezer, S. 11 f.

[139] Auszuschließen ist u. E. nach geltendem Recht die Möglichkeit, die Partei mit Hilfe des § 141 ZPO zu zwingen, sich einer ärztlichen Untersuchung bzw. eines Augenscheins des Gerichts bzw. eines Sachverständigen zu unterwerfen. Dies ist bekanntlich nur nach § 372 a ZPO zulässig. Vgl. Dix, S. 24; Brüggemann, S. 385. a. A. Reinhardt, JW 1934, S. 3176; Sydow / Busch / Krantz, zu § 141 ZPO; Seuffert / Walsmann, 1 zu § 141 ZPO.

[140] Vgl. Brüggemann, S. 353 f.

[141] Sändig, S. 19, unterscheidet zwischen Beweismittel im engeren Sinne und solche im weiten Sinne, die er anscheinend mit den Beweisgründen fälschlicherweise verwechselt.

[142] Zöller, vor § 445 ZPO. Vgl. über die Frage der Definition dieses Begriffs Wais, S. 33 mit weiteren Nachweisen.

[143] Baumann, S. 56; v. Harrasowsky, S. 360.

[144] Wendt, AcP 63, S. 303. Auch er verwechselt dabei anscheinend die Begriffe Beweismittel und Beweisgrund; vgl. Rosenberg / Schwab, § 113 III und Goedecke, S. 3.

4.4.3.1. Die freie richterliche Beweiswürdigung

Nach § 286 I ZPO hat das Gericht „unter Berücksichtigung des gesamten Inhalts der Verhandlungen und des Ergebnisses einer etwaigen Beweisaufnahme nach freier Überzeugung zu entscheiden, ob eine tatsächliche Behauptung für wahr oder für nicht wahr zu erachten sei".

Dieser Grundsatz der freien richterlichen Beweiswürdigung besagt einerseits, daß das Gericht bei der Würdigung der Beweismittel an keinerlei gesetzliche Beweisregeln gebunden ist, d. h. daß es den Beweiswert eines jeden vorgebrachten Beweismittels nach freier Überzeugung feststellt[145]; andererseits besagt er, daß das Gericht für die Bildung seiner Überzeugung, seines Sachverhaltsbildes im allgemeinen[146], nicht nur die Beweisaufnahme berücksichtigen muß, sondern auch den gesamten Inhalt der Verhandlungen, den gesamten Prozeßstoff[147].

Damit ist die prozessuale Grundlage festgelegt, auf welche sich die Überzeugungsbildung des Gerichts stützen soll[148]. Diese Grundlage der freien Beweiswürdigung des Gerichts ist eine doppelte, bestehend aus der Würdigung des von der Beweisaufnahme gelieferten Beweisstoffes und aus der Würdigung des gesamten Prozeßstoffes. Mit Recht hat der Gesetzgeber den Grundsatz der freien Beweiswürdigung nicht auf das Ergebnis der Beweisführung beschränkt, sondern auf den gesamten Inhalt der Verhandlungen ausgedehnt. Soll die Entscheidung des Richters über die Wahrheit oder Unwahrheit einer Tatsachenbehauptung auf seine Überzeugung gestützt werden, so erscheint es unmöglich, diejenigen Umstände, welche sich aus dem Verhalten der Parteien ergeben, aus ihrem persönlichen Eindruck[149] oder aus dem Verhalten der sonstigen am Prozeß beteiligten Personen, von den durch eine

---

[145] Kuchinke, Revisionsinstanz, S. 176; Rosenberg / Schwab, § 113 VI 1; Heinsheimer, S. 134; Thomas / Putzo, 2 a zu § 286 ZPO; Stein / Jonas, I zu § 286 ZPO. Diese Überzeugung ist lediglich an die Lebenserfahrung und die Gesetze der Logik gebunden; Bruns, S. 123; Nagel, Grundzüge, S. 81; Schreiber versucht mit Hilfe mathematischer Methoden feste Regeln für den Beweiswert eines jeden Beweismittels zu entwickeln.

[146] Vgl. Bruns, S. 266. Was unter Überzeugung genau zu verstehen ist, kann uns hier nicht beschäftigen; siehe darüber ebenda, S. 273 ff.; Esser, Vorwort.

[147] Schönke / Kuchinke, S. 273; Kuchinke, Revisionsinstanz, S. 175; Thomas / Putzo, 3 zu § 286 ZPO.

[148] Mit Recht führt Heinsheimer, S. 134, aus, daß die richterliche Überzeugung bezüglich dieser Grundlage bedingt ist, frei dagegen in ihrer Bildung von dieser Grundlage aus.

[149] Auch er ist verwertbar, gleichgültig, ob er im Rahmen einer Parteivernehmung oder außerhalb dieser gewonnen wurde. Vgl. Nikisch, S. 331; Hainmüller, S. 22 Anm. 80; Baumann, S. 56. a. A. anscheinend BGH MDR 1967, S. 834; Stein / Jonas, 1 zu § 141 ZPO.

Beweisaufnahme erbrachten Momenten zu sondern und in ihrer Bedeutung hinter diese zurücktreten zu lassen[150].

Man kann nun diese doppelte Grundlage kasuistisch verstehen[151]. Dies würde dann heißen, daß das Gericht seine Überzeugung sowohl anhand des Ergebnisses der Beweisaufnahme, wie auch anhand der Würdigung der Umstände, die während der gesamten Verhandlungen zu Tage gefördert wurden, bilden kann. Konsequent weitergeführt ergibt dieser Gedanke die Möglichkeit für das Gericht, eine bloße Parteibehauptung ohne jede Beweisaufnahme für wahr zu erachten[152]. Dies wird zumeist beim Anscheinsbeweis der Fall sein[153], ist aber auch im übrigen zulässig, wenn das Gericht dies überzeugend gemäß § 286 I 2 ZPO zu begründen vermag. Dafür ist aber der Beweis nötig, daß die Lebenserfahrung bzw. Erfahrungssätze oder aber andere bewiesene Tatsachen auf die geforderte Wahrscheinlichkeit der beweisbedürftigen Parteibehauptung schließen lassen[154]. Mit dieser Einschränkung will klar gemacht werden, daß die freie Beweiswürdigung nicht dazu führen kann, daß sachliche Erwägungen durch Gefühlsentscheidungen, bloße Vermutungen, also richterliche Willkür verdrängt werden[155]. Auch dort, wo man von der „inneren Wahrscheinlichkeit"[156] einer Parteibehauptung spricht, ist die Berufung auf Erfahrungsregeln bzw. Indizien, die diesen Schluß des Gerichts ermöglichen, nötig. Da nun diese Schlußfolgerungen auf festgestellte, bewiesene Tatsachen basieren[157], ist auch für sie die Beweisaufnahme maßgebend, obwohl eine solche diesbezüglich formell gar nicht existiert hat.

Man merkt, daß diese Kasuistik hier nicht richtig sein kann. Bedenkt man, daß der Grundsatz der freien Beweiswürdigung das Gericht von der Pflicht zur erschöpfenden Beweisaufnahme nicht entbindet[158], daß

---

[150] Seuffert / Walsmann, zu § 286 ZPO.
[151] So wohl Sydow / Busch / Krantz, 1 zu § 286 ZPO.
[152] So die h. L. Vgl. Seuffert / Walsmann, 6 zu § 141 ZPO. Bernhardt, Zivilprozeßrecht, S. 151; Bergerfurth, S. 179; Nikisch, S. 331; Vater, DRiZ 1932, S. 83; Rosenberg / Schwab, § 113 IV 1; Egon Schneider, Beweis, S. 19; Zöller, zu § 286 ZPO; Schulin, S. 196; wohl auch Otto Meyer, DRiZ 1934, S. 203; RGZ 159, S. 239; HRR 1930, Nr. 172; LZ 1925, Sp. 772; BGH NJW 51, S. 566 = LM Nr. 2 zu § 286 (B) ZPO; NJW 55, S. 840; NJW 60, S. 821. Hainmüller, S. 21, schlägt diesbezüglich die Bezeichnung „freie Würdigung" vor. Vgl. auch Nikisch, S. 331.
[153] So Holzhammer, S. 197; Stein / Jonas, I 2 b zu § 286 ZPO.
[154] In diesem Sinne BGHZ 2, S. 82; NJW 1955, S. 671 Nr. 9 a. E.; Glücklich, S. 212; Bergerfurth, S. 179; Egon Schneider, Beweis, S. 19; Bernhardt, Zivilprozeßrecht, S. 151; Stein / Jonas, II 1 zu § 286 ZPO.
[155] Bergerfurth, S. 179.
[156] So Nikisch, S. 331; Schulin, S. 197.
[157] Vgl. Lent, Wahrheitspflicht, S. 20; Stein / Jonas, aaO; RG JW 10, S. 154; HRR 28, Nr. 1651.
[158] Bernhardt, Zivilprozeßrecht, S. 151; OLG Kiel, Schl. HA 1949, S. 209.

4.4. Die Rechtsnatur der Parteianhörung

es sich ferner über die schon angetretenen Beweise nicht hinwegsetzen kann[159], so wird das Verhältnis dieser Grundlagen deutlich. Die freie Beweiswürdigung stützt sich somit auf Anhaltspunkte, sogenannte Begleitumstände[160], die sowohl während der Verhandlungen als auch während der Beweisaufnahme gewonnen werden. Die doppelte Grundlage ist also summarisch zu verstehen: Als Grundsatz muß stets gelten, daß bestrittene Parteibehauptungen im förmlichen Beweisverfahren bewiesen werden müssen. Das Gericht ist niemals in der Lage, bei umstrittenem rechtserheblichem Sachverhalt ein Urteil lediglich auf der Grundlage der Parteiaussage zu erlassen und zu sagen, das Gericht habe diese oder jene Behauptung für glaubhaft gehalten, ohne daß es einer Beweiserhebung bedurft hätte[161].

Prinzipiell ist also der Grundsatz der freien richterlichen Beweiswürdigung nicht so zu verstehen, daß der Prozeßstoff neben dem Ergebnis der Beweisaufnahme selbständig steht, d. h. daß er allein beweisen kann, sondern daß der Richter ihn bei der Würdigung des Ergebnisses der Beweisaufnahme mitberücksichtigen muß. Der Schwerpunkt des § 286 ZPO liegt somit auf der freien Würdigung des Beweiswertes der verschiedenen Beweismittel. Als solche sind aber nur die im Gesetz aufgezählten gemeint.

Keinesfalls ist also der numerus clausus der Beweismittel in dieser Hinsicht durch § 286 ZPO gesprengt worden[162]. „Jede auf Feststellung von Sachverhalten gerichtete Ermittlungstätigkeit, die sich einem rechtlich geordneten Beweisverfahren entsprechend zu vollziehen hat, ist allein dieser Ordnung wegen mannigfachen Beschränkungen unterworfen[163]." Als eine solche ist auch die Beschränkung der Erkenntnisquellen durch Festlegung bestimmter Beweismittel zu betrachten. Die damit berücksichtigte prozessuale Sicherheit sollte deswegen nicht preisgegeben werden[164], zumal der Tatsache Rechnung getragen werden muß, daß Zweck der Beweisaufnahme nicht nur die Beschaffung einer

---

[159] BGH NJW 1966, S. 446/448; Zöller, zu § 286; Schönke / Schröder / Niese, S. 61; Nikisch, S. 357; vgl. auch Kuchinke, Referat, S. 40; RG JW 1900, S. 749, Nr. 8.

[160] Rödig, S. 250.

[161] Göppinger, ZZP 73, S. 78; vgl. auch Glücklich, S. 212.

[162] Vgl. Jansen, S. 27 und Anm. 87. Dies trifft allerdings zu, soweit damit die Schwierigkeiten der Einordnung der durch die Technik entwickelten Beweismittel, wie z. B. Photos, Tonband usw. gemeint sind. Vgl. Bruns, S. 287; ders., JZ 1957, S. 489 ff.; Rosenberg / Schwab, § 113 III 1; Fasching, Jur. Blätter 1966, 15/16, S. 414 ff.

[163] Kuchinke, Referat, S. 15.

[164] Nach Weber, S. 190, soll dieser Regelung „eine Verbindung der forensischen Erfahrung von Jahrhunderten mit den rechtsstaatlichen Erfordernissen der Gegenwart zugrundeliegen, weshalb die rechtsstaatlichen Erfordernisse bei der Handhabung der Vorschriften dieses Teils der Prozeßgesetze gar nicht ernst genug genommen werden können".

sicheren Auffassung vom Sachverhalt für das Gericht ist, sondern zugleich, daß die Verbindlichkeit dieser Auffassung auch für Dritte angestrebt wird[165].

Ist aber für die Bildung der richterlichen Überzeugung die Beweisaufnahme in der Regel unerläßlich, so mag es einleuchten, daß eine Parteibehauptung nur durch die Beweisaufnahme bewiesen werden kann[166]. D. h. aber, daß sich beide oben erwähnten Definitionen des Beweismittels völlig decken, daß sie auf dasselbe hinauslaufen.

Da die Parteianhörung nun nicht unter den Beweismitteln aufgezählt wird, so muß bei ihr die Rechtsnatur eines solchen zunächst verneint werden. Sie ist kein Beweismittel[167], sondern, wie ausgeführt, ein Teil der mündlichen Verhandlung und kann somit nicht direkt beweisen. Der Richter kann also seine Überzeugung nicht auf die bloßen Aussagen der Partei während der Parteianhörung ohne jede Beweisaufnahme gründen[168]. Die Parteiaussage im Rahmen einer Parteianhörung hat keinen Beweiswert. Hätte sie Beweiswert und könnte die Parteianhörung im Sinne des § 286 ZPO „beweisen", so wäre die Parteivernehmung völlig überflüssig. Ein solcher Widerspruch ist aber dem Gesetzgeber nicht zuzutrauen[169].

Es bleibt also dabei, daß die Parteianhörung nach dem heute geltenden Recht kein Beweismittel ist. Lediglich als Teil der Verhandlungen liefert sie Anhaltspunkte für die richterliche Überzeugungsbildung. Inwiefern sie damit die richterliche Beweiswürdigung beeinflussen darf und kann, bleibt noch zu prüfen.

4.4.3.2. Der Einfluß der Parteianhörung auf die richterliche Überzeugungsbildung

Kann nun die Parteianhörung nicht direkt beweisen, so ist auch bei ihr ein Einfluß auf die freie Beweiswürdigung nicht auszuschließen. Das Gericht ist berechtigt, ja sogar verpflichtet, seine Beweiswürdigung nicht nur aus dem Ergebnis der Beweisaufnahme, sondern aus dem gesamten Inhalt der Verhandlungen zu schöpfen[170]. Einen Teil dieser

---

[165] Döhring, Sachverhalt, S. 12.
[166] Wieczorek, B I b zu § 141 ZPO; Göppinger, ZZP 73, S. 78.
[167] So RGZ 149, S. 63 f.; BAG NJW 1963, S. 2340 f.; BGH MDR 1967, S. 834, Jansen, S. 27; Brüggemann, S. 381.
[168] Wie hier Wach, Vorträge, S. 218; ders., Grundfragen, S. 33; Wesselsky, S. 21, 30; Benkendorff, DRiZ 1934, S. 206; ders., JW 1933, S. 2818 ff.; Gerold, S. 33; Lent, JW 1933, S. 2675; Brüggemann, S. 384; Jansen, S. 27 und Anm. 31; Wieczorek, B I b zu § 141 ZPO. Vgl. auch RG Warn 1934, Nr. 189; OLG Breslau, JW 1933, S. 544 Nr. 34.
[169] s. Glücklich, S. 198 ff.; Nikisch, S. 358.
[170] de Boor / Erkel, S. 143; Wehmeier, S. 67.

4.4. Die Rechtsnatur der Parteianhörung

„Verhandlungen" bildet aber die Parteianhörung[171], die somit für die Überzeugungsbildung des Richters Begleitumstände liefert, die in doppelter Hinsicht nützlich sein können: Sie können dem Richter Hinweise hinsichtlich der Zuverlässigkeit der Beweismittel geben; er wird sich eher überzeugen lassen, wenn ihm eine Parteibehauptung wahrscheinlich erscheint. Oder er wird viel höhere Anforderungen an dem Beweis einer Behauptung stellen und den Beweiswert der dafür angebotenen Beweismittel mit größerer Vorsicht nachprüfen, wenn er vermutet, daß die Partei während der Parteianhörung es mit der Wahrheit nicht so ernst genommen hat. Andererseits können diese Begleitumstände in Verbindung mit Erfahrungsregeln oder anderen bewiesenen bzw. umstrittenen Tatsachen Schlußfolgerungen des Richters auf die Wahrheit bzw. Unwahrheit einer Parteibehauptung ermöglichen[172].

Damit wird nicht die Parteiaussage verwertet, sondern vielmehr die Art, wie die Partei vorträgt, wie sie sich verhält, ihre Einlassungsverweigerung oder Nichterscheinen[173], ob sie überhaupt einen glaubwürdigen Eindruck macht[174].

Diese Feststellung, die dogmatisch durchaus begründet ist, führte einen Teil der Lehre dahin, den Inhalt der Parteianhörung als Beweisgrund zu qualifizieren[175], ihr „ergänzenden Beweiswert" zuzuschreiben. Auch der BGH hat sich in dieser Richtung ausgesprochen[176].

Das Argument aber, die Parteianhörung gewinne wegen ihres „Nachtönens"[177] auf die richterliche Überzeugungsbildung eine Art Beweiswert, ist dogmatisch irrig. Es hält nämlich nicht mehr Stand, wenn man bedenkt, daß die Parteianhörung, dogmatisch betrachtet, eben nur einen Teil der Verhandlungen bildet. Sie bildet mit den sonstigen während der Verhandlungen auftauchenden Umständen ein Ganzes, kann also nicht isoliert betrachtet werden. Das gesamte Verhalten der Parteien also, ihrer Vertreter, die Sorgfältigkeit, mit welcher die

---

[171] de Boor / Erkel, S. 143; Wehmeier, S. 67; Kraemer, ZZP 64, S. 162.
[172] Wais, S. 36, nennt sie Hilfsbeweismittel; vgl. Brüggemann, S. 384; de Boor / Erkel, S. 133; Staud, DJ 1933, S. 810; Schönke / Schröder / Niese, S. 300; Döhring, Sachverhalt, S. 330; Rosenberg / Schwab, § 52 III 4 c; Glücklich, S. 211, schränkt sie mit Unrecht auf das ungünstige Vorbringen ein.
[173] Siehe oben Anm. 68 und 72.
[174] de Boor / Erkel, S. 143; Bernhardt, Aufklärung, S. 40; a. M. BGH MDR 1967, S. 834; LM Nr. 3 zu § 141 ZPO.
[175] Im Sinne Rosenbergs, a.a.O., § 113 III 3; vgl. Goedecke, S. 3; Sattelmacher, S. 117. Als Beweismittel im weiteren Sinne wird sie qualifiziert von Levin, S. 134 f.; Brüggemann, S. 249; Gerland, Jud. III, S. 322; Planck, Lehrbuch, II, S. 104 f.; J. Schmidt, S. 122. Bezüglich der Beweisgründe versucht Bruns, S. 287, die Einschränkung zu machen, daß sie aus dem Beweisstoff gewonnen werden müssen.
[176] BGH ZZP 65, S. 270; vgl. auch ZZP 71, S. 104.
[177] Klein, Vorlesungen, S. 115; vgl. Vater, S. 83.

Schriftsätze abgefaßt wurden, und nicht die Parteianhörung allein sind als Inhalt der gesamten Verhandlungen für die freie Beweiswürdigung nach § 286 ZPO maßgebend. Der „ergänzende Beweiswert" ist also der Parteianhörung nicht eigen. Das Gesetz gibt keinen Anlaß, sie aus dem restlichen Prozeßstoff besonders hervorzuheben. Ob die dogmatische Stellungnahme des Gesetzes auch in der Praxis Brauchbarkeit beanspruchen kann, ist eine Frage, die vorläufig dahingestellt bleiben kann. Für die jetzigen Ausführungen mag es genügen festzustellen, daß die Parteianhörung im dogmatischen Rahmen der Gesetzesregelung keine besondere beweismäßige Funktion haben kann.

4.4.4. Die Parteianhörung als Glied des Systems der ZPO

Unsere im wesentlichen der h. L. entsprechende logisch-systematische Auslegung der Vorschrift des § 141 ZPO hat zu dem Ergebnis geführt, daß die Parteianhörung die Rechtsnatur eines Informationsmittels bezüglich des Sachverhalts hat, daß sie dem § 139 ZPO dienen soll. Die h. L. ist also in ihrem Kern richtig. Sie mußte lediglich in zwei wesentlichen Punkten modifiziert werden: Zum einen wurde festgestellt, daß § 141 ZPO wegen der mangelnden Postulationsfähigkeit der Naturpartei im Anwaltsprozeß, für den die Parteianhörung überhaupt eingeführt wurde, nicht an § 139 I 1 ZPO, sondern an § 139 I 2 ZPO zu knüpfen ist. Aus dem sich hieraus ergebenden Informationscharakter der Parteianhörung mußte dann die Konsequenz gezogen werden, daß die Fragen des Gerichts im Rahmen dieser nicht vom Umfang der richterlichen Hinweispflicht, d. h. vom Umfang des bisherigen Tatsachenvortrags diktiert werden, sondern sich darüber hinaus erstrecken können[178].

Was die beweismäßige Rolle der Partei im Zivilprozeß betrifft, so kann man mit der dogmatisch klaren Lösung der h. L. kongruent gehen und die Parteianhörung für diese als ungeeignet qualifizieren. Denn sie ist weder ein Beweismittel, noch hat sie sonst einen besonderen Beweiswert.

Hat die Parteianhörung vor 1933 als Beweismittel fungiert, so ließ sich während der vorangegangenen dogmatischen Untersuchung die Annahme Rosenbergs bestätigen[179], daß sie nach Einführung der Parteivernehmung ihre besondere beweismäßige Bedeutung verloren hat, mindestens im streng dogmatischen Sinne.

Schon die Verschiebung der Rechtsnatur der Parteianhörung von der Klärung des Tatsachenvortrags in Richtung der unverbindlichen

---

[178] Siehe oben Anm. 81.
[179] Vgl. Nikisch, S. 358: „Das (Aufklärung des Sachverhalts) ist mehr als bloße Feststellung der streitigen und unstreitigen Behauptungen."

4.4. Die Rechtsnatur der Parteianhörung

Information des Gerichts über den Sachverhalt möge gezeigt haben, daß die Einwirkung der Parteivernehmung auf die Funktion der Parteianhörung wesentlich gewesen ist. Wie nah die unverbindliche Information mit dem Beweis verwandt ist, wird aber jedem einleuchten, vor allem wenn man bedenkt, daß die Naturpartei für diesen Unterschied nicht viel Verständnis haben wird. Daß sich unsere Untersuchung so sehr auf begriffliche Argumente stützen mußte, spricht erneut dafür, daß die beiden Rollen der Partei in der Praxis kaum getrennt gespielt werden können.

Ob die hier wiederum zum Ausdruck gebrachte Vermutung den Tatsachen entspricht und inwiefern sich das Gesetz mit ihr vereinbaren läßt, wird bei der Untersuchung des Verhältnisses der Parteivernehmung zur Parteianhörung zu prüfen sein. Diese wird im folgenden Teil unternommen.

5. Das Verhältnis der Parteianhörung zur Parteivernehmung

5.1. Allgemeines

Will man das Verhältnis zweier Rechtsinstitute zueinander finden, so bieten sich theoretisch zunächst drei Lösungsmöglichkeiten an: die Identifizierung, die Überschneidung und die Abgrenzung.

Im Falle der Identifizierung müßten beide Institute sowohl funktionell als auch strukturell identisch sein, das eine also das andere voll ersetzen können mit der Konsequenz, eines davon könne als überflüssig bezeichnet werden. Eine Überschneidung wäre denkbar, wenn die beiden Institute trotz anderer primärer Ziele ein gemeinsames Einsatzfeld hätten; im strukturellen Sinne könnte man hier von einer Vermengung sprechen. Die Abgrenzung käme letztlich als Ergebnis einer Verhältnisuntersuchung dann in Frage, wenn nicht nur der von beiden Instituten verfolgte Zweck völlig verschieden, sondern auch deren Verfahrensaufbau so unterschiedlich wäre, daß die theoretische funktionelle Trennung auch in der Praxis durchgesetzt werden könnte.

Nachdem in den vorausgegangenen Teilen die beiden Größen, die Parteianhörung und die Parteivernehmung, sowohl funktionell als auch strukturell untersucht und umrissen worden sind, mag es jetzt, wo deren Stellung im dogmatischen Systemgefüge der ZPO bekannt ist, leicht fallen, zu der Ausarbeitung ihres gegenseitigen Verhältnisses fortzuschreiten, wobei auch versucht werden muß, im Rahmen des vom Gesetz Zulässigen, dieses Verhältnis möglichst zweckmäßig zu gestalten. Daß hierfür eine Kritik der gesetzlichen Regelung nützlich erscheinen wird, leuchtet sofort ein, wenn man bedenkt, daß jene schon längere Zeit in Kraft ist, so daß die Möglichkeit offenbleibt, daß sie einer mit den heutigen Verhältnissen kongruent gehenden Interessenwertung nicht mehr entspricht; abgesehen davon natürlich, daß schon die rechtspolitische Entscheidung des Gesetzgebers bei der Schaffung dieses „sonderbaren Parallelismus"[1] nicht unbedingt die richtige Interessenwertung zugrunde gelegt haben muß[2].

---

[1] Gerland, Jud. III, Sp. 322.
[2] Vgl. oben 4.2.3. insbes. Anm. 41.

5.2. Die herrschende Abgrenzungslehre und die gesetzliche Regelung

Die Existenz zweier Institute, die das Parteiwissen in den Prozeß einzuführen bestimmt sind, läßt zunächst ahnen, daß sie vom Gesetzgeber nicht als identisch gedacht wurden. Im Rahmen des vorwiegend ökonomischen Verfahrensrechts wäre eine Identität beider und damit die Überflüssigkeit des einen unzweckmäßig, müßte also dem Gesetzgeber rechtspolitisch am entferntesten liegen.

Viel näher und mit unseren bisherigen Ergebnissen übereinstimmend läge hinsichtlich des Verhältnisses der Parteianhörung zur Parteivernehmung die Abgrenzung. Unter diesen Umständen erscheint es also zweckmäßiger, diese als den ersten Untersuchungsgegenstand vorzuziehen.

5.2.1. Die funktionelle Abgrenzung

Ist es beiden Maßnahmen gemeinsam, daß in jedem Falle die Partei persönlich vor Gericht erscheint, um ihre Kenntnis von Tatsachen in Form von Wissenserklärungen zu vermitteln, so ergab sich aus unseren bisherigen Betrachtungen, die im Wesentlichen der h. L. entsprechen, daß sie jeweils einen anderen Zweck verfolgen und somit eine andere Rechtsnatur haben.

Die Parteivernehmung hat, wie ausgeführt, die Rechtsnatur eines förmlichen Beweismittels[3], während die Parteianhörung die eines unverbindlichen Informationsmittels hat, einer Maßnahme der richterlichen Prozeßleitung im Rahmen des § 139 I 2 ZPO[4]. Trotz der Ähnlichkeit der verfolgten Ziele läßt sich der Schluß, ein jedes Institut sei für die Erfüllung von jeweils einer der beiden Parteirollen im Prozeß vorgesehen, ohne große Mühe ziehen: Die Partei fungiert bei der Parteivernehmung als Beweisobjekt[5], als „Objekt des Wahrheitserforschungsversuchs"[6], bei der Parteianhörung dagegen, im allgemeinen Rahmen ihrer Eigenschaft als Prozeßsubjekt, als Auskunftsperson[7].

Daß dieser Schluß richtig ist, bezeugt nicht zuletzt die grundsätzlich unterschiedliche Verwertung des im Rahmen eines jeden Instituts zum Ausdruck kommenden Parteiwissens. Während also die Erklärungen der Naturpartei bei der Parteianhörung auf die Vervollständigung des Parteivortrags im Rahmen des § 139 ZPO hinzielen, schaffen sie bei

---
[3] Siehe oben 3.4.3.
[4] Siehe oben 4.4.4.
[5] Vgl. Goldschmidt, Prozeß, S. 424 f.; Dix, S. 35 und 39. Er bemerkt (Anm. 112) mit Recht, daß dieser von Stein/Jonas verwendete Ausdruck insofern nicht zutreffend ist, als die Parteiaussage, nicht die Partei selbst „Beweisobjekt" ist.
[6] Wunderlich, S. 37.
[7] Dix, S. 39.

5. Das Verhältnis der Parteianhörung zur Parteivernehmung

der Parteivernehmung unmittelbar Beweisstoff und dienen somit direkt der Wahrheitsfindung[8]. Weder können die Parteienaussagen bei der Parteianhörung beweisen und die Parteien von deren Beweislast befreien[9], noch kann aus den Aussagen bei der Parteivernehmung Prozeßstoff gewonnen werden[10]. Letztere haben daher erhöhte Überzeugungskraft, ihnen kommt Beweiswert zu.

Auf die Meinung, daß die Parteianhörung nach § 141 ZPO ihrer Natur nach qualitativ etwas anderes sein müsse als die Parteivernehmung nach §§ 445 ff. ZPO, stützt sich auch das Vorbild der Abgrenzungslehre, eine Entscheidung des RG vom 17. Oktober 1935[11]. „Zwischen diesem Verfahren (gemäß § 141 ZPO), welches vorbereitende Natur hat, und der förmlichen Parteivernehmung im Sinne der §§ 445 ff. ZPO besteht ein wesentlicher Unterschied hinsichtlich des verfolgten Ziels", heißt es dort. „Die Parteivernehmung dient dem Beweise streitiger Behauptungen", während „die Äußerungen der Parteien nach Maßgabe des § 141 ZPO, lediglich Parteierklärungen darstellen".

Versucht man diese Erkenntnis auf eine kurze Formel zu bringen, so könnte man sagen: Bei der Parteianhörung handelt es sich um Sachaufklärung, bei der Parteivernehmung um Beweis. Der Verlauf der Grenze ist theoretisch-begrifflich völlig klar[12].

Die beiden Maßnahmen scheinen also funktionell völlig verschieden zu sein und sind deswegen der Abgrenzungslehre nach scharf voneinander zu trennen[13]. Entsprechend der von ihr gemachten qualitativen Unterscheidung zwischen Parteiaussagen, welche auf ihren Wahrheitsgehalt untersucht werden und solchen, die für die Wahrheitserforschung uninteressant sind, unterscheidet die hier erörterte Theorie konsequenterweise auch hinsichtlich der Wahrheitspflicht, der die Partei im Rahmen eines jeden Instituts unterworfen ist[14]. Bei der Parteianhörung unterliegt die Partei nämlich der allgemeinen „subjektiven" Wahrheitspflicht des § 138 ZPO. Dieser Pflicht soll die Partei genügen, wenn sie nicht wider besseres Wissen bestreitet, wenn ihre Aussage

---

[8] Holzhammer, S. 220.
[9] Siehe oben 4.4.3.
[10] Siehe oben 3.4.2.
[11] RGZ 149, S. 63 = JW 1936, S. 45 f.
[12] J. Schmidt, S. 120; vgl. oben 4.4.2. Anm. 94 sowie BGH NJW 1960, S. 100; MDR 1967, S. 834 = LM Nr. 3 zu § 141 ZPO; BAG, S. 271 = NJW 1963, S. 2340 f. Nach Klein, Vorlesungen, S. 175 f., ähnelt dieses Verhältnis dem Dualismus der Urkunden im Zivilprozeß.
[13] So Bruns, S. 351; Baumbach/Lauterbach, 1 B vor § 445 ZPO; Stein/Jonas, I zu § 141 ZPO; Kraemer, ZZP 64, S. 162.
[14] Vgl. J. Schmidt, S. 121.

also subjektiv wahr ist[15]. Bei der Parteivernehmung wird dagegen von der Partei dieselbe „objektive Wahrheit" gefordert wie bei dem Zeugen[16].

Die hier erörterte Abgrenzungslehre scheint also auf der ersten Betrachtungsebene, zumindest was das funktionelle Verhältnis beider Maßnahmen betrifft, der Gesetzessystematik am ehesten zu entsprechen.

5.2.2. Die strukturelle Abgrenzung

Daran, daß die Abgrenzungslehre in der ZPO fest verankert, dogmatisch also im Wesentlichen tadellos ist, läßt auch ein Vergleich des strukturellen Aufbaus beider Institute keine Zweifel[17]

Könnte man nämlich mittels der Parteianhörung zu denselben Ergebnissen gelangen wie mittels der Parteivernehmung, so hätte es keinen Sinn, letztere als bloß subsidiäres Beweismittel auszugestalten (wofür ein spezieller Beweisbeschluß, das thema probandum angebend, nötig ist), und für die Vernehmung nach § 448 ZPO als weitere Voraussetzung die Wahrscheinlichkeit der unter Beweis stehenden Behauptung zu verlangen; dann hätte nämlich das Gericht die Möglichkeit, nach § 141 ZPO eine beweismäßige Vernehmung der Partei anzuordnen, ja sogar zu erzwingen[18], ohne an solche Beschränkungen gebunden zu sein[19]; denn die Parteianhörung ist weder subsidiär, noch setzt sie einen speziellen Beweisbeschluß voraus.

Der Beweisversuch des Gerichts wäre dann allerdings gescheitert, wenn die Partei von der Möglichkeit Gebrauch machen würde, an ihrer Stelle einen informierten Vertreter zu schicken (§ 141 III ZPO).

Auch die für die Parteivernehmung vorgesehene Beeidigung, worin zumeist der wichtigste Unterschied beider Institute gesehen wird[20], und die Anwendung mehrerer Vorschriften aus der Regelung der Zeugenvernehmung (§§ 452 bzw. 451 ZPO) zeigen deutlich, daß vom Gesetzgeber für die Parteivernehmung eine gewisse Solemnität, „ein ernsthafteres Gepräge"[21] vorgesehen ist als für die Parteianhörung, welche weitgehend formloser gestaltet wurde. Es muß in der Absicht des

---

[15] Vgl. Lent, JW 1933, S. 2675; Lent / Jauernig, S. 183; Henckel, S. 146; Grunsky, S. 182.
[16] Dix, S. 40 mit Hinweis auf §§ 451, 395 I ZPO.
[17] Vgl. oben 3.3.4. und 4.3.3.
[18] § 141 III ZPO. Vgl. Rosenberg / Schwab, § 125 I 2.
[19] Glücklich, S. 199.
[20] Wesselsky, S. 30, spricht mit Hinweis auf Klein vom subjektiven Unterschied; vgl. W. Püschel, Gutachten, S. 769; Bernhardt, Aufklärung, S. 41. Siehe auch unten 5.3.5.
[21] Bernhardt, Aufklärung, S. 41.

Gesetzgebers gelegen haben, bei der eidlichen Parteivernehmung durch den Eideszwang, bei der uneidlichen durch die Aussicht einer späteren Eidesanordnung und insgesamt durch die Förmlichkeit der Vernehmung, einen Druck auf die Gewissensschärfung der zu vernehmenden Partei auszuüben und damit eine möglichst wahrheitsgemäße Aussage herbeizuführen[22].

Würde die Parteianhörung Beweiszwecke verfolgen, so wäre es wiederum ein unverständlicher gesetzgeberischer Widerspruch, die Parteivernehmung, welche durch ihre besonders betonte Förmlichkeit vermutlich eine größere Garantie für die Richtigkeit der Aussage bieten soll, nur unter besonderen, einschränkenden Voraussetzungen zuzulassen, während die stets uneidliche, formlose und daher der Meinung des Gesetzgebers zufolge weniger zuverlässige Parteianhörung ohne jede Voraussetzung jederzeit von Amts wegen angeordnet werden kann[23].

Die Wichtigkeit, die vom Gesetz der Parteivernehmung beigemessen wird, ist nicht zuletzt an den Unterschieden hinsichtlich der Ladung, vor allem aber der Protokollierung zu erkennen. Zur Parteianhörung wird die Partei formlos, durch bloße Mitteilung geladen; die Ladung zur Parteivernehmung muß förmlich zugestellt werden[24]. Das Ergebnis der Parteianhörung nimmt der Richter zunächst, trotz bestehender Protokollierungsmöglichkeit, lediglich zur Kenntnis; es wird nicht niedergeschrieben, da es nur der „Information" des Gerichts dient, während die Aussage der Partei bei der Parteivernehmung, wegen ihrer für den Rechtsstreit ausschlaggebenden Bedeutung, im Protokoll festzuhalten ist[25].

Die letzten Zweifel bezüglich der Absichten des Gesetzgebers wird ohnehin der kostenrechtliche Unterschied beider Maßnahmen zu beseitigen vermögen. Eine Beweisgebühr entsteht nämlich nur bei der Parteivernehmung, während die Parteianhörung nach § 141 ZPO weder für den Rechtsanwalt noch für das Gericht eine besondere Gebühr entstehen läßt[26].

Auch der Verfahrensaufbau beider Institute ist also so unterschiedlich, daß man sagen kann, der funktionellen entspricht eine strukturelle Abgrenzung, welche offensichtlich den Zweck hat, die erstere auch im Verfahren durchzusetzen[27].

---

[22] Dies bemerkt mit Recht Glücklich, S. 199; Eike Schmidt, S. 41.
[23] Glücklich, S. 199.
[24] Siehe oben 4.3.2. b) bzw. 3.3.3. b).
[25] Siehe oben 4.3.2. g) bzw. 3.3.3. f). Vgl. Dix, S. 41.
[26] Siehe oben 3.4.1. bzw. 4.4.2.3.
[27] Vgl. Jansen, S. 28.

5.2.3. Fazit: Die gesetzliche Regelung stützt sich auf die Abgrenzungslehre

Berücksichtigt man die bisher gewonnenen Ergebnisse, so läßt sich feststellen, daß sich beide hier untersuchten Institute bezüglich ihrer Funktion im Zivilprozeß und ihrer Bedeutung für den Rechtsstreit überhaupt wesentlich voneinander unterscheiden.

Dient die Parteianhörung der Sachaufklärung und die Parteivernehmung dem Beweis, und wird die Erreichung dieser beiden Zwecke im Zivilprozeß nacheinander angestrebt, so muß dementsprechend die Parteianhörung zur Parteivernehmung in einem Verhältnis des Ersteren zum Folgenden stehen. Das soll heißen, daß sie funktionell voneinander scharf zu trennen sind. Denn weder eine Überschneidung der Funktionen noch eine Identifizierung ist in diesem Falle möglich.

Entsprechend den unterschiedlichen Funktionen ist der Verfahrensaufbau beider Institute gestaltet: Die Parteianhörung ist ein flexibles, formloses Institut, die Parteivernehmung dagegen ein weitgehend förmliches. Der funktionellen entspricht also eine strukturelle Abgrenzung beider Maßnahmen, so daß auch eine verfahrensmäßige Vermengung bzw. Verwischung zunächst ausgeschaltet werden soll[28].

Es mag inzwischen einleuchten, daß das Gesetz die beiden Parteirollen (Prozeßsubjekt — Beweisobjekt) nicht nur systematisch unterscheidet, sondern auch durch verschiedene Vorschriften die Parteien dazu zwingt, sie während des Prozesses getrennt zu spielen.

Als vorläufiges Ergebnis der unternommenen Untersuchung kann man also sagen, daß die herrschende Abgrenzungslehre der gesetzlichen Interessenwertung und der Systematik der ZPO völlig entspricht, daß sie also dogmatisch richtig ist. Eine andere Frage ist es, ob diese Interessenwertung richtig und somit, ob die die Abgrenzung betonende gesetzliche Regelung geglückt ist, geschweige denn, ob sie in der Praxis überhaupt durchgeführt werden kann. Diesem hier angeschnittenen Fragenkreis werden sich die folgenden Überlegungen widmen müssen.

5.3. Kritik der gesetzlichen Regelung

Steht die von der Abgrenzungslehre wiedergegebene gesetzliche Interessenwertung in dem Sinne fest, daß das Gesetz von einem qualitativen Unterschied der bei der Parteianhörung bzw. Parteivernehmung abgegebenen Parteierklärungen ausgeht, so wirft sich die Frage auf, ob dieser Unterschied praktisch gerechtfertigt ist. Man müßte nämlich fragen, ob die Naturpartei ihre beiden Aufgaben im Prozeß überhaupt

---

[28] Vgl. Göppinger, ZZP 73, S. 80.

getrennt wahrnehmen kann. Ließe sich diese Frage verneinen, dann müßte *ein* Institut für die Verwertung des Parteiwissens zu beiden hier erörterten Zwecken ausreichen.

Die Bedenken, die wir schon bezüglich der Trennung der Parteirollen und ihrer Widerspiegelung in den Rechtsnaturen der beiden hier untersuchten Maßnahmen anmelden mußten, deuten an, daß diese Möglichkeit offenbleibt. Aber auch die rechtsvergleichende Untersuchung hat am Beispiel Großbritanniens, Frankreichs und der Sowjetunion gezeigt, daß ein Verfahren mit *einem* Institut, das gleichzeitig beide Funktionen erfüllt, durchaus auskommen kann, daß die Existenz zweier Institute also nicht unbedingt notwendig ist. Ob sich diese Vermutungen bestätigen lassen, wird die Kritik der deutschen Regelung zeigen müssen.

5.3.1. Der inhaltliche Unterschied der bei der Parteianhörung bzw. Parteivernehmung gemachten Aussage der Partei

Was die Parteianhörung und die Parteivernehmung gemeinsam haben, wurde schon hervorgehoben. Bei beiden erscheint die Partei vor Gericht, um ihm ihre Kenntnis vom Lebenssachverhalt zu vermitteln, im einen Fall zur Vervollständigung des Tatsachenvortrags, im anderen zu Beweiszwecken.

Nun lehrt die Abgrenzungslehre, daß der Richter seine Befragung entsprechend dem verfolgten Ziel zu gestalten hat und einmal die Partei so fragen muß, daß ihre Antwort nur zur Klärung ihres Vortrags beiträgt, zum anderen so, daß sie damit beweisen kann[29]. Dies mag theoretisch möglich erscheinen; in der Praxis kann diese Unterscheidung nicht durchgesetzt werden. Denn in der Praxis kann die Durchführung der Befragung nicht unterschiedlich sein[30], vor allem, wenn man bedenkt, daß sie sich im Rahmen der Parteianhörung nicht auf den Tatsachenvortrag der Parteien zu beschränken hat[31]. Der Richter zielt sowohl bei der Parteianhörung als auch bei der Parteivernehmung auf das Parteiwissen als Ganzes hin und richtet seine Fragen danach. Es ist ihm nicht möglich, die Befragung der Partei einmal so durchzuführen, daß sie nur zur Vervollständigung des Tatsachenvortrags, das andere Mal so, daß sie nur Beweiszwecken dienen kann[32]: Er fragt bei beiden nach den Tatsachen, die sich zugetragen haben. Damit wird bereits bei der Parteianhörung alles das von der Partei gesagt werden, worüber sie später als Beweismittel vernommen

---

[29] Vgl. Jansen, S. 26 ff.
[30] Wehmeier, S. 65; Schönke, DGWR 37, S. 354; Kralik, GZ 82, S. 230; Jansen, S. 30.
[31] Siehe oben 4.4.2.1.; Schönke, DGWR 37, S. 352; a. A. anscheinend Jansen, S. 24 und 26.
[32] Kralik, GZ 82, S. 230.

5.3. Kritik der gesetzlichen Regelung

wird[33]. Man muß insofern Gerland zustimmen, wenn er hervorhebt, daß ein inhaltlicher Unterschied zwischen den beiden Arten der Vernehmung nicht besteht: „Jede Vernehmung zur Ermittlung des Sachverhalts ist eine Vernehmung zu Beweiszwecken[34]."

Aber auch die Partei wird für den Unterschied ihrer uneidlichen Aussage von der schon unter Wahrheitspflicht in der mündlichen Verhandlung abgegebenen Erklärung wenig Verständnis aufbringen[35]. Sie macht ihre tatsächlichen Angaben, indem sie sich auf ihr eigenes subjektives Sachverhaltsbild stützt[36]. Läßt man zunächst die Möglichkeit der absichtlichen Verfälschung der Aussage außer Acht, so ist es offensichtlich, daß dieses Sachverhaltsbild während des gesamten Prozesses dasselbe ist, daß es zwischen mündlicher Verhandlung und Beweisaufnahme nicht variiert.

Wird nun die Naturpartei nach ihrem Wissen von einer Tatsache bzw. Tatsachenkomplex gefragt, so tut sie nichts anderes, als ihr Sachverhaltsbild wiederzugeben. Stützen sich aber ihre Aussagen bei der Parteianhörung und bei der Parteivernehmung auf dasselbe Sachverhaltsbild, und sieht man zunächst von einer absichtlichen Verfälschung ab, so werden sie sich weder inhaltlich noch in ihrer Form unterscheiden[37]. Überhaupt wird sich meistens die rechtsunkundige Partei nicht bewußt sein, daß sie in beiden Fällen unterschiedliche Ziele anstrebt. Sie spielt im Prozeß sicherlich zwei Rollen, sie spielt sie aber nicht nacheinander, sondern nebeneinander[38]. „Sie kann sie nur gleichzeitig spielen, wenn das Gesetz sie auch dazu verdammen will, jeweils eine der beiden zu unterdrücken[39]."

Zwischen der Parteiaussage während der Parteianhörung und jener bei der Parteivernehmung besteht also kein grundsätzlicher qualitativer Unterschied[40].

---

[33] Wehmeier, S. 65.
[34] Jud. III, Sp. 322. Vgl. Schönke, DGWR 37, S. 354; Krencker, S. 68. Charakteristisch ist die Meinung Baumbachs, Komm., 10. Aufl., 4 zu § 141 ZPO, daß die von § 141 ZPO vorgesehene Anhörung der Partei in Wahrheit auf eine Vernehmung hinauslaufe.
[35] Vater, DRiZ 1932, S. 83.
[36] Bruns, S. 138.
[37] So Raab, S. 52. Gibt man die Theorie der Willenserklärungen auf, so läßt sich auch der auf ihr basierende Unterschied der beiden Institute nicht aufrechterhalten. Vgl. auch J. Schmidt, S. 121.
[38] Wehmeier, S. 66.
[39] Kralik, GZ 82, S. 230.
[40] Raab, S. 54; Vater, DRiZ 1932, S. 83: „Es mag scharfsinnige Systematik sein, zwischen der Erklärung als mündliche Verhandlung und der Erklärung als Beweismittel zu unterscheiden."

5.3.2. Der faktische Einfluß der Parteianhörung auf die richterliche Überzeugungsbildung

Ebenso steril erweist sich die „chemisch reine"[41] Abgrenzung hinsichtlich des Einflusses auf die richterliche Überzeugungsbildung. Mußte nämlich in dieser Hinsicht der Parteianhörung während der dogmatischen Untersuchung jeglicher Eigenwert abgesprochen werden[42], so wird man seine Meinung ändern müssen, wenn man dazu die psychologischen Aspekte der Problematik mitberücksichtigt, eine Betrachtungsweise, welche bei einem vorwiegend psychologischen Vorgang wie bei der Bildung der richterlichen Überzeugung durchaus am Platze ist. Erst auf dieser Ebene entfaltet sich nicht nur der volle Wert der Parteianhörung im Rahmen der freien Beweiswürdigung, sondern auch ihre Ähnlichkeit mit der Parteivernehmung.

Diese Vermutung läßt sich bestätigen, wenn man den Werdegang der richterlichen Überzeugung aus psychologischer Sicht verfolgt.

Hat es der Richter in der Beweisaufnahme mit einem indirekten Beweismittel zu tun, d. h. einem Beweismittel, welches nur mittelbar „über Bewahrung und Auffassung des Eindrucks zurück auf die beweiserhebliche Tatsache"[43] weist wie die Parteivernehmung, so kann er das „Urteil" der jeweiligen Auskunftsperson nicht ohne eigenes Urteil über die Geeignetheit des Beweismittels übernehmen, da er nicht aufgrund eigener Wahrnehmung unmittelbare Kenntnis erlangt, sondern erst aus dem indirekten Beweismittel Schlüsse auf die unmittelbar relevante Tatsache ziehen kann. Macht also eine Partei eine Aussage des Inhalts A, so steht für den Richter zwar fest, daß sie diese gemacht hat und daß er ihren Sinn richtig verstanden hat, nicht aber, daß die Aussage den wirklichen Sachverhalt richtig wiedergibt[44]. Genau darüber muß sich nun der Richter ein eigenes Urteil bilden; er muß sich überzeugen.

Die „Folgerungsüberzeugung", eine bekundete Tatsache habe sich wirklich zugetragen, beruht also auf der „Anfangsüberzeugung" von der Richtigkeit der Aussage der Auskunftsperson, d. h. von der Überzeugung, daß der Aussagende den Sachverhalt exakt wahrgenommen hat und keiner Sinnestäuschung unterlegen ist, daß sein Gedächtnismaterial unverfälscht ist, daß er dafür die zutreffende Bezeichnung und den richtigen Ausdruck findet und daß er vor allem auch den Willen hat, wahrheitsgemäß auszusagen[45].

---

[41] Brüggemann, S. 383.
[42] Siehe oben 4.4.3.2.
[43] Bruns, S. 289.
[44] Bohne, S. 8.
[45] Ebenda; Kuchinke, Referat, S. 31; ders., Revisionsinstanz, S. 204; Döhring, Sachverhalt, S. 39, 95 ff.

5.3. Kritik der gesetzlichen Regelung

Für diese „Anfangsüberzeugung" und insbesondere für die Überprüfbarkeit der Glaubwürdigkeit der aussagenden Partei ist der Eindruck, den das Gericht von ihrer Person bei einer unmittelbaren Vernehmung gewinnt, ausschlaggebend. Es ist psychologisch bewiesen, daß das unmittelbare Anhören und Sehen der Partei die Bedingungen für das Nacherleben des Sachverhalts in ganz anderer, produktiver Weise auslöst, als das Durchlesen etwa eines Schriftstücks oder der Vortrag des Anwalts[46]. Ist aber diese unmittelbare Fühlungnahme des Gerichts mit der Partei für seine Anfangsüberzeugung von solch großer Bedeutung, so läßt dies zwei Interpretationen zu: Erstens, daß die Parteianhörung wegen ihrer Unmittelbarkeit ein besonders geeigneter Begleitumstand im Sinne des § 286 ZPO ist, daß sie also psychologisch viel wichtiger erscheint als die restlichen, während der gesamten Verhandlungen auftauchenden Umstände und zweitens, daß sie im Hinblick auf die Anfangsüberzeugung des Richters, trotz des entgegengesetzten Willens des Gesetzes, psychologisch mit der Parteivernehmung auf eine Stufe zu stellen ist. Denn für die Glaubwürdigkeitsüberzeugung des Gerichts ist, wie erwähnt, der Eindruck von der Persönlichkeit der aussagenden Partei maßgebend. Ist aber diese Unmittelbarkeit, „deren Wichtigkeit und Zweckmäßigkeit deshalb nicht genug betont werden kann"[47], der Parteivernehmung genauso immanent wie der Parteianhörung, so ist es evident, daß deren faktischer psychologischer Einfluß auf die Bildung der richterlichen Überzeugung auch identisch sein muß. Bedenkt man ferner, daß die Parteianhörung wegen der Subsidiarität der Parteivernehmung im allgemeinen vor dieser stattfindet, so liegt es nahe, daß der bei ihr gewonnene Eindruck des Gerichts für seine Überzeugung bereits entscheidend ist. Dies mag folgendes Beispiel verdeutlichen:

Man stelle sich eine Partei vor, die bei ihrer Anhörung in zahlreiche Widersprüche gerät, aufgestellte Behauptungen widerruft und neue aufstellt; wird sie nun durch die Fragen des Gerichts in die Enge getrieben und entscheidet sie sich schließlich unter dem Druck des Gerichts für ein bestimmtes Vorbringen, so ist es offensichtlich, daß ein solches Vorbringen keine Glaubwürdigkeit beanspruchen kann. Wenn diese Partei also auch bei ihrer Vernehmung diese Behauptung mit dem Anschein vollster Ehrlichkeit vorträgt, so würde derjenige, der behaupten würde, daß das Gericht sich doch von dem bei der Parteianhörung gewonnenen unglaubwürdigen Eindruck loslösen könne, eine Vogel-Strauß-Politik betreiben[48]. Ebensowenig wird sich der gute

---

[46] Levin, S. 132 f.; Krencker, S. 68; vgl. auch RG JW 12, S. 541.
[47] Levin, S. 135.
[48] Kralik, GZ 82, S. 230; Wehmeier, S. 66.

5. Das Verhältnis der Parteianhörung zur Parteivernehmung

Eindruck, den eine Partei bei ihrer Anhörung erweckt hat, selbst durch die glattesten Zeugenaussagen ganz verwischen lassen[49].

Der Gesetzgeber kann sich in den psychologischen Vorgang der richterlichen Überzeugungsbildung nur insofern einschalten, als er dem Richter genau vorschreibt, woher er nach § 286 ZPO den objektiven Befund, der für seine Überzeugung nötig ist, zu holen hat, und ihm dabei verbietet, seine Folgerungsüberzeugung direkt auf die Aussage einer Partei im Rahmen einer Parteianhörung zu stützen. Der Richter kann aber nicht daran gehindert werden, seine Anfangsüberzeugung über die Glaubwürdigkeit der Partei schon vor ihrer Vernehmung anhand der Parteianhörung zu bilden. Insofern muß man Kollroß Recht geben, wenn er ausführt, daß „eine Scheidung zwischen der informativen Befragung und der Vernehmung zu Beweiszwecken tatsächlich nicht besteht; die informative Befragung ist für die Beweiswürdigung bereits entscheidend"[50].

Wer dies leugnet, übersieht, daß selbst die Vorschrift des § 286 ZPO die freie Beweiswürdigung notwendigerweise nicht allein auf die objektiven Ergebnisse der Verhandlungen im weiteren Sinne stützt. Zu dem starken objektiven Befund, den der kritische Verstand des Richters erarbeitet hat, muß vielmehr die subjektive Gewißheit aus der Tiefe der Persönlichkeit des Richters hinzukommen[51]. Hierbei ist es wichtig, vor allem „den überragenden Anteil von Willensantrieben und Gefühlsbeeinflussungen und -begleitungen zu erkennen, die die Überzeugungsbildung ermöglichen, ja erzwingen, und die Evidenz oder Überzeugung als ein nicht dem rationalen Denken immanentes Kriterium zu erfassen, sondern als ein ganz überwiegend gefühlsbestimmtes seelisches Lusterlebnis der Widerspruchslosigkeit und Harmonie von eminent vitaler Bedeutung"[52].

Ist dieses Irrationale aber nicht ausschaltbar[53], so gewinnt das Nachtönen der Parteianhörung auf die richterliche Überzeugungsbil-

---

[49] Kralik, a.a.O.; Wehmeier, a.a.O.
[50] In ZJP 1937, S. 89 f. Vgl. Raab, S. 54: „Es kann danach auch keinen grundsätzlichen Unterschied machen, ob die Partei während der Parteivernehmung aussagt oder die Tatsachen in der mündlichen Verhandlung aufgefordert oder unaufgefordert vorträgt." Daß die Partei schon während der Parteianhörung das Gericht hinsichtlich des richtigen Sachverhalts irreführen kann, deutet nicht nur die Einführung der Wahrheitspflicht, sondern auch die Bestrafung wegen Prozeßbetrugs an. Näheres siehe unten 5.3.3.
[51] Döhring, Sachverhalt, S. 464.
[52] Bohne, S. 86. Vgl. auch Alb. Hellwig, Psychologie, S. 6: „Wir finden hier die alte Erfahrung bestätigt, daß Intellekt, Gefühl und Willen nur drei verschiedene Seiten eines Einheitlichen sind, daß es einen von dem Gefühl und dem Willen völlig losgelösten Intellekt ebensowenig gibt, wie einen vollkommen selbständigen Willen oder Gefühl."
[53] So Grunsky, S. 450, der mit Recht bemerkt, daß dieses Irrationale eine notwendige Bedingung für die freie Beweiswürdigung ist; Heinsheimer, S. 135 f.

dung, das Klein so früh erkannte[54], seine volle Geltung. Daß der Eindruck, den das Gericht schon bei der Anhörung der Partei gewonnen hat, dieses „Irrationale" leiten wird, ist eine Annahme, an deren Richtigkeit kaum noch gezweifelt werden kann[55]. Ebenso sicher ist, daß dementsprechend der Einfluß der Parteianhörung und der Parteivernehmung auf die richterliche Überzeugung seinem Wesen nach derselbe sein wird. Er kann nur derselbe sein, da er eine Folge der bei beiden Instituten gleichen Unmittelbarkeit ist. Deshalb ist jeder gesetzgeberische Versuch, hier unterscheidend einzugreifen, von vornherein zum Scheitern verurteilt: Der geschilderte Einfluß der Parteianhörung kann weder vom Gesetz noch von der Revision verhindert werden[56]. Diese Erkenntnis hat Franz Klein zum Ausdruck gebracht: „Die informative Vernehmung der Partei in der mündlichen Verhandlung und die Vernehmung zu Beweiszwecken sind begrifflich verschieden, das ist richtig, aber unter der Geltung der freien Beweiswürdigung läßt sich ersterer unmöglich aller Einfluß auf die Wahrheitsbeurteilung absprechen[57]."

5.3.3. Die Wahrheitspflicht

Nicht zuletzt steht die strenge Trennung zwischen Parteierklärung in der mündlichen Verhandlung und Parteiaussage in der Parteivernehmung „im innigen Zusammenhang mit der Frage der Wahrheitspflicht im Prozeß"[58]. Für unsere Untersuchung bedeutet dies, daß der Unterschied zwischen Parteianhörung und Parteivernehmung dann aufrechterhalten bleiben müßte, wenn auch die Wahrheitspflicht der Partei in diesen beiden Vernehmungsarten verschieden wäre[59].

Nun es ist richtig, daß die Wahrheitspflicht des § 138 ZPO lediglich die Anerkennung eines theoretischen Lehrsatzes darstellt[60], denn ihre

---

[54] Vorlesungen, S. 175; vgl. auch Vater, DRiZ 1932, S. 83.

[55] Diesen Einfluß schildert sehr treffend Arnold, DJZ 1935, Sp. 603, wenn auch bezüglich der Parteivernehmung; dasselbe gilt aber für die Parteianhörung.

[56] Letztere kann nur prüfen, ob die Überzeugungsbildung des Gerichts auf einer Verletzung logischer Gesetze beruht.

[57] Klein / Engel, S. 374. Dem scheint ein Teil der Rechtsprechung zu folgen; vgl. oben 4.4.3.2.

[58] Kollroß, ZJP 1937, S. 85 f.; J. Schmidt, S. 121.

[59] Schönke, DGWR 1937, S. 354.

[60] Siehe oben 4.4. Anm. 83. Bernhardt, JZ 1963, 246, hebt sie von ihrer Bedeutung für den Prozeßzweck ausgehend zum zwingenden Recht. So prägnant die neuen Ideen in seinen Ausführungen zum Ausdruck kommen mögen, so kann man es nicht vermeiden, bezüglich deren Verifizierung in der Praxis Bedenken anzumelden.
Nach v. Hippel, S. 443 und Grunsky, S. 181, ist sie ein fremder Körper in der ZPO; vgl. Bernhardt, JZ 1963, S. 246, der dann dem mit Recht entgegentritt (Aufklärung, S. 24) mit der Begründung, sie sei sogar die not-

Realisierung im Verfahren wird durch keinerlei Sanktionen gesichert[61]. Dies wird besonders deutlich, wenn man bedenkt, daß die ZPO anscheinend einen zweiten Grad der Wahrheitspflicht — die Abgrenzungslehre nennt diese „objektiv" im Gegensatz zur „subjektiven" Wahrheitspflicht des § 138 ZPO[62] — dann einführt, wenn die Partei gemäß §§ 445 ff. ZPO vernommen wird: Sie wird bereits vorher zur Wahrheit ermahnt und auf die drohende Beeidigungsmöglichkeit aufmerksam gemacht[63]. Ein dritter Grad der Wahrheitspflicht besteht schließlich für die beeidete Parteiaussage, der sich von den beiden früheren in der Strafverfolgung unterscheidet: Die falsche eidliche Aussage erfüllt den gesetzlichen Tatbestand des Meineides[64].

Dogmatisch scheint es also so, als müßte man eine „dreifache sich von Stufe zu Stufe steigernde Wahrheitspflicht"[65] anerkennen. Mag nun die „Wahrheit" eine Sache des jeweiligen Blickwinkels, also subjektiv bedingt sein, so ist sie im prozessualen Sinne ein ethischer Begriff von hohem Rang, ein „oberster Maßstab des Prozeßgesetzes"[66], der nur dann richtig begriffen werden kann, wenn man ihn als Gegensatz zur Lüge versteht. Diese Wahrheit kann aber nur eine sein; sie verträgt keine Steigerung, weil eine solche die Wahrheitspflicht gerade aufzuheben vermag[67].

Hinter der Steigerung der Wahrheitspflicht verbirgt sich zweifellos der Wille zur Unwahrheit, zur Anerkennung der Prozeßlüge. Nun mag diese während der liberalistischen Ära vielleicht akzeptabel gewesen sein, heute widerstrebt sie offensichtlich dem Willen des Gesetzes[68].

---

wendige Ergänzung der Verhandlungsmaxime; so auch Lent, JW 1933, S. 2675; Henckel, S. 146. Die von Wach, Grundfragen, S. 31 ff., demonstrierte Diskrepanz zwischen Wahrheitspflicht und Verhandlungsmaxime stellt eher eine Auswirkung liberalistischer Auffassung vom „geregelten Kampf" dar, als ein der Verhandlungsmaxime im Sinne Gönners immanentes Merkmal; vgl. Brüggemann, S. 274 f.

[61] Die Vorschläge Hildebrandts, S. 13 ff., sind deshalb von geringer Bedeutung, da die Feststellung der Unwahrheit praktisch die Beweisaufnahme voraussetzt, dann aber kein Anlaß mehr besteht, sich aus diesem Blickwinkel mit den unwahren Behauptungen zu befassen; vgl. Stein / Jonas, 3 a zu § 138 ZPO; Grunsky, S. 183. Anders wäre es, wenn auch in der Bundesrepublik Deutschland die Partei wegen „contempt of court" wie in Großbritannien bestraft werden könnte. Da es sich dort um eine richtige Strafe handelt, spielt der Zeitpunkt der Entdeckung der Unwahrheit keine Rolle.

[62] Siehe oben 5.2.1.
[63] Siehe oben 3.3.3. e).
[64] § 154 I StGB. Vgl. Schönke / Schröder, III 3 zu § 154.
[65] Kollroß, ZJP 1937, S. 88.
[66] Bernhardt, JZ 1963, S. 246.
[67] Kollroß, a.a.O.
[68] Vgl. die Eingangsworte zur Novelle 1933. a. A. Grunsky, S. 182, der die Unwahrheit einer der Partei sonst ungünstigen Behauptung für zulässig hält!

5.3. Kritik der gesetzlichen Regelung

Die von der Abgrenzungslehre gemachte Unterscheidung bezüglich der Wahrheitspflicht ist also hinfällig. Die Partei steht in ihrem gesamten mündlichen Verkehr mit dem Gericht, soweit sie Wissenserklärungen abgibt, unter dem Gebot derselben Wahrheitspflicht. Sie ist vom Anfang des Prozesses an zur objektiv wahren Aussage verpflichtet[69].

Gibt die Partei bei der Parteianhörung, ebenso wie bei ihrer Vernehmung, Wissenserklärungen über Tatsachen ab, so muß man die Partei beide Male der gleichen Wahrheitspflicht unterwerfen. Die Pflicht zur Wahrheit ist somit für die Parteianhörung wie für die Parteivernehmung die gleiche[70]. Diese wichtige Erkenntnis kommt in folgenden Worten Schoberlechners zum Ausdruck: „Es wäre auch nicht gerechtfertigt, die sogenannte informative Befragung etwa nur als eine erste, flüchtige, oberflächliche und bedeutungslose Vernehmung aufzufassen, im Gegensatz zu einer gründlichen und eingehenden Parteivernehmung zum Beweisen. Es wäre gefährlich und unzweckmäßig, eine solche Meinung auch nur bei den Parteien aufkommen zu lassen. Sie sollten es sich angewöhnen und mindestens als ihre ethische Pflicht fühlen, vor Gericht jederzeit die volle und ganze Wahrheit zu sagen. Sind sie nur einmal und auch nur bei der ersten informativen

---

[69] Dem kann nicht entgegenstehen, daß die Partei sich manchmal gehalten fühlen wird, bewußt Behauptungen aufzustellen, von deren Wahrheit sie nicht überzeugt ist (vgl. Raab, S. 55). Zum einen wurde aber schon wegen der Einführung des § 138 ZPO die Geltung der Behauptungslasttheorie überhaupt in Zweifel gezogen (repräsentativ Bernhardt, DJZ 1936, S. 1405; vgl. auch Baur, JZ 1969, S. 483), zum anderen ist dies für unsere Untersuchung nicht relevant, da die Naturpartei selbst bei der Parteianhörung keine Behauptungen aufstellt, eine „subjektive" Wahrheit also dort ebensowenig gefragt wird; vgl. oben 4.4.2.2.

a. M. Lent, JW 1933, S. 2675. Dem auf einer unter heutigen Gesichtspunkten wenig überzeugenden Auslegung des § 138 ZPO basierenden Unterscheidungsversuch Lents (siehe oben 5.2.1. am Ende) kann schon deshalb nicht zugestimmt werden, weil er von der überholten liberalistischen Auffassung des Zivilprozesses ausgehend seine Argumentation anscheinend auf die Vorstellung stützt, die Wahrheitspflicht existiere nur gegenüber dem „Gegner" und im Anschluß daran den Parteien Rechte einräumt, welche mit der sozialethischen Auffassung vom Prozeß nicht konform sind; er ignoriert ganz, daß die Pflicht des § 138 ZPO auch und vor allem gegenüber dem Gericht existiert (so das Vorwort zur Novelle 1933), steht aber auch sonst mit der gesetzgeberischen Vorstellung, die eher eine weite Auslegung des § 138 ZPO verlangt, in einem krassen Widerspruch. Vgl. hierzu Bernhardt, JZ 1963, S. 247; Hildebrandt, S. 11 ff.; Kollroß, ZJP 1937, S. 92; Baur, a.a.O.: „Wer sich darauf verläßt, daß der Prozeß nicht den wahren Sachverhalt zutage fördern werde, huldigt allemal einer Vogel-Strauß-Politik, in der man ihn staatlicherseits nicht bestärken sollte."

[70] Schönke, DGWR 1937, S. 354; Brüggemann, S. 383; Wehmeier, S. 67. Die Forderung Hendel/Rintelens, Jud. V, Sp. 18, daß die Parteianhörung auch äußerlich von der Vernehmung erkennbar geschieden werden muß, damit die Parteien wissen, ab wann sie mit den Folgen einer wahrheitswidrigen Aussage zu rechnen haben, ist insofern unbegründet; vgl. Lent/Jauernig, S. 183.

5. Das Verhältnis der Parteianhörung zur Parteivernehmung

Auskunft von der Wahrheit abgewichen, so ist das immer schon bedenklich; es macht ihre Beweisaussage befangen, und es macht dieselbe objektiv minderwertig. Es hindert aber auch eine gradlinige Wahrheitsfeststellung, eine kurze und gedeihliche Prozeßführung, verwirkt und kompliziert dieselbe[71]."

Dafür, daß der Partei während der Parteianhörung die gleichen Wahrheitsansprüche wie bei ihrer Vernehmung gestellt werden müssen, könnte nicht zuletzt als Beweis aufgeführt werden, daß ihre bewußt falsche Aussage in beiden Fällen mit der gleichen Strafe verfolgt wird: Sowohl bei der Parteianhörung als auch bei der Parteivernehmung droht eine Bestrafung wegen Prozeßbetrugs[72]. Dieses Argument wird dadurch bekräftigt, wenn man die strafrechtliche Entwicklung verfolgt. Die strafrechtliche Judikatur ist nämlich erst nach Einführung der Wahrheitspflicht und im Anschluß daran dazu übergegangen, die falschen einfachen Parteierklärungen unter dem Tatbestand des Prozeßbetrugs zu subsumieren[73].

Der Schluß, das Gesetz bekenne sich zu einer dreistufigen Wahrheitspflicht, stützt sich deshalb auf Argumente oberflächlicher Natur, da diese Unterscheidung mit einer verschiedenartigen Strafandrohung nicht konkurriert, in der Praxis also undurchführbar ist[74].

Auch bezüglich der Wahrheitspflicht besteht demzufolge keinerlei Unterschied zwischen der Parteianhörung und der Parteivernehmung.

5.3.4. Die Parteianhörung als Wahrheitserforschungsmittel

Die vorausgegangene Untersuchung hat gezeigt, daß die Abgrenzung der Parteianhörung von der Parteivernehmung weder auf einem inhaltlichen Unterschied der Parteiaussagen noch auf einem unterschiedlichen Einfluß auf die richterliche Überzeugungsbildung, ebensowenig wie auf einer verschiedenartigen Wahrheitspflicht bzw. Strafandrohung basiere.

Besteht aber in allen diesen wichtigen Punkten überhaupt kein Unterschied, so erscheint die Abgrenzungslehre als das Resultat begriffsjuristischer Erwägungen. „Läßt sich auch der vom Gesetz gewollte Unterschied zwischen informativer Befragung und Vernehmung der Parteien bis in die äußerste Konsequenz theoretisch ausarbeiten, so bleibt er doch nur ein schulmäßiger, ein konstruierter[75]." Tatsächlich

---
[71] GZ 1911, S. 156.
[72] Siehe oben 3.4.1.; vgl. auch Henckel, S. 14 f.
[73] Vgl. Brüggemann, S. 65; Koffka, ZStW 54, S. 45 ff.
[74] Schönke, DGWR 1937, S. 353; Wehmeier, S. 67.
[75] Kralik, GZ 82, S. 230; vgl. auch J. Schmidt, S. 121; Bernhardt, Aufklärung, S. 41.

5.3. Kritik der gesetzlichen Regelung

scheint die herrschende Abgrenzungslehre, und somit die vom Gesetz beabsichtigte Unterscheidung nur im begrifflichen Bereich ihre Bestätigung zu finden.

Vom funktionellen Standpunkt aus befriedigt der Abgrenzungsversuch wenig, da es bei der Parteianhörung ebenso wie bei der Parteivernehmung in Wirklichkeit weithin darum geht, die objektive Wahrheit zu erforschen[76]. Dann erscheint aber die Parteianhörung als ein Mittel zur Feststellung der Wahrheit und das als eine Folge der unmittelbaren Verhandlung mit den Parteien als solcher. Es ist früh erkannt worden, daß der innere Wahrheitsgehalt einer Parteidarstellung, die „Logik der Tatsachen"[77] und eine aufmerksame Beobachtung des Verhaltens der Partei während ihrer Befragung, Indizien von erheblichem Gewicht für die Wahrheitserforschung beizubringen vermögen[78]. Aufgrund ihrer psychologischen Eigenart stellt also die Parteianhörung ein recht adäquates Mittel dar, um die Partei im Wege direkter Einflußnahme zur Wahrhaftigkeit zu zwingen[79]. Denn vor dem erkennenden Gericht und in Gegenwart und unter steter Kontrolle des Gegners wird manche Partei sich eher hüten, die Unwahrheit zu sagen[80]. Vor allem aber pflegt die Lüge von Angesicht zu Angesicht meist rasch widerlegt zu werden[81].

Diese Erfahrung, die gerade in der geschichtlichen Entwicklung zur para-beweismäßigen Anwendung der Parteianhörung vor der Einführung der Parteivernehmung im Jahre 1933 geführt hat[82], beansprucht heute immer noch ihre Richtigkeit; und dies um so mehr, als die Partei heute vom Anfang des Prozesses an einer Pflicht zur objektiven Aufklärung unterworfen ist[83].

Handelt es sich bei der Parteianhörung aber ebenso um den Versuch einer objektiven Wahrheitsermittlung wie bei der Parteivernehmung, strebt man also hier wie dort im Grunde dasselbe „Ziel" an, so wirft sich zwangsläufig die Frage auf, ob sich denn der vom Gesetz gemachte Unterschied überhaupt noch aufrechterhalten läßt. Auf diese Frage gilt es, mit Gerland zu antworten: „Wie mir bedünken will, nein! Denn

---

[76] Krencker, S. 68; Bernhardt, Aufklärung, S. 41; v. Hippel, S. 249; wohl auch Baur, JZ 1969, S. 483. Dies müssen auch die Anhänger der Abgrenzungslehre eingestehen: vgl. Hendel / Rintelen, Jud. V, Anm. 38; Jansen, S. 25; Glücklich, S. 200.
[77] Hande zitiert nach Raab, Anm. 193.
[78] Brüggemann, S. 381.
[79] Krencker, S. 68.
[80] Jansen, S. 25; Glücklich, S. 200; Brüggemann, S. 381; Münzel, DRiZ 1934, S. 175.
[81] Jansen, S. 25; Staud, DJ 1933, S. 810.
[82] Brüggemann, S. 382; siehe auch oben 4.2.2.
[83] von Hippel, S. 250.

letzten Endes besteht inhaltlich, also funktionell, zwischen beiden Vernehmungsarten gar kein Unterschied: jede Vernehmung zur Ermittlung des Sachverhalts ist eine Vernehmung zu Beweiszwecken[84]."

Die Parteianhörung steht also praktisch neben der Parteivernehmung. Sie kann funktionell durchaus dasselbe wie jene leisten, und sie leistet es faktisch auch[85]. Dies muß auch der allgemeinen Auffassung in der Praxis entsprechen, denn sonst hätte die Frage nach der Würdigung des Nichterscheinens bzw. Nichteinlassens und des persönlichen Eindrucks der Partei im Grunde überhaupt nicht einmal aufgeworfen werden können[86].

5.3.5. Zur Psychologie der Parteiaussage

Gegen die funktionelle Gleichstellung ließen sich ohnehin Bedenken anmelden mit der Begründung, der vom Gesetz gemachte Unterschied möge berechtigt sein, weil er den Richter insofern vor Überlastung bei der freien Beweiswürdigung bewahre, als die Formlosigkeit der Parteianhörung für einen erhöhten Wahrheitsgehalt der Aussage nicht bürgen könne, während dagegen die größere Solemnität (Beweisbeschluß, Wahrheitsermahnung und Eidesbelehrung) sowie die stärkere Sanktion (Protokollierung, Beeidigungsmöglichkeit) der Parteivernehmung gerade diesen höheren Erkenntniswert verleihen[87].

Diese Argumentation muß zunächst deshalb in Zweifel gezogen werden, weil es in einem System, in dem der Grundsatz der freien Beweiswürdigung anerkannt ist, Sache des Richters ist, den Erkenntniswert jedes Beweismittels zu würdigen. In der Unterscheidung der Parteianhörung von der Parteivernehmung könnte so eventuell eine gesetzliche Beweisregel gesehen werden, die den Richter zwingt, der Parteivernehmung höheren Wert beizumessen als der Parteianhörung. Abgesehen davon aber läßt sich diese Argumentation erst recht widerlegen, wenn man die Psychologie der Parteiaussage untersucht. Dies sollen folgende Ausführungen klarstellen.

Liegt eine falsche Aussage im Prozeß vor, so wird sie psychologisch von der Aussagekunde[88] als zu einer der folgenden drei Gattungen gehörend qualifiziert: Sie wird entweder eine irrtümliche oder eine „blinde" Aussage[89] oder schließlich eine Lüge sein. Davon beruhen die

---

[84] Jud. III, Sp. 322.

[85] Vgl. R. Schmidt, JW 1913, S. 776: „... die informative Befragung leistet bei uns dasselbe wie die Parteivernehmung."

[86] Levin, S. 135.

[87] von Hippel, S. 250; Brüggemann, S. 383; Raab, S. 54.

[88] Darüber und zum folgenden siehe Seelig, S. 101 ff.

[89] So wird die „fahrlässig" irrtümliche Aussage charakterisiert, die somit den Übergang zwischen Lüge und bloßer irrtümlicher Aussage bildet. Vgl. Seelig, S. 101 f.

5.3. Kritik der gesetzlichen Regelung

beiden ersten auf einer Fülle von möglichen Fehlerquellen, die auch bei vollster Aufrichtigkeit in den verschiedensten Entwicklungsstufen der Aussage (Wahrnehmung, Verarbeitung des Wahrgenommenen, Einprägung, Erinnerung, Verarbeitung des Erinnerten, Befragtwerden, sprachlicher Ausdruck) dem Bewußtsein des Aussagenden unbemerkbar unterlaufen[90]. Es handelt sich dabei um gutgläubige Aussagefehler, die jeder Aussage dieser Art immanent sind und welche vom Richter nur durch aufmerksame und geschickte Vernehmung entdeckt und ausgeschaltet werden können. Diesbezüglich wäre die Ausübung jedes Einflusses auf die Partei, welcher sie veranlassen könnte, ihren Irrtum aufzugeben oder diesen Fehler zu beheben, völlig zwecklos, da sie in der Überzeugung aussagt, ihre Aussage sei vollkommen richtig.

Was nun die dritte Gattung betrifft, die Lüge, so muß auch bei ihr zwischen Zwecklügen, triebhaft-ausweichenden, phantastischen und konventionellen Lügen unterschieden werden[91]. Davon werden die drei letztgenannten vornehmlich von unbewußten Trieben und anscheinend ohne damit verbundenem Zweck motiviert. Auch diese sind dann im Wege direkter Einflußnahme des Gerichts oder durch Zwangsmaßnahmen nicht zu verhindern, da dabei die vor jeder Lüge unvermeidliche Hemmungsüberwindung sich im Unterbewußtsein des Aussagenden abspielt, also keine bemerkbaren Unlustgefühle auslöst, die durch Maßnahmen gestärkt werden könnten.

Im Gegensatz dazu werden die für den Prozeß viel interessanteren und insgesamt eher gefährlichen Zwecklügen als ein Mittel gebraucht, um einen bewußt vorgestellten Zweck zu erreichen; sie sind im Prozeß zumeist negativ-altruistischer Natur, da sie den Schaden des Gegners beabsichtigen[92]. Bei diesen löst dagegen die zur Lüge notwendig vorausgesetzte Hemmungsüberwindung beim Aussagenden im Normalfall starke Unlustgefühle aus.

Diese Unlustgefühle und somit die Hemmungen, die zum Zustandekommen einer Lüge überwunden werden müssen, lassen sich zweifellos verstärken, wenn man der Partei klarmacht, daß sie durch ihre lügenhafte Aussage ein Verbrechen begeht, wofür sie möglicherweise bestraft werden kann[93]. Dies wird im Prozeß dadurch erreicht, daß man für die Beweisaussage die Beeidigungsmöglichkeit vorsieht und die falsche eidliche Aussage wegen Meineids bestraft.

---

[90] Eine vorbildliche Behandlung dieses Fragenkomplexes findet sich bei Seelig, S. 115 ff. Vgl. auch Bruns, S. 289.
[91] Seelig, S. 100.
[92] Ebenda.
[93] Siehe Seelig, S. 103.

5. Das Verhältnis der Parteianhörung zur Parteivernehmung

Nun weist die Parteivernehmung nicht nur diese Möglichkeit auf, sondern ist auch mit all den Formalitäten versehen, deren Funktion es ist, die Partei von der Lüge abzuschrecken. Nicht nur soll ihr also der Beweisbeschluß die ernste Lage deutlich machen; vielmehr soll sie der Richter auf die Folgen eines Meineids aufmerksam machen und sie zur Wahrheit ermahnen.

Nach dem Ausgeführten müßte man annehmen, daß die Parteivernehmung gegenüber der Parteianhörung doch eine höhere Wahrheitsgarantie aufweisen kann. Denn letztere verfügt nicht über eine Beeidigungsmöglichkeit.

Tatsächlich hat die Parteivernehmung in dieser Hinsicht diese Vorteile. Bei näherer Betrachtung läßt sich aber nachweisen, daß der Gesetzgeber auch in diesen wenigen Fällen, in welchen die Verfälschung der Aussage auf einer Zwecklüge basiert, die diesbezüglichen Vorteile der Parteivernehmung durch die weitere Ausgestaltung dieses Instituts selbst gemindert hat.

Er hat mit der Anerkennung des Subsidiaritätsgrundsatzes für die Parteivernehmung die Eidesandrohung an das Ende des Verfahrens gesetzt. Die Partei aber, welche schon während der Parteianhörung gelogen hat, vor der Lüge also nicht zurückschreckt, wird höchstwahrscheinlich den Weg zur Wahrheit nicht zurückfinden können, wenn dann die Eidesandrohung am Ende des Verfahrens vor sie tritt[94]. Hat sie einmal gelogen, „so tritt zu dem Umstand, der sie zur ersten Lüge veranlaßt hat, zu dem Wunsch nach Prozeßerfolg, ein neuer Umstand hinzu, der Wunsch, sich nicht untreu zu werden, sich nicht als Lügner hinzustellen"[95]. In diesem Fall handelt es sich aber nicht mehr um eine Zwecklüge, sondern vielmehr um eine triebhaft-ausweichende Lüge: Im Augenblick des Antwortgebensollens wird infolge Unlustbetonung der Situation, die durch die wahrheitsgemäße Aussage entstehen würde, das Zustandekommen dieser Aussage gehemmt und die lügenhafte Antwort an ihre Stelle gesetzt, ohne daß ein damit verbundener Zweck bewußt vorgestellt wird. Die Lüge erscheint hier als eine triebmäßige Reaktion auf das Erfassen der drohenden Unlustsituation[96].

Dieser Wandel führt nun dazu, daß die durch die Eidesandrohung auszusetzende Hemmungsverstärkung bei der Partei meistens eliminiert wird. Die Eidesandrohung löst so nicht in jedem Falle die Wirkung aus, die auszulösen sie bestimmt ist, weil die Androhung wegen des Subsidiaritätsgrundsatzes eben zu spät kommt[97]. Die Regel, die Eidesandrohung und die sich daraus ergebende Formalität einer Verneh-

---
[94] Kollroß, ZJP 1937, S. 89.
[95] Kralik, GZ 82, S. 231; Wehmeier, S. 68.
[96] Seelig, S. 100 (Nr. 2).
[97] Wehmeier, a.a.O.; vgl. Brüggemann, S. 383.

mung steigere den Wahrheitsgehalt der Aussage, wird also für die unpräjudizierte Zeugenaussage ihre Richtigkeit mit Erfolg beanspruchen können. Anders ist der Fall bei der Parteivernehmung: Ihr Wahrheitsgehalt wird von der vorausgegangenen Parteianhörung in großem Maße präjudiziert; der Subsidiaritätsgrundsatz und der „sonderbare Parallelismus" vernichten somit die günstigen Auswirkungen der Eidesandrohung bei der Parteivernehmung.

Mit Recht wurde deshalb bemerkt, daß die Eidesandrohung in einem auf Feststellung der Wahrheit abzielenden Prozeß schon vor das erste Wort der Partei in der Verhandlung gehört[98]. Denn psychologisch ist für die Partei diese eine Stufe bedeutsam: Die zwischen der schriftlichen und der mündlichen Erklärung. Der Partei wird es leichter fallen, ihrem Prozeßbevollmächtigten lügenhafte Informationen zu geben, um auf diesem Umweg der schriftlichen Schilderung des Sachverhalts die gewünschte Färbung zu verleihen; der alte Satz, daß das Papier nicht errötet und geduldig ist, enthält eine tiefe Weisheit[99]. Viel schwerer wird es der Partei fallen, dem Gericht Auge in Auge gegenüberstehend lügenhafte Aussagen zu machen. Es gilt in diesem entscheidenden Moment, wenn überhaupt, ihre Hemmungen durch die Eidesandrohung zu bekräftigen. Hat sie es dagegen fertiggebracht, auch dann ihre Hemmungen zu überwinden, so ist kaum anzunehmen, daß sie sich wieder im Laufe des Prozesses zur Wahrheit bekennen wird, zumal die Vernehmungskunde bewiesen hat, daß selbst der erfahrendste Richter kein sicheres Kriterium hat, um die Lüge zu erkennen, daß die vorsätzlich lügende Partei gute Aussicht hat, ihn durch geschicktes Verhalten zu täuschen[100].

Auch bezüglich der Steigerung des Wahrheitsgehalts der Parteiaussage weist also die Parteivernehmung gegenüber der Parteianhörung keine besondere Sicherheit auf[101]. Nicht nur, weil, wie ausgeführt, die Verfälschung der Parteiaussage in den meisten Fällen auf sonstige Gründe, die jeder Aussage dieser Art immanent sind, zurückzuführen ist, sondern vor allem, weil sie selbst die Zwecklügen nicht vermeiden kann. Nach der heutigen Regelung bietet sich dem Richter keine andere Möglichkeit, die Partei zur Wahrheit zu zwingen, als der direkte, per-

---

[98] Kralik, GZ 82, S. 231; Wehmeier, S. 68; wohl auch Kollroß, ZJP 1937, S. 89.
[99] Zur Beseitigung dieser Verfälschungsquelle schlägt Baur, JZ 1969, S. 483, die Einführung der englischen cross-examination durch die Anwälte am Anfang des Prozesses vor; vgl. Bruns, S. 112.
[100] In solchen Fällen kann man Ostermeyer, MDR 64, S. 976, darin zustimmen, daß die beschworene Aussage nicht mehr wert als eine einfache ist. Daher wird auch in der Praxis von der Beeidigungsmöglichkeit oft kein Gebrauch gemacht; vgl. J. Schmidt, S. 122.
[101] a. M. Eike Schmidt, S. 41, der deswegen für die Abgrenzung eintritt.

sönliche Gedankenaustausch, „der — unabhängig von jeder eidlichen Versicherung — rein menschlich die Wahrheit fördert und die Lüge erschwert"[102].

Diese Möglichkeit bietet ihm aber die Parteianhörung ebenso wie die Parteivernehmung, die somit auch in diesem Punkt gleichgestellt werden sollen. Die Parteianhörung hat insofern wegen ihrer Flexibilität und Formlosigkeit und vor allem ihrer dem freien Ermessen des Gerichts überlassenen Anordnung sogar mehr als die Parteivernehmung anzubieten[103], da sie den Wissensfundus der Partei zum günstigsten Zeitpunkt ans Licht bringt: Am Anfang des Prozesses[104].

5.3.6. Die gesetzliche Regelung stützt sich auf eine verfehlte rechtspolitische Entscheidung

Die bisherigen Ausführungen dürften genügen, um zu zeigen, daß trotz der scharfen, vom Gesetzgeber in Anlehnung an die Abgrenzungslehre gemachten Unterscheidung, eine vom funktionellen Standpunkt aus gerechtfertigte Grenze zwischen den beiden Vernehmungsarten gar nicht gezogen werden kann. Denn weder kann die Partei ihre beiden Rollen im Prozeß getrennt spielen, noch wird der Richter hier die eine Aussage zur Information über den Sachverhalt, dort die andere zum Beweis benutzen. Dies ist zum einen psychologisch nicht möglich, zum anderen nicht nötig: Aus einer und derselben Parteiaussage kann der Richter zugleich Elemente gewinnen, die je nach Lage des Prozesses zur Vervollständigung des Vortrags der Partei oder zum Beweis dieses Vortrags gebraucht werden[105]. Daß dies möglich ist, müssen unsere rechtsvergleichenden Betrachtungen bestätigt haben.

Die Abgrenzungslehre, möge sie dogmatisch noch so richtig sein, kann also dem Vorwurf einer rein begriffsjuristischen Konstruktion nicht entkommen. Sie ist faktisch nicht verifizierbar. Und der Gesetzgeber, der die gesetzliche Regelung so offensichtlich auf sie gestützt hat, hat somit eine verfehlte rechtspolitische Entscheidung getroffen:

---

[102] Kollroß, ZJP 1937, S. 91.

[103] Brüggemann, S. 382: „Darin berührt sie sich mit der Vernehmung des § 448, nur daß sie der Gewinnung der übrigen Beweisergebnisse vorangehen darf und der größeren Gehaltenheit in Form und Sanktion entbehrt. Sie wird mithin in noch höherem Grade glaubhaft sein müssen als die ‚auffüllende' Parteiaussage nach § 448, wenn auf diese soll verzichtet werden dürfen." Vgl. Baur, a.a.O.

[104] Rosenberg, ZZP 57, S. 331.

[105] Vgl. R. Schmidt, JW 1913, S. 764: „Denn die Parteiaussage kann sowohl zur Ergänzung und Kontrolle der einführenden Sachdarstellungen der Parteien verwendet werden, die den Tatsachenstoff nur ausbreiten und in die Antretung der Beweise übergehen, als auch andererseits zur Vervollständigung oder direkt zum Ersatz der Beweisakte selbst insbesondere der Zeugenaussage."

Er hat einen aus keinem Gesichtspunkt gerechtfertigten „sonderbaren Parallelismus" geschaffen, der dem Richter nebeneinander die Möglichkeit gibt, „erstens unter Strafdruck ‚das persönliche Erscheinen einer Partei zur Aufklärung des Sachverhalts anzuordnen' (§ 141 ZPO) und, zweitens, auf Grund des neuen Titels ‚Beweis durch Parteivernehmung' (§ 445 ff. ZPO) *ganz das Gleiche noch einmal zu tun*"[106].

Die obigen Ausführungen zum Subsidiaritätsgrundsatz, worauf letzten Endes die Abgrenzung auch beruht, haben gezeigt, daß der Gesetzgeber mit dieser seiner Entscheidung nicht nur der Wahrheit einen zu bezweifelnden Dienst geleistet, sondern auch der Prozeßökonomie, diese für heutige Verhältnisse so wichtige Maxime, keine Rechnung getragen hat, wenn er den Richter zwingt, einen und denselben Vorgang zu wiederholen, ohne daß dafür genügende Gründe bestünden.

Was hat aber den Gesetzgeber veranlaßt, diese hinsichtlich der zugrundeliegenden Interessenwertung verfehlte Entscheidung zu treffen? Die Gründe dafür sind in der Entwicklungsgeschichte der Parteivernehmung zu finden.

Man hat mit Recht bemerkt, daß jede Kodifikation im Bereich des Rechtes unvermeidlich das Gedankengut einer abgeschlossenen geistigen Ära in sich birgt[107]. Ein gutes Beispiel hierfür bietet die Novelle 1933. Durch sie übernahm der Gesetzgeber — ob bewußt oder unbewußt spielt keine Rolle — die vom Liberalismus für das Verhältnis der Parteierklärungen zum gestabten Parteieid entwickelte Abgrenzungslehre auch für das künftige Verhältnis der Parteianhörung zur Parteivernehmung.

Was den Subsidiaritätsgrundsatz betrifft, so ist es begreiflich, daß man die Entscheidung des Rechtsstreits durch den Parteieid nur subsidiär eintreten lassen wollte, „liegt doch darin ein Verzicht des Gerichts auf eigene Wahrheitserforschung und Urteilsbildung"[108]. Zu Unrecht wurde aber das Mißtrauen, das gegenüber dem Parteieid zu Recht bestand, auch gegen dessen Nachfolgerin, die Parteivernehmung, zum Ausdruck gebracht. Da diese nicht durch bindende Beweiskraft den Prozeß entscheidet, sondern als ein den anderen gleichgesetztes Beweismittel in die Hand des Gerichts gestellt wurde, ist ihre Subsidiarität

---

[106] von Hippel, S. 249; vgl. Hegler, Jud. V, Sp. 373, der dort die Meinung vertritt, daß das Vorgehen nach § 141 ZPO dazu führen könne, daß der Richter sich schon aufgrund desselben ein Bild des Sachverhalts mache, „das er dem Urteil zugrundelegen kann, so daß dasselbe für eine Beweisaufnahme sozusagen vikariiert".
[107] Vgl. Wieacker, S. 478; Spohr, S. 203 f.
[108] Kollroß, ZJP 1937, S. 94.

innerlich nicht gerechtfertigt[109]; der Grundsatz der Subsidiarität ist also nicht aus Zweckmäßigkeitsgründen, sondern nur aus der Erinnerung an den Parteieid zu verstehen[110].

Ähnliches gilt für die Unterscheidung der Parteivernehmung von der Parteianhörung, für welche der Subsidiaritätsgrundsatz zweifellos einen großen Teil der Verantwortung trägt[111]. Auch diese Abgrenzung hat ihre Wurzel im alten Parteieid; denn dieser entschied den Prozeß und alles, was vorher vorgebracht wurde, wurde dadurch gegenstandslos. Zwischen dieser bindenden Aussage der Partei und ihren sonstigen Erklärungen im Prozeß mußte und konnte eine Grenze gezogen werden: Dies gab überhaupt den Anlaß zur Entwicklung der Theorie der Willenserklärungen[112]. Ist hingegen der Eid beseitigt und an seine Stelle die frei zu würdigende Parteivernehmung gesetzt, so ist dadurch rechtspolitisch die Entscheidung getroffen, daß auch die bloßen Parteiaussagen Beweiswert erlangen können und damit die Regel „nemo testis in re sua esse debet" abgeschafft ist[113]. Dann entfällt aber die Notwendigkeit, ja überhaupt der letzte Grund, die Parteiaussage verschieden zu behandeln, je nachdem, ob sie vor Fassung des Beweisbeschlusses, vor der Beeidigung oder gar nach ihr abgelegt wird. „Es ist nicht einzusehen, warum die Aussage derselben Person in verschiedenen Prozeßstadien eine verschiedene Bedeutung haben soll, warum sie nicht vielmehr gemäß den sonstigen Lebenserfahrungen als einheitlicher Wissens- und Willensausdruck einer einheitlichen Person aufgefaßt werden soll, der man entweder glaubt oder nicht glaubt[114]."

Der deutsche Gesetzgeber hat die nach englischem Vorbild ausgestaltete österreichische Parteivernehmung mit kleinen Änderungen übernommen, ohne dabei zu beachten, daß deren Vorfahren, das englische „interrogatory on facts", doch auch im deutschen Recht in Form der Parteianhörung schon existierte, und daß zwischen dieser und der Parteivernehmung nur die rechtspolitische Entscheidung zur Abschaffung der erwähnten Regel „nemo testis in re sua esse debet" stünde. Diese Institute mußten aber aus diesen Gründen, wenn auch infolge des anderen historischen Werdegangs in äußerlich ein wenig unterschiedlicher Form, beide dasselbe bringen[115]: Sie sind „das getreue Spiegel-

---

[109] Rosenberg, ZZP 57, S. 331.
[110] Kollroß, ZJP 1937, S. 94; Wehmeier, S. 69.
[111] Viel hat dazu zweifellos die scharfe Trennung der mündlichen Verhandlung von der Beweisaufnahme beigetragen. Das Problem erörtert ausführlich Fezer. Siehe auch Baumann / Fezer, S. 10 ff.
[112] Siehe oben 4.4.2.2., Anm. 125.
[113] Cappelletti, II, S. 646.
[114] Kollroß, ZJP 1937, S. 95.
[115] Kralik, GZ 82, S. 232.

bild verschiedener Entwicklungsstufen der Nutzbarmachung des Parteiwissens für die Erforschung des richtigen Sachverhalts"[116].

Wäre sich der Gesetzgeber dessen bewußt gewesen und hätte er sich von der geschichtlichen Bindung loslösen und die Vernehmung der Parteien rein rational regeln können, so hätte die Novelle 1933 zweifellos einen ganz anderen Inhalt[117]. Denn gerade durch die Einführung der Parteivernehmung in Verbindung mit der Wahrheits- und Vollständigkeitspflicht hat er seinen Willen zum Ausdruck gebracht, die Parteiaussagen bekämen von nun an Beweiswert, und die erweiterte Auslegung des § 286 ZPO insofern gebilligt. Damit hat er aber zugleich das einzige Hindernis abgeschafft, welches bis dahin die beweismäßige Anwendung der Parteianhörung verhinderte und auf diese Weise der von ihm übernommenen Abgrenzungslehre den Boden entzogen.

5.4. Die strukturelle Abgrenzung und die Rechtsprechung

Es ist verständlich, daß eine Kritik an der funktionellen Abgrenzung des Gesetzes nicht leicht gewesen ist; man hat gegen die Tradition kämpfen müssen. Erst in der Praxis verliert die gesetzliche Trennung jede Bedeutung[118]. Die Gerichte scheinen nämlich die Bilanz aus der hier gemachten Erkenntnis schon längst gezogen zu haben.

Das Bewußtsein vom Wert des unmittelbaren Kontakts mit den Naturparteien einerseits[119], die unnötigen Formalitäten, welche die Anordnung der Parteivernehmung so sehr erschweren oder sogar manchmal ausschließen andererseits, haben die unteren Gerichte dazu bewegt, „sich freimütig und nachhaltig über den erkennbaren Sinn des Gesetzes hinwegsetzend"[120], zur formlosen Parteianhörung zu greifen und diese zu Beweiszwecken zu benutzen in der Überzeugung, daß sie doch dasselbe wie die Parteivernehmung leiste[121]. Diese Praxis der unteren Gerichte, die durch zahlreiche Revisionen bestätigt wird[122], bedeutet aber eine direkte contra legem Auslegung der entsprechenden

---
[116] Nagel, Grundzüge, S. 304.
[117] Vgl. Kollroß, ZJP 1937, S. 84 f.
[118] J. Schmidt, S. 123 (Anm. 235); Nikisch, S. 357; Bernhardt, Aufklärung, S. 41; Schönke, ZZP 61, S. 29 f.
[119] Eine sehr interessante Frage wäre diesbezüglich die Überprüfung des Unmittelbarkeits- und des Mündlichkeitsprinzips. Aus Gründen der Arbeitsökonomie sieht sich jedoch der Verf. hier gezwungen, die entsprechende Wertung der ZPO auf „axiomatische" Weise zu übernehmen; vgl. dazu Grunsky, S. 213 ff.; Ott, Allg. öGZ 1894, S. 402 f.; Fezer, S. 30 ff.
[120] Zippelius, S. 92.
[121] Vgl. Fasching, Komm., vor § 371 öZPO; Baur, JZ 1969, S. 483: „... viele Richter machen davon auch einen wirksamen Gebrauch."
[122] Vgl. etwa BGH NJW 1969, S. 428; MDR 1967, S. 834 = LM Nr. 3 zu § 141 ZPO. Charakteristisch OLG Düsseldorf, MDR 1964, S. 685: „Hierbei kommt es entscheidend darauf an, ob das Gericht die Bekundung der

5. Das Verhältnis der Parteianhörung zur Parteivernehmung

Vorschriften, welche eine Fülle von Konflikten auslösen kann, da die Parteianhörung bei der heutigen Regelung der Parteivernehmung doch verfahrensmäßig nicht in allen Punkten gleichgestellt werden kann. Man denke etwa an die Protokollierungspflicht und vor allem an die Beweisgebühr, die beide nur für die Parteivernehmung vorgesehen sind. Fehlende Protokollierung einer Aussage, die als Beweis verwertet wird, bedeutet Unmöglichkeit der Nachprüfbarkeit der Beweiswürdigung seitens der Revision. Wird die Beweisgebühr bei Verwertung der Aussage zu Beweiszwecken nicht bewilligt, so muß das Gericht mit der Unzufriedenheit der Rechtsanwälte rechnen.

Die Revision, die mit Recht diese Praxis nicht billigt, hat dasselbe Ergebnis zu erreichen versucht, nicht durch den direkten Ersatz der Parteivernehmung durch die Parteianhörung, sondern durch eine eigene Konstruktion, welche zwar nicht die Einfachheit der ersten Lösung aufweist, doch aber Konflikte der oben geschilderten Art und Meinungsverschiedenheiten möglichst vermeidet. Sie ist nämlich dazu übergegangen, die Vorschriften der Parteivernehmung, die als eine ungerechtfertigte Behinderung der Sachverhaltserforschung empfunden wurden, zu entschärfen, womit sie von sich aus die oben konstatierten Mängel des Gesetzes auf eine sehr zweckmäßige Weise behoben hat[123].

Es ist zweifellos ein Verdienst der von einem Teil der Theorie unterstützten Rechtsprechung, daß die Verletzung der Subsidiarität heute keine Sanktionen auslöst[124] oder daß der fehlende Beweisbeschluß einen durch § 295 ZPO heilbaren Mangel darstellt[125]. Dann ist aber dem Richter die Möglichkeit gegeben, von der Parteianhörung praktisch formlos zur Parteivernehmung überzugehen. Er braucht lediglich die Partei zur Wahrheit zu ermahnen, dem Gegner Gelegenheit zu geben, Fragen an die zu vernehmende Partei zu stellen, und über die Vernehmung ein ordentliches Protokoll aufzunehmen, wenn die Parteien das Fehlen des Beweisbeschlusses nicht rügen[126].

Daß dies die strukturelle Abgrenzung beider Institute unmöglich macht, ist wohl offensichtlich. Die von der Revision in diesem Maße

---

Partei im Sinne einer Ergänzung des Parteivortrags oder im Sinne einer Beweisaufnahme würdigt"; und OLG München, NJW 1965, S. 2112 = MDR 66, S. 158: „Die vom Gericht nach Anordnung des persönlichen Erscheinens (§ 141 ZPO) hier vorgenommene Befragung des Beklagten, deren Ergebnis im Protokoll niedergelegt ist, stellt kein Aufklärungsgehör dar."

[123] Solches Vorgehen des höchsten Gerichts ist nicht selten und geht jedenfalls mit der gesetzgeberischen Tendenz zur Auflockerung des Zivilprozesses kongruent. Vgl. de Boor, Auflockerung, S. 29; Zippelius, S. 92; Döhring, DRiZ 1965, S. 368.

[124] Nagel, Grundzüge, S. 303; J. Schmidt, S. 123; Blomeyer, S. 397. Siehe auch oben 3.3.2.1.2.

[125] Nagel, Grundzüge, S. 303; J. Schmidt, S. 123.

[126] Nagel, a.a.O.; J. Schmidt, a.a.O.

entschärfte „Parteivernehmung" stellt nichts anderes dar als eine protokollierte Parteianhörung[127]. Von der Förmlichkeit der Parteivernehmung ist nichts mehr übrig geblieben, ganz zu schweigen vom viel umstrittenen Subsidiaritätsgrundsatz. Die Abgrenzungslehre stellt also zu sehr auf die formalen Vorschriften ab, ohne zu berücksichtigen, daß deren Verletzung zumeist sanktionslos bleibt[128].

Diese Lösung des BGH hat de lege lata sehr wichtige Vorteile. Der Richter hat jetzt praktisch die Möglichkeit, jede Parteiaussage beweismäßig zu verwerten, ohne dabei auf die Beeidigungsmöglichkeit verzichten zu müssen, was im Falle des direkten Ersatzes der Parteivernehmung durch die Parteianhörung eine notwendige Folge von deren Formlosigkeit sein würde. Daß für die beweismäßige Verwertung die Aufnahme im Protokoll als notwendige Voraussetzung vom BGH verlangt wird, ist einleuchtend; denn sie stellt durch die Kontrollierbarkeit der Beweiswürdigung ein Mindestmaß an Prozeßsicherheit dar, auf das nicht verzichtet werden kann.

Geht man davon aus, daß die Protokollierung ein Kriterium für die wegen der Beweisgebühr immer noch notwendige „Abgrenzung" ist[129], so wird mit der hier ausgeführten Lösung auch dieses Problem gelöst: Jedes Mal, wenn eine Aussage protokolliert wird, findet eine Beweisaufnahme statt, also eine „Parteivernehmung".

Man könnte mit Recht gegen dieses Kriterium Bedenken anmelden mit der Begründung, auch die Parteiaussagen bei der Parteianhörung könnten in das Protokoll aufgenommen werden. Dies ist zwar richtig, es liegt aber näher, daß der Richter erst dann eine Aussage protokollieren läßt, wenn er vorhat, sie auch im Urteil beweismäßig zu verwerten. Im übrigen wird aber gerade diese Verwertung im Urteil keinen Zweifel daran lassen, daß eine „Parteivernehmung" stattgefunden hat, daß also die Beweisgebühr fällig geworden ist[130].

5.5. Die Verwertung des Parteiwissens im Zivilprozeß angesichts einer Reform des Zivilprozeßrechts

Aus den bisherigen Ausführungen ergibt sich auch der Rahmen, in dem sich eine künftige Regelung der Verwertung des Parteiwissens

---
[127] Sehr charakteristisch BGH NJW 1969, S. 428 = Baur, ESJ Fall 31.
[128] Nagel, Grundzüge, S. 303 f.
[129] Vgl. Schulin, S. 132.
[130] Siehe hierüber die Ausführungen Baurs in ESJ, S. 102; Riedel / Sußbauer, A. 72 zu § 31 BRAGebO; Gerold / Schmidt, A. 104 zu § 31 BRAGebO. Auf dieses Kriterium stellen die meisten Entscheidungen ab, die bezüglich der Beweisgebühr erlassen worden sind; vgl. die oben zitierten Entscheidungen der OLG München und Düsseldorf. Ferner BGH MDR 1967, S. 834; OLG Stuttgart, AnwBl. 1969, S. 244; OLG Nürnberg, AnwBl. 1972, S. 132.

im Zivilprozeß bewegen sollte, würde man an sie den Anspruch der Zweckmäßigkeit stellen.

Man kann dabei davon ausgehen, daß ein moderner Prozeß ohne jede Verwertung des Wissensfundus der Parteien nicht auskommen kann. Dies hat wohl die rechtsvergleichende Darstellung gezeigt.

In ebenso axiomatischer Form kann man auch gelten lassen, daß diese Verwertung ihren höchsten Grad der Nutzbarkeit nur dann erreicht, wenn der hierzu notwendige Kontakt des Gerichts mit den Naturparteien mündlich und unmittelbar ist[131]. Denn diese unmittelbare Fühlungnahme pflegt nicht nur den Wahrheitsgehalt der Aussage zu steigern[132]; sie ist auch viel besser dazu geeignet, Mißverständnisse bezüglich des Tatbestands zu vermeiden bzw. am schnellsten zu beseitigen und so die sichere Grundlage zu schaffen, auf welche das Gericht sein Urteil stützen wird[133].

Nun kann man das Parteiwissen zu den beiden vielfach erwähnten Zwecken ausnützen: Zur Klärung und Vervollständigung des Tatsachenvortrags der Parteien sozie zum Beweis desselben. Es wurde schon deutlich gemacht, daß eine dieser scharfen theoretischen Trennung der Funktionen der Verwertung des Parteiwissens entsprechende Existenz zweier voneinander abgegrenzten Verfahrensarten wenig zweckmäßig erscheint. Die heutige Regelung der ZPO ist also künftig in der Richtung zu verbessern, daß der § 141 ZPO und die §§ 445 ff. ZPO verschmolzen werden. Daraus soll ein einheitliches Institut entstehen, welches dem Richter die Möglichkeit geben wird, je nach Bedarf die Parteiaussage zum einen oder zum anderen der genannten Zwecke zu verwerten.

Diese Verbindung hätte nicht nur den wichtigen Vorteil, daß der Richter die nutzlos zeitraubende Vernehmung nicht wiederholen muß und daß die Parteien selbst möglichst weitgehend am Verfahren teilnehmen würden[134]; sie würde auch das heutige Übel beseitigen, daß die Partei nur über bestimmte Behauptungen beweismäßig vernommen werden kann, indem die Vernehmung künftig den ganzen Lebensvorgang erfassen würde, der zum Prozeß geführt hat[135].

Diese Verbindung hätte allerdings auch als Konsequenz, daß der Subsidiaritätsgrundsatz nunmehr aufgegeben werden müßte. Nach

---

[131] Siehe oben Anm. 120.
[132] Siehe oben 5.3.5.
[133] Vgl. Münzel, DRiZ 1934, S. 175.
[134] Schönke, DGWR 1937, S. 355. Auf die Wichtigkeit der persönlichen Beteiligung der Parteien im Prozeß weisen mit Recht hin Schneider H., DRW 1936, S. 159 f.; Staud, DJ 1933, S. 809 f.; neuerdings auch Baumann / Fezer, S. 15 ff.
[135] Schönke, a.a.O. (Anm. 109).

5.5. Die Verwertung des Parteiwissens und die Reform der ZPO

den aufgezeigten Nachteilen, die seine heute schon ungerechtfertigte Existenz für die Wahrheitserforschung im Prozeß dartun, wäre dies nicht zu bedauern. Man müßte also Kollroß zustimmen, wenn er bezüglich der Subsidiarität der Parteivernehmung und deren Abgrenzung von der Parteianhörung angesichts einer künftigen Reform auf deren Ursprung hinweist: „Diese (Zukunftsmöglichkeit) kann nur darin gelegen sein, daß die letzten Spuren jener Einrichtung (des Parteieides) abgestreift werden, die in den Wäldern Germaniens ihren Sinn hatte, aber mit der Änderung des metaphysischen Glaubens der Menschen diesen Sinn verloren hat[136]."

Mit der Beseitigung der Subsidiarität wird es erst möglich sein, daß die volle Ausnützung des Parteiwissens dorthin gebracht wird, wohin sie auch gehört: An den Anfang des Prozesses[137]. Dort ist nämlich die Klärung von Mißverständnissen bezüglich des Vortrags am erforderlichsten[138]; dort sind aber auch die Parteien am unbefangendsten und werden mit der Wahrheit ernst machen, da ihnen die Gefahr der Widerlegung ihrer Aussagen durch die weitere Beweisaufnahme drohen wird[139]. So verwendet wird das neue Institut den flexiblen Übergang von der mündlichen Verhandlung in die Beweisaufnahme bilden ebenso wie in Großbritannien und in der Sowjetunion.

Dagegen kann man nicht geltend machen, daß es vielfach zeitraubend und zwecklos wäre, schon zu Anfang des Prozesses mit der Vernehmung zu Beweiszwecken einzusetzen[140]. Sicherlich wird der Richter die Parteien über Tatsachen erst beweismäßig vernehmen, nachdem er gegebenenfalls das Parteivorbringen festgestellt hat[141]. Dies erfordert aber nicht, diese beiden Abschnitte scharf im Gesetz voneinander zu trennen, „während sie doch tatsächlich ineinander übergehen"[142].

Die Anordnung des neuen einheitlichen Instituts müßte künftig intensiviert werden, indem das Gericht das Erscheinen der Parteien

---

[136] ZJP 1937, S. 95. Die Beseitigung des Subsidiaritätsgrundsatzes wird im Schrifttum fast generell gefordert: Vgl. Rosenberg, ZZP 57, S. 331; Kralik, GZ 82, S. 232; Kollroß, ZJP 1937, S. 93; Wehmeier, S. 70 f.; Fasching, Kommentar, vor § 371 öZPO; wohl auch Baur, JZ 1969, S. 483. Siehe ferner Verhandlungen des 36. DJT, Bd. II, S. 374.

[137] Kollroß, ZJP 1937, S. 93. Dabei soll auch die heutige Möglichkeit aus § 272 b 3 ZPO weiter erhalten bleiben.

[138] Dies bemerken zutreffend sowohl der Vorschlag der Reformkommission zu § 141 ZPO als auch der Bericht, S. 204, und der Entwurf, S. 17; vgl. auch den Benderschen Entwurf der Stuttgarter Novelle zu § 252 g (Text in Fezer, Anhang).

[139] Siehe oben 3.3.2.1.1.

[140] So Hendel / Rintelen, Jud. V, Sp. 18.

[141] Insofern muß man Cappelletti, Testimonianza II, S. 648, zustimmen.

[142] Schönke, DGWR 1937, S. 355.

5. Das Verhältnis der Parteianhörung zur Parteivernehmung

regelmäßig anordnen wird[143]. Von dieser Regel sind Ausnahmen wegen der Wichtigkeit dieses Kontakts des Gerichts mit den Parteien möglichst auszuschließen.

Es sind prinzipiell beide Naturparteien zu vernehmen[144], da diese Gegenüberstellung nicht nur der raschen Klärung des Sachverhalts große Dienste leistet — viele Behauptungen werden sich als unstreitig erweisen —, sondern überdies die Wahrheitsliebe der Parteien in großem Maße fördert. Ein prägnantes Beispiel hierfür liefert die englische „cross-examination"[145].

Die Möglichkeit der Entsendung eines Vertreters soll auf die Fälle beschränkt werden, in denen die Naturpartei voraussichtlich selbst nicht im Stande ist, erschöpfend Auskunft über den Sachverhalt zu geben[146]. Dann hätte jedoch sowohl eine „Parteianhörung" als auch eine „Vernehmung" der Partei im heutigen Sinne ihren Wert verloren. Es leuchtet ein, daß dieser Vertreter in einem solchen Falle nur die informative Aufgabe erfüllen könnte; zu Beweiszwecken muß er dann als Zeuge vernommen werden.

Der Beschluß dieser Anordnung soll ebenso wie der heutige Beschluß des § 141 ZPO kein bestimmtes thema probandum enthalten, so daß der gesamte Sachverhalt mit den Parteien besprochen werden kann. Mit Recht führt Kralik[147] aus, daß bei den Parteien die straffe Bindung der Beweisaufnahme durch einen Beweisbeschluß nicht am Platze ist.

Die Anordnung ist ferner unter Beseitigung jeglicher Berücksichtigung der Beweis- und Behauptungslast stets von Amts wegen zuzulassen. „Man sollte die Beweislast dort belassen, wohin sie gehört, nämlich an das Ende eines der vollen Sachaufklärung entbehrenden Prozesses[148]."

Der Gerichtsbeschluß ist wegen der Wichtigkeit des neuen Instituts grundsätzlich von Amts wegen der Naturpartei selbst zuzustellen.

---

[143] Vgl. Münzel, DRiZ 1934, S. 175. So auch die erwähnten Reformvorschläge (oben Anm. 138). Siehe auch Baumann / Fezer, S. 42, die auf S. 63 für den Muß-Charakter dieser Anordnung eintreten.

[144] So auch Kralik, GZ 82, S. 232; Schönke, DGWR 1937, S. 356; Rosenberg / Schwab, § 125 II 6.

[145] Vgl. Baur, JZ 1969, S. 483. Dagegen könnte man nur aus psychologischen Gründen Bedenken anmelden: Das Kreuzverhör erhöht nämlich die Gefahr einer Verfälschung der Aussage wegen der Suggestion; vgl. Seelig, S. 142.

[146] So mit Recht der Bericht, S. 204, und der Vorschlag, zu § 141. Dagegen zu allgemein gefaßt ist der Referentenentwurf (§ 141 [2]). Vgl. Baumann / Fezer, S. 17 und 63.

[147] GZ 82, S. 231.

[148] Baur, ebenda.

5.5. Die Verwertung des Parteiwissens und die Reform der ZPO

Ein Zwang zum Erscheinen, wie er in § 141 III 1 ZPO vorgesehen ist, kann zwar nicht als unbedingt notwendig bezeichnet werden, da das Gericht die Möglichkeit der freien Würdigung des Nichterscheinens der Partei hat[149]. Da aber nicht feststeht, ob diese Erscheinenslast die Partei zum Erscheinen anregen wird, wäre der Zwang nur nach sorgfältiger Interessenabwägung aufzugeben, wobei die Bedeutung der Beteiligung der Parteien im Prozeß als leitender Faktor fungieren sollte.

Zu empfehlen ist, daß die Parteiaussagen protokolliert werden[150], wobei in geeigneter Weise hervorzuheben ist, wenn die Partei über eigene Wahrnehmungen berichtet hat[151]. Der zeitliche Aufwand ist nicht groß im Verhältnis zu der Ökonomie, die man durch die Abschaffung der selbständigen Parteivernehmung erreichen wird.

Das Problem der Beweisgebühr muß ähnlich wie beim heutigen § 619 ZPO geregelt werden, damit auch in diesem Punkt keine Konflikte entstehen: Die Beweisgebühr muß bei jeder Vernehmung dieser Art fällig sein.

Was das Verfahren angeht, so gibt es keinen Anlaß, vom heutigen Verfahrensablauf der Parteianhörung abzuweichen außer dem Hinzufügen einer Wahrheitsermahnung vor Beginn der Vernehmung. Dann soll der Partei Gelegenheit gegeben werden, ihre Erklärungen im Zusammenhang abzugeben, um mögliche Fehler, die sich aus der suggestiven Einwirkung der richterlichen Fragen ergeben könnten, zu vermeiden[152]. Durch die gleichzeitige Anwesenheit beider Parteien wird auch der Forderung Rechnung getragen, daß die Gegenpartei die Gelegenheit haben muß, der zu vernehmenden Partei Fragen zu stellen.

Problematisch ist die künftige Regelung der Beeidigung. Daran ist nicht zuletzt die Tatsache schuld, daß der Wert der Beeidigung vielfach angezweifelt wird[153]; schon die Vielfalt der sich bietenden Möglichkeiten für ihre zweckmäßige Anwendung im Prozeß erschwert eine diesbezügliche Entscheidung so sehr, daß dafür spezielle Vorkenntnisse der Aussagepsychologie zur notwendigen Voraussetzung werden.

Die Beeidigungsmöglichkeit soll auch künftig als eine *ultima ratio* beibehalten werden, da durch sie und vor allem durch den erhöhten Strafsatz die falsche eidliche Aussage einen stärkeren Verbrechenscharakter erlangt, der gute Aussicht hat, der Parteilüge vorzubeugen. Die Gefahr, die uneidliche Aussage beeidigen zu müssen, wird dann

---

[149] a. A. der Bericht, S. 204, und der Entwurf zu § 141 (4).
[150] Das heutige diktierte Protokoll kritisiert mit Recht Bruns, S. 112.
[151] Kralik, GZ 82, S. 232.
[152] Siehe Seelig, S. 142.
[153] Vgl. z. B. Ostermeyer, MDR 64, S. 976; Kollroß, ZJP 1937, S. 90.

5. Das Verhältnis der Parteianhörung zur Parteivernehmung

denselben psychologischen Einfluß auf die Partei schon vor der Beeidigung ausüben.

Es ist nicht empfehlenswert, die Parteien stets eidlich zu vernehmen, wie bereits vorgeschlagen wurde[154]. Dies würde oft eidliche Vernehmungen in Sachen erforderlich machen, in denen es nicht auf den Eid ankommt, würde aber zugleich mit der hier vorgeschlagenen Vereinheitlichung von Parteianhörung und Parteivernehmung nicht vereinbart werden können[155]. Von der Beeidigungsmöglichkeit wird allerdings der Richter nur dann Gebrauch machen, wenn diese Art der Wahrheitsbeteuerung beim Vernommenen voraussichtlich besonderen Eindruck machen wird[156]. Dies heißt aber bei weitem nicht, daß das Gesetz diese Beeidigung als subsidiär vorsehen soll[157]. Es wäre zweckmäßiger, bei der heutigen Regelung des § 452 I ZPO zu bleiben und auch hier dem richterlichen Ermessen Freiheit zu lassen[158].

Zu der Frage, welche Partei eidlich zu vernehmen sei, sollte grundsätzlich nicht die Beweislast die maßgebende Lösung liefern[159]; auch hier gilt es, den Richter von den Schranken dieser veralteten und traditionsbedingten Forderung zu befreien[160] und ihm das Recht einzuräumen, diejenige Partei zu beeidigen, von der er voraussichtlich dadurch einen Beitrag zur Wahrheitserforschung erwarten kann.

Problematischer ist die Stellungnahme zu der Frage, ob eine oder beide Parteien zu beeidigen sind. Das Beispiel des englischen Rechts, beide Parteien zu beeidigen zeigt, daß man mit dieser Lösung gute Erfahrungen gemacht hat. Andererseits könnte bei doppelter Beeidigung gegen das Gesetz der Vorwurf erhoben werden, die Häufigkeit der Meineide zu fördern[161]. Nun liegt es näher, sich zur ersten Lösung zu bekennen und prinzipiell die Beeidigung der einen Partei zuzulassen, nicht aus der Gefahr der Meineide — diese besteht bei sich widersprechenden Zeugenaussagen ohnehin —, sondern vielmehr, weil die doppelte Beeidigung die zwangsläufige Anordnung mit sich bringen würde, letztere aber, wie ausgeführt, nicht zweckmäßig erscheint.

---

[154] Siehe Klärmann, öAZ 1932, S. 91.
[155] Vgl. Schönke, DGWR 1937, S. 356.
[156] Nach der Reform der §§ 480 ff. durch Art. 2 des Gesetzes zur Ergänzung des Ersten Gesetzes zur Reform des Strafverfahrensrechts vom 20. 12. 1974 (BGBl, S. 3686) geht das Gesetz davon aus, daß der Eid nicht mehr vorwiegend religiösen Charakter hat. Seine allgemeinere staatsbürgerliche Bedeutung nimmt nämlich angesichts der heutigen Verhältnisse an Wichtigkeit zu.
[157] So Kralik, GZ 82, S. 232.
[158] So auch Schönke, S. 357.
[159] Ebenda und Anm. 126 - 127.
[160] Vgl. oben Anm. 148.
[161] Schönke, a.a.O.

Abschließend müßte man Schönke darin zustimmen, daß weiterhin der Nacheid zur Bekräftigung der unbeeideten Aussage bestehen bleiben soll, wie er vom heutigen § 452 ZPO vorgesehen wird[162]. Zwar hat mit Recht Kisch[163] darauf hingewiesen, daß die eidliche Bekräftigung des gesamten Inhalts der bei der Vernehmung abgegebenen Parteierklärungen die Gefahr falscher eidlicher Aussagen erhöht und die Bedenken gewissenhafter Parteien gegen die Eidesleistung vermehrt. Doch wird der Richter auch ohne gesetzlichen Zwang bei einer umfangreichen Vernehmung vor der eventuellen Eidesableistung die wichtigsten Teile der Aussage noch einmal hervorheben und die Partei darauf besonders hinweisen[164].

5.6. Kritik der bisherigen Reformvorschläge

Ein Vergleich des skizzierten Bildes einer zweckmäßigen Reform der Verwertung des Parteiwissens im Prozeß einerseits mit den bisherigen Reformvorschlägen, die dieses Thema betreffen andererseits, läßt folgende Bemerkungen zu:

Sowohl der Bendersche Kurzentwurf der Stuttgarter Novelle[165] als auch die hauptsächlich auf dem Stuttgarter Modell basierenden[166] Vorschläge der Reformkommission und der Vereinfachungsnovelle zu § 141 ZPO verdienen insofern die allgemeine Zustimmung, als sie den persönlichen Kontakt der Parteien mit dem Gericht zu intensivieren versuchen. Dies ist auch eines der Ziele dieser Arbeit gewesen. Den hiesigen Vorschlägen am nächsten steht in dieser Hinsicht der Vorschlag der Reformkommission zu § 141 ZPO. Aber auch die Vereinfachungsnovelle weicht von diesen insofern ab, als sie Strafmaßnahmen für das Ausbleiben der Partei vorsieht und die förmliche Zustellung der Ladung nicht für notwendig hält[167]; verständlicherweise, denn er zielt auf eine Verbesserung des § 141 ZPO ab.

Keiner der erwähnten Reformvorschläge aber, und dies ist zu bedauern, befaßt sich mit dem „sonderbaren Parallelismus" der Parteianhörung und der Parteivernehmung, und keiner strebt eine Änderung der Vorschriften der §§ 445 ff. ZPO an.

---

[162] Ebenda.
[163] RheinZ 1923, S. 399.
[164] Schönke, DGWR 1937, S. 357; vgl. auch Hendel / Rintelen, Jud. V, Sp. 19 (Anm. 43); Volkmar, JW 1933, S. 2433.
[165] Text siehe Baumann / Fezer, S. 59 zu § 252 k (1). Über das Verfahren des Stuttgarter Modells und die dortige Funktion der Parteianhörung siehe Fezer, S. 147.
[166] Vgl. Bericht, S. 204; Begründung zur Vereinfachungsnovelle, S. 17 und 19.
[167] § 141 (3) und (4) der Vereinfachungsnovelle.

5. Das Verhältnis der Parteianhörung zur Parteivernehmung

Dann ist allerdings der Schritt zur richtigen Lösung nur halb getan. Welche Nachteile aus der beizubehaltenden Abgrenzung für einen modernen Zivilprozeß entstehen, wurde schon aufgezeigt, so daß sich eine Wiederholung hier erübrigt. Es reicht deshalb aus, wenn wir hier nochmals nachdrücklich auf die Notwendigkeit hinweisen, „diesen Umstand, der immer wieder zu Kopfzerbrechen und Erklärungsversuchen Anlaß gibt, ohne daß bislang ein wirklich einleuchtendes Resultat vorläge"[168], zu beseitigen, zumal die Gerichtspraxis diesen optimalen Weg schon längst mit guten Ergebnissen eingeschlagen hat.

Will also die bevorstehende Reform das von ihr verfolgte Ziel erreichen, nämlich „das rechte Verhältnis der Nation zur Rechtsordnung herstellen unter vordringlicher Berücksichtigung der sozialen Funktion, die die Rechtspflege im Leben des Volkes zu erfüllen hat"[169], so muß sie — sich im Hinblick auf die Prozeßökonomie von dem Einfluß der Tradition lösend — solche verdunkelnden Faktoren, wie die ungerechtfertigte scharfe Trennung der Parteirollen im Prozeß (deren wichtigster Ausdruck das merkwürdige Verhältnis der Parteianhörung zur Parteivernehmung darstellt) in der künftigen Regelung des Verfahrens beseitigen. Erst dann wird sie ihrem Anspruch, dem einer echten Reform, gerecht werden; erst dann wird sie den Vorwurf vermeiden, sie sei nur um einen weiteren Schritt auf dem richtigen Wege fortgeschritten, nicht aber an dessen Ende gelangt; und vor allem wird sie erst dann den Erfordernissen einer zeitgemäßen Entwicklungstendenz des Zivilprozeßrechts, so wie sie sich aus der Rechtsvergleichung ergibt[170], entsprochen haben.

---

[168] v. Hippel, S. 249.
[169] Bericht 1961, S. 61 f.
[170] Siehe oben 2.6.

Literaturverzeichnis

Arnold	*Arnold,* Beweiserhebung und Parteinehmung vor den Kollegialgerichten im Zivilprozeß, DJZ 1935, Sp. 601 - 604.
Aubry / Rau / Bartin	*Aubry / Rau,* Cours de droit civil français, XII, 5e édition von Etienne Bartin, Paris 1922.
Bähr	*Otto Bähr,* Die neuen österreichischen Zivilprozeßgesetzentwürfe, ZZP 19, S. 79 - 103.
v. Bar Beweis	*Ludwig v. Bar,* Recht und Beweis im Zivilprozesse, Leipzig 1867.
v. Bar Gutachten	*Ludwig v. Bar,* Ist unter Voraussetzung freier richterlicher Beweiswürdigung die eidliche Vernehmung der Parteien als Zeugen in eigener Sache in den deutschen Zivilprozeß einzuführen? Gutachten, Verhandlungen des 8. DJT, Berlin 1869, Bd. I, S. 12 - 38.
Bartholomeyczik	*Horst Bartholomeyczik,* Die Kunst der Gesetzesauslegung, Frankfurt/M. 1971.
Baumann	*Jürgen Baumann,* Grundbegriffe und Verfahrensprinzipien des Zivilprozeßrechts, Stuttgart, Berlin, Köln, Mainz 1970.
Baumann / Fezer	*Jürgen Baumann / Gerhard Fezer,* Beschleunigung des Prozesses, Recht und Staat Heft 390/391, Tübingen 1970.
Baumbach	*Adolf Baumbach,* Zivilprozeßordnung, Kommentar, 10. Aufl., München und Berlin.
Baumbach / Lauterbach	*Adolf Baumbach / Wolfgang Lauterbach,* Zivilprozeßordnung, Kommentar, 31. Aufl., München und Berlin 1973.
Baumgärtel / Rammos	*Gottfried Baumgärtel / Georg Rammos,* Das griechische Zivilprozeßgesetzbuch mit Einführungsgesetz, Köln, Berlin, Bonn, München 1969.
Baur	*Fritz Baur,* Der Anspruch auf rechtliches Gehör, AcP 153, S. 393 ff.
Baur	*Fritz Baur,* Die Vorbereitung der mündlichen Verhandlung im Zivilprozeß, ZZP 66, S. 209 - 224.
Baur	*Fritz Baur,* Weitere Anregungen zur Beschleunigung der Zivilrechtspflege, JZ 1969, S. 482 ff.
Baur ESJ	*Fritz Baur,* Entscheidungssammlung für junge Juristen, Zivilverfahrensrecht, München 1971.

Baur Hinweispflicht	*Fritz Baur*, Richterliche Hinweispflicht und Untersuchungsgrundsatz, Rechtsschutz im Sozialrecht, Köln, Berlin, Bonn, München 1965, S. 35 - 46.
Baur Richtermacht	*Fritz Baur*, Richtermacht und Formalismus im Verfahrensrecht. Summum ius — summa iniuria, Tübinger rechtswissenschaftliche Abhandlungen, Bd. 9, Tübingen 1963, S. 97 - 116.
Baur Konzentration	*Fritz Baur*, Wege zu einer Konzentration der mündlichen Verhandlung, Berlin 1966.
Bender	*Rolf Bender*, Der Beweisbeschluß — ein Nachruf, DRiZ 1972, S. 15 - 17.
Bender Tatsachenforschung	*Rolf Bender*, Tatsachenforschung in der Justiz, Tübingen 1972.
Benkendorff	*Benkendorff*, Prozeßbetrug nach der Zivilprozeßnovelle, JW 1933, S. 2818 - 2819.
Benkendorff	*Benkendorff*, Die Folgen einer Verletzung der Wahrheitspflicht im Zivilprozeß, DRiZ 1934, S. 205 bis 208.
Bergerfurth	*Bruno Bergerfurth*, Der Zivilprozeß, Klage—Urteil—Rechtsmittel, Freiburg 1968.
Bericht 1931	Bericht zum Entwurf einer ZPO. Herausgegeben vom Reichsjustizministerium, Berlin 1931.
Bericht 1961	Bericht der Kommission zur Vorbereitung einer Reform der Zivilgerichtsbarkeit. Herausgegeben vom Bundesjustizministerium, Bonn 1961.
Bernhardt	*Wolfgang Bernhardt*, Die Wahrheitspflicht im Zivilprozeß, DJZ 1936, Sp. 1404 - 1409.
Bernhardt	*Wolfgang Bernhardt*, Wahrheitspflicht und Geständnis im Zivilprozeßrecht, JZ 1963, S. 245 - 247.
Bernhardt Aufklärung	*Wolfgang Bernhardt*, Die Aufklärung des Sachverhalts im Zivilprozeß, Beiträge zum Zivilprozeßrecht, Festgabe zum 70. Geburtstag von Leo Rosenberg, München und Berlin 1949, S. 9 - 50.
Bernhardt Rechtsstreit	*Wolfgang Bernhardt*, Rechtsstreit, Grundrisse des deutschen Rechts, Bd. 10, Tübingen 1939.
Bernhardt Zivilprozeßrecht	*Wolfgang Bernhardt*, Das Zivilprozeßrecht, 3. Aufl., Berlin 1968.
Bertram	*Karl-Friedrich Bertram*, Zeugenvernehmung des 15 Jahre alten Klägers?, VersR 65, S. 219 - 220.
Beys	*Konstantin Beys*, Anmerkung zur Entscheidung des OLG Athen 2571/1969, Diki (D) 1, S. 462 - 464.
Beys Einführung	*Konstantin Beys*, Isagogi is tin dikonomikin Skepsin, Athen 1973.
Beys Einzelrichter	*Konstantin Beys*, I apodiktiki diadikasia enopion tou isigitou dikastou. In: Epetiris epistimonikon erevnon Panepistimiou Athinon, S. 35 - 71.

Literaturverzeichnis 153

Beys Kommentar	*Konstantin Beys*, Politiki Dikonomia, Bde. 1 und 5, Athen.
Blomeyer	*Arwed Blomeyer*, Zivilprozeßrecht, Erkenntnisverfahren, Berlin, Göttingen, Heidelberg 1963.
Bohne	*Gotthold Bohne*, Zur Psychologie der richterlichen Überzeugung, Köln 1948.
Bomsdorf	*Falk Bomsdorf*, Prozeßmaximen und Rechtswirklichkeit, Schriften zum Prozeßrecht, Bd. 19, Berlin 1971.
de Boor Auflockerung	*Hans-Otto de Boor*, Auflockerung des Zivilprozesses. Ein Beitrag zur Prozeßreform, Tübingen 1939.
de Boor Reform	*Hans-Otto de Boor*, Zur Reform des Zivilprozesses, Leipziger rechtswissenschaftliche Studien, H. 109, Leipzig 1938.
de Boor / Erkel	*Hans-Otto de Boor / Günther Erkel*, Zivilprozeßrecht, 2. Aufl., Wiesbaden 1961.
Brennemann	*Harry Brennemann*, Parteieid und Parteivernehmung im deutschen und ausländischen Recht, Dresden 1935.
Brüggemann	*Dieter Brüggemann*, Judex statutor und Judex investigator, Untersuchungen zur Abgrenzung zwischen Richtermacht und Parteifreiheit im gegenwärtigen deutschen Zivilprozeß, Bielefeld 1968.
Bruns	*Rudolf Bruns*, Zur Systematik der gesetzlichen Beweisarten im Zivilprozeß, JZ 1957, S. 484 - 494.
Bruns ZPR	*Rudolf Bruns*, Zivilprozeßrecht, Berlin und Frankfurt 1968.
v. Canstein	*v. Canstein*, Die Grundlagen des Beweisrechts, ZZP 2, S. 297 - 361.
v. Canstein Gutachten	*v. Canstein*, Ist die Eideszuschiebung im Civilprozeß durch die Vernehmung der Parteien als Zeugen zu ersetzen?, Gutachten, Verhandlungen des 22. DJT, Berlin 1892, Bd. I, S. 3 - 66.
Cappelletti	*Mauro Cappelletti*, La testimonianza della parte nel sistema dell'oralità, I - II, Milano 1962.
Capelletti / Perillo	*Mauro Cappelletti / Joseph M. Perillo*, Civil procedure in Italy, The Hague 1965.
Cohn Ideologie	*Ernst Josef Cohn*, Zur Ideologie des Zivilprozeßrechts, Erinnerungsgabe für Max Grünhut, Marburg 1965, S. 31 - 46.
Cohn Wahrheitspflicht	*Ernst Josef Cohn*, Zur Wahrheitspflicht und Aufklärungspflicht der Parteien im deutschen und englischen Zivilprozeß, Festschrift für Fritz von Hippel zum 70. Geburtstag, Tübingen 1967, S. 41 bis 61.

Cockle / Nokes	*Cockle / Nokes*, Cases and Statutes on Evidence, 10th edition, London 1963.
Cross	*Rupert Cross*, Evidence, 2nd edition, London 1963.
Cross / Wilkins	*Rupert Cross / Nancy Wilkins*, An outline of the law of evidence, 2nd edition, London 1968.
Curti	*Arthur Curti*, Englands Zivilprozeß, Berlin 1928.
Curtius	*Curtius*, Parlamentarisches zur Zivilprozeßreform, JW 1924 (Bd. I), S. 354 - 383.
Dalloz Code Civil	*Dalloz*, Code civil, 27e édition, Paris 1926, annoté d'après la doctrine et la jurisprudence.
Dalloz Code de procédure civile	*Dalloz*, Code de procédure civile, 17ème édition, Paris 1974.
Delikostopoulos / Sinaniotis Kommentar	*Stephanos Delikostopoulos / Lambros Sinaniotis*, Erminia kat'arthron Kodikos Politikis Dikonomias, I und II, Athen 1969.
Delikostopoulos / Sinaniotis Vorlesungen	*Stephanos Delikostopoulos / Lambros Sinaniotis*, Mathimata Politikis Dikonomias, Bd. 1, Heft A und B, 2. Ekdosis, Athen 1972.
Delpech	*Henry Delpech*, Serment, Dalloz: Encyclopédie Juridique, Répertoire de procédure civile et commerciale, II, Paris 1955, S. 884 - 888.
Dix	*Werner Dix*, Die Pflicht der Partei zum persönlichen Erscheinen im Prozeß und Beweis durch Parteivernehmung — Ein Vergleich, Leipzig 1936.
Döhring	*Erich Döhring*, Die Bedeutung der materiellen Wahrheit fürs Prozeßverfahren, DRiZ 1965, S. 367 bis 369.
Döhring Sachverhalt	*Erich Döhring*, Die Erforschung des Sachverhalts im Prozeß, Berlin 1964.
Engel	*Friedrich Engel*, Parteivernehmung und kein Ende, Jud. III, Sp. 87 - 94.
Engisch	*Karl Engisch*, Einführung in das juristische Denken, 2. Aufl., 1959.
Entwurf 1874	Entwurf einer Zivilprozeßordnung für das deutsche Reich mit Motiven und Anlagen, Besonderer Abdruck der Vorlage für den Reichstag, Berlin 1874.
Entwurf 1931	Entwurf einer ZPO. Herausgegeben vom Reichsjustizministerium, Berlin und Leipzig 1931.
Esser Einführung	*Josef Esser*, Einführung in die Grundbegriffe des Rechtes und des Staates, 1949.
Esser Grundsatz	*Josef Esser*, Grundsatz und Norm in der richterlichen Fortbildung des Privatrechts, 2. Aufl., Tübingen 1964.

Esser Vorwort	*Josef Esser*, Vorwort, Freiheit und Bindung des Zivilrichters in der Sachaufklärung. Verhandlungen der Fachgruppe für Grundlagenforschung anläßlich der Tagung für Rechtsvergleichung in Kiel vom 8. - 11. 9. 1965, Frankfurt/M. und Berlin 1966.
Fasching	*Hans W. Fasching*, Moderne Probleme des Beweisrechs, Jur. Blätter 1960, 15/16, S. 414 - 416.
Fasching Kommentar	*Hans W. Fasching*, Kommentar zu den Zivilprozeßgesetzen, 3 Bde., Wien 1966.
Fehlig	*R. Fehlig*, Einflüsse österreichischen Prozeßdenkens auf den deutschen Zivilprozeß, Kiel 1966.
Fezer	*Gerhard Fezer*, Die Funktion der mündlichen Verhandlung im Zivilprozeß und im Strafprozeß, Tübingen 1970.
Förster / Kann	*A. Förster / Richard Kann*, Die Zivilprozeßordnung für das deutsche Reich, 2 Bde., 3. Aufl., Berlin 1913.
Foyer	*Jean Foyer*, L'évolution du droit des preuves en France depuis les Codes Napoléoniens, Recueils de la Société Jean Bodin, XIX, Bruxelles 1963, S. 187 - 210.
Fragistas	*Charalambos Fragistas*, La preuve en droit hellénique, Recueils de la Société Jean Bodin, XIX, Bruxelles 1963, S. 365 - 382.
Gaedecke	*Gaedecke*, Die Abgrenzung zwischen Parteivernehmung nach §§ 445 ff. und § 619 ZPO, JW 1936, S. 3032 - 3034.
Gafner	*Max Gafner von Thun*, Die Parteibefragung im schweizerischen Zivilprozeßrecht, Bern 1919.
Garsonnet / Cézar / Bru	*E. Garsonnet / Ch. Cézar / Bru*, Traité théorique et pratique de procédure civile et commerciale, II, 3e édition, Paris 1912.
Gaul	*Hans-Friedhelm Gaul*, Zur Frage nach dem Zweck des Zivilprozesses, AcP 168, S. 27 - 62.
Georgiades	*Apostolos Georgiades*, Die Anspruchskonkurrenz im Zivilrecht und Zivilprozeßrecht, München 1968.
Gerland	*Heinrich Gerland*, Die Parteivernehmung nach dem Entwurf einer deutschen Zivilprozeßordnung, Jud. III, Sp. 309 - 322.
Gerland Rechtsprobleme	*Heinrich Gerland*, Englische Rechtsprobleme und die deutsche Zivilprozeßreform, Prozeßrechtliche Abhandlungen, Bd. III, Berlin 1930.
Gerold	*Horst Gerhard Gerold*, Die Wahrheitspflicht im heutigen Zivilprozeß, Düsseldorf 1935.
Gerold / Schmidt	*Wilhelm Gerold / Herbert Schmidt*, Bundesgebührenordnung für Rechtsanwälte, Kommentar, 3. Aufl., München und Berlin 1967.

Ginsburgs	*George Ginsburgs*, Objective truth and the judicial process in post-Stalinist Soviet jurisprudence. American Journal of Comparative Law, Vol. 10, 1961, S. 53 - 75.
Glasson / Tissier	*E. Glasson / Albert Tissier*, Traité théorique et pratique d'organisation judiciaire, de compétence et de procédure civile, Bd. II, 3e édition, Paris 1926.
Glücklich	*Heinz-Werner Glücklich*, Parteivernehmung nach dem Zivilprozeßrecht, Prozeßrechtliche Abhandlungen, Bd. 12, Berlin 1938.
Goedecke	*Wolfgang Goedecke*, Die Parteivernehmung in ihrer Bedeutung für die prozessualen Grundbegriffe, Düsseldorf 1935.
Göppinger	*Horst Göppinger*, Die Parteianhörung und die Parteivernehmung in Ehesachen, zugleich eine Betrachtung über die Praxis des Eheprozesses, ZZP 73, S. 59 - 89.
Goldschmidt Prozeß	*James Goldschmidt*, Der Prozeß als Rechtslage, eine Kritik des prozessualen Denkens, Berlin 1925.
Gooderson	*R. N. Gooderson*, Some general principles of the English Law of Evidence, Recueils de la Société Jean Bodin, XIX, Bruxelles 1963, S. 125 - 140.
Gotthardt	*Gotthardt*, Feststellung des Tatsächlichen im Zivilprozeß, DRiZ 30, S. 140 - 142.
de la Grasserie	*Raoul de la Grasserie*, De la preuve testimoniale en droit comparé, Revue critique 1905, S. 546 bis 569.
Grunsky	*Wolfgang Grunsky*, Grundlagen des Verfahrensrechts, 2. Aufl., Bielefeld 1974.
Gryllis	*Stamatis Gryllis*, I sintiritiki exetasis ton diadikon, Diki (D) 3, S. 456 - 467.
Gurwitsch	*M. A. Gurwitsch*, Die Grundlagen des Zivilverfahrens in der UdSSR und den Unionsrepubliken, NJ 1962, S. 604 - 607.
Gwiazdomorski / Cieslak	*Jan Gwiazdomorski / Marian Cieslak*, La preuve judiciaire dans les pays socialistes à l'époque contemporaine, Recueils de la Société Jean Bodin, XIX, Bruxelles 1963, S. 49 - 123.
Hahn	*Carl Hahn*, Die gesamten Materialien zu den Reichs-Justizgesetzen, Bd. II, Abt. 1 und 2. Die gesamten Materialien zur CPO und dem Einführungsgesetz zu derselben vom 30. Januar 1877, Berlin 1880.
Hainmüller	*Dietmar Hainmüller*, Der Anscheinsbeweis und die Fahrlässigkeit im heutigen deutschen Schadensersatzprozeß, Tübingen 1966.

v. Harrasowsky	*Philipp Harras von Harrasowsky*, Die Parteivernehmung und der Parteieid nach dem gegenwärtigen Stande der Civilprozeßgesetzgebung, Wien 1876.
Hartung	*F. Hartung*, Ordnungsstrafe gegen den gesetzlichen Vertreter?, JR 1925, S. 127.
Hartzfeld	*C. A. J. Hartzfeld*, Der Streit der Parteien, Berlin 1911.
Hegler	*A. Hegler*, Die Frage der Eidesform, Jud. V, Sp. 335 - 378.
Hegler Kanzlerrede	*A. Hegler*, Kanzlerrede „Zum Gedächtnis von Max Rümelin", 1931.
Heilbrunn	*Otto Heilbrunn*, Die Parteivernehmung im Zivilprozeßentwurf, DRiZ 1932, S. 299 - 300.
Heinsheimer	*Karl Heinsheimer*, Die Freiheit der richterlichen Überzeugung und die Aufgaben der Revisionsinstanz, Festschrift für Franz Klein zu seinem 60. Geburtstage, Wien 1914, S. 133 - 146.
Hellwig, Alb. Psychologie	*Albert Hellwig*, Zur Psychologie der richterlichen Urteilsfindung, Stuttgart 1914.
Hellwig, K. Lehrbuch	*Konrad Hellwig*, Lehrbuch des deutschen Zivilprozeßrechts, Bd. II, Leipzig 1903.
Hellwig, K. System	*Konrad Hellwig*, System des Zivilprozeßrechts, I. Teil, Leipzig 1912.
Hémard	*Jean Hémard*, La preuve en Europe occidentale aux XIXe et XXe siècles, Recueils de la Société Jean Bodin, XIX, Bruxelles 1963, S. 19 - 48.
Henckel	*Wolfram Henckel*, Prozeßrecht und materielles Recht, Göttingen 1970.
Hendel / Rintelen	*M. Hendel / A. Rintelen*, Die Parteivernehmung in der Prozeßreform, Jud. V, Sp. 3 - 38.
Herriger	*Herriger*, Anmerkung zu RG JW 1936, S. 1778 (1779).
Herzog	*Peter Herzog*, Civil procedure in France, The Hague 1967.
Heusler	*Andreas Heusler*, Die Grundlagen des Beweisrechts, AcP 62, S. 209 - 319.
Hildebrandt	*Heinz Hildebrandt*, Die Grundgedanken der Zivilprozeßreform vom 27. 10. 1933, Berlin und Leipzig 1934.
v. Hippel	*Fritz von Hippel*, Wahrheitspflicht und Aufklärungspflicht der Parteien im Zivilprozeß, Frankfurt/M. 1939.
Holzhammer	*Richard Holzhammer*, Österreichisches Zivilprozeßrecht — Erkenntnisverfahren, Wien—New York 1970.

Honecker	*Hans Honecker*, Das richterliche Fragerecht gemäß § 139 ZPO, Opladen 1928.
Horstmann	*Horstmann*, Wie der Hypothekengläubiger im Namen des „guten Glaubens" durch das Aufwertungsgesetz um sein gutes Recht gebracht wird, DJZ 1929, S. 847 - 849.
Hübner	*Engelbert Hübner*, Ermächtigungsnachweis, ZZP 55, S. 108 - 113.
Jansen	*Wilhelm Jansen*, Parteibefragung und Parteivernehmung im Zivilprozeß in ihrem gegenseitigen Verhältnis zueinander, Köln 1934.
Kip	*Hans-Gerhard Kip*, Das sogenannte Mündlichkeitsprinzip, Prozeßrechtliche Abhandlungen, Heft 19, Köln—Berlin 1952.
Kisch	*Wilhelm Kisch*, Der Gegenstand der Eideszuschiebung, RheinZ 1923 (12), S. 389 - 401.
Kitsikopoulos Kommentar	*Antonios Kitsikopoulos*, Politiki Dikonomia, Bd. 2.
Klärmann	*Marcell Klärmann*, Die Reform der Parteivernehmung, öAZ 1932, S. 89 - 91.
Klein	*Franz Klein*, Die neuen österreichischen Zivilprozeßgesetzentwürfe, ZZP 19, S. 1 - 78.
Klein Parteihandlung	*Franz Klein*, Die schuldhafte Parteihandlung, Wien 1885.
Klein Vorlesungen	*Franz Klein*, Vorlesungen über die Praxis des Zivilprozesses, Wien 1900.
Klein Geistesströmungen	*Franz Klein*, Zeit- und Geistesströmungen im Prozesse, Dresden 1902.
Klein / Engel	*Franz Klein / Friedrich Engel*, Der Zivilprozeß Österreichs, Mannheim 1927.
Kleinfeller Gutachten	*Georg Kleinfeller*, Ist die Eideszuschiebung im Zivilprozeß durch die Vernehmung der Parteien als Zeugen zu ersetzen?, Gutachten, Verhandlungen des 22. DJT, Berlin 1892, Bd. I, S. 67 - 107.
Koffka	*Else Koffka*, Die Ermittlung der Wahrheit im Zivilprozeß, JW 1913, Beilage zu Heft 15.
Koffka	*Else Koffka*, Der Prozeßbetrug unter Berücksichtigung der neuen ZPO, ZStW 54, S. 45 - 65.
Kollroß	*Kollroß*, Wahrheitspflicht und Parteiaussage, Zentralblatt für die juristische Praxis (ZJP) 1937, S. 81 - 95.
Korevaar	*J. D. Korevaar*, La preuve en droit Sovietique, Recueils de la Société Jean Bodin, XIX, Bruxelles 1963, S. 331 - 343.
Kraemer	*Wilhelm Kraemer*, Buchbesprechung der Festgabe zum 70. Geburtstag von Leo Rosenberg, ZZP 64, S. 159 - 168.

Kralik	*Rodrich Kralik*, Die Subsidiarität der Parteivernehmung, GZ 82 (1931), S. 226 - 232.
Krencker	*Martin Krencker*, Die Wahrheitspflicht der Parteien im deutschen und österreichischen Zivilprozeßrecht, Untersuchungen zur deutsch-österreichischen Rechtsangleichung, Bd. 17, Leipzig 1935.
Ksoll	*Eberhard Ksoll*, Zivilprozeßrecht. Ein Studienbuch, 2. Aufl., Düsseldorf 1971.
Kuchinke	*Kurt Kuchinke*, Die vorbereitende richterliche Sachaufklärung (Hinweispflicht) im Zivil- und Verwaltungsprozeß, JuS 1967, S. 295 - 302.
Kuchinke Referat	*Kurt Kuchinke*, Freiheit und Bindung des Zivilrichters in der Sachaufklärung, Referat, Verhandlungen der Fachgruppe für Grundlagenforschung anläßlich der Tagung für Rechtsvergleichung in Kiel vom 8. - 11. 9. 1965, Frankfurt/M. und Berlin 1966.
Kuchinke Revisionsinstanz	*Kurt Kuchinke*, Grenzen der Nachprüfbarkeit tatrichterlicher Würdigung und Feststellung in der Revisionsinstanz, Bielefeld 1964.
Larenz	*Karl Larenz*, Methodenlehre der Rechtswissenschaft, Berlin—Göttingen—Heidelberg 1960.
Legeais	*Raymond Legeais*, Les règles de preuve en droit civil, permanences et transformations, Paris 1955.
Lent	*Friedrich Lent*, Anmerkung zu BGH NJW 1953, S. 621 - 622.
Lent	*Friedrich Lent*, Die Verteilung der Verantwortlichkeit unter Gericht und Parteien im Zivilprozeß, ZZP 63, S. 3 - 33.
Lent	*Friedrich Lent*, Die Wahrheitspflicht der Partei im Zivilprozeß, JW 1933, S. 2674 - 2675.
Lent Wahrheitspflicht	*Friedrich Lent*, Wahrheits- und Aufklärungspflicht im Zivilprozeß, Teilkommentar zu §§ 138, 139 ZPO, Bad Oeynhausen 1942.
Lent / Jauernig	*Friedrich Lent / Othmar Jauernig*, Zivilprozeßrecht, 17. Aufl., München 1974.
Lepointe	*Gabriel Lepointe*, La preuve judiciaire dans les codes Napoléoniens, Recueils de la Société Jean Bodin, XIX, Bruxelles 1963, S. 141 - 187.
Levin	*L. Levin*, Richterliche Prozeßleitung und Sitzungspolizei in Theorie und Praxis, Berlin 1913.
Lewis	*J. R. Lewis*, Civil and Criminal Procedure, London 1968.
Maelzer	*Helene Maelzer*, Vernehmung der Parteien und Parteieid im reichsdeutschen, österreichischen und künftigen deutschen Zivilprozeß, Leipzig 1931.

Mazeaud	*Henri Mazeaud*, La conception jurisprudentielle du commercement de preuve par écrit de l'article 1347 du code civil, Lyon 1921.
Mazeaud / Mazeaud	*Henri, Léon, Jean Mazeaud*, Leçons de droit civil, I 1, 4e édition, Paris 1967.
Meyer	*Otto Meyer*, Strafbarer Prozeßbetrug, DRiZ 1934, S. 203 - 205.
Miller	*Robert Wyness Miller*, The mechanism of fact discovery, a study in comparative civil procedure, Ill. L. Rev. 32 (1937), S. 261 - 294, 424 - 455.
Mitsopoulos	*Georg Mitsopoulos*, To ypo tou nomou GPOD' kathieroumenon kathikon tou dikastiriou pros diasafisin ton provallomenon ischyrismon, Epitheorisis Ergatikou Dikeou (ZAR) 1947, S. 641 bis 645.
Mitsopoulos / Beys	*Georg Mitsopoulos / Konstantin Beys*, Codex Politikis Dikonomias, Athen 1971.
Münzel	*Münzel*, Erfahrungen mit der Zivilprozeßnovelle im OLG-Verfahren, DRiZ 1934, S. 174 - 176.
Nagel	*Heinrich Nagel*, Der Beweisbeschluß — ein Nachruf, DRiZ 1972, S. 99 - 100.
Nagel Grundzüge	*Heinrich Nagel*, Die Grundzüge des Beweisrechts im europäischen Zivilprozeß. Eine rechtsvergleichende Studie, Baden-Baden 1967.
Niethammer	*Fritz Niethammer*, Zum Entwurf der Grundlagen für das zivilgerichtliche Verfahren der UdSSR und der Unionsrepubliken, NJ 1961, S. 244 - 249.
Niethammer	*Fritz Niethammer*, Fragen des Beweises im neuen Zivilprozeßrecht, NJ 1961, S. 382 - 386.
Nikisch	*Arthur Nikisch*, Lehrbuch des Zivilprozeßrechts, 2. Aufl., Tübingen 1952.
Nörr	*Knut Wolfgang Nörr*, Hauptthemen legislatorischer Zivilprozeßreform im 19. Jahrhundert, ZZP 87, S. 277 - 283.
Nokes	*G. D. Nokes*, An introduction to evidence, 3d edition, London 1962.
Ostermeyer	*Helmut Ostermeyer*, Methodische Beweiswürdigung, MDR 64, S. 975 - 978.
Ott	*Emil Ott*, Richterliches Fragerecht und eidliche Parteivernehmung, Allg. öGZ 1894, Heft 45 ff., S. 401 ff.
Papon	*Gabriel Papon*, Comparution personelle et interrogatoire, Dalloz: Répertoire de procédure civile et commerciale, I, Paris 1955, S. 555 - 557.
Pawlowski	*Hans Martin Pawlowski*, Aufgabe des Zivilprozesses, ZZP 80, S. 345 - 391.

Perrot Commencement	*Roger Perrot,* Commencement de preuve par écrit, Répertoire de droit civil, I, Paris 1951, S. 697 - 703.
Perrot Preuve	*Roger Perrot,* Preuve. Dalloz: Répertoire de procédure civile et commerciale, II, Paris 1956, S. 422 - 527.
Petschek / Stagel	*Georg Petschek / Friedrich Stagel,* Der österreichische Zivilprozeß, Wien 1963.
Phipson / Elliott	*Sidney L. Phipson / D. N. Elliott,* Manual of the law of evidence, 9th edition, London 1966.
Planck Gutachten	*Julius Wilhelm Planck,* Bemerkungen das Verfahren betreffend, Gutachten, Verhandlungen des 2. DJT, Berlin 1861, Bd. I, S. 66 - 92.
Planck Lehrbuch	*Julius Wilhelm Planck,* Lehrbuch des deutschen Zivilprozeßrechts, Bd. I, Nördlingen 1887, Bd. II, München 1896.
Planiol / Ripert	*Marcel Planiol / Georges Ripert,* Traité pratique de droit civil français, VII, 2e édition, Paris 1954.
Pollak Geständnis	*Rudolf Pollak,* Gerichtliches Geständnis im Zivilprozesse, Berlin 1892, Nachdruck 1972.
Pollak System	*Rudolf Pollak,* System des österreichischen Zivilprozeßrechts, 2. Aufl., Wien 1931.
Praktika	Praktika Anatheoritikis Epitropis Kodikos Politikis Dikonomias, Athen 1967.
Protokolle	Protokolle der Justizkommission des deutschen Reichstages zur Beratung der ZPO und des Einführungsgesetzes, Bd. 8, Berlin 1876.
Püschel, H.	*Heinz Püschel,* Grundzüge der Thesen zum künftigen erstinstanzlichen Zivilverfahren vor den Kriegsgerichten, NJ 1962, S. 144 - 152.
Püschel, W. Gutachten	*Willy Püschel,* Ist im Zivilprozeß an Stelle des Parteieides die — uneidliche oder eidliche — Vernehmung der Parteien einzuführen?, Gutachten, Verhandlungen des 36. DJT, Berlin 1931, Bd. I, S. 716 - 803.
Raab	*Fritz Raab,* Die Parteivernehmung im reichsdeutschen Zivilprozeß, 1935.
Radbruch	*Gustav Radbruch,* Einführung in die Rechtswissenschaft, 9. Aufl., Stuttgart 1958.
Rammos	*Georg Rammos,* Anaskopisis tis Nomologias ton eton 1969 kai 1970 epi ton thematon tis apodixeos kata ton KPolD. kai ton ENKPolD, Diki (D) 1, S. 705 - 719.
Rammos Vorträge	*Georg Rammos,* Isigissis Astikou Dikonomikou Dikeou, Hefte A - B, Athen 1969.
Rammos Elemente	*Georg Rammos,* Stichia Politikis Dikonomias, Bde. I - II, 5. Aufl., Athen 1962.

Ratzenhofer	G. *Ratzenhofer*, Prozeßbeschleunigung durch Parteienvernehmung, GZ 76 (1925), S. 107 - 109.
Reinhardt	*Reinhardt*, Die Pflicht zur Gestattung der ärztlichen Untersuchung nach der Zivilprozeßnovelle vom 27. Oktober 1933, JW 1934, S. 3176 - 3178.
Riedel / Sußbauer	*Fritz Riedel / Heinrich Sußbauer*, Bundesgebührenordnung für Rechtsanwälte, Kommentar, 3. Aufl., München 1973.
Rimmelspacher	*Bruno Rimmelspacher*, Zur Prüfung von Amts wegen im Zivilprozeß, Göttingen 1966.
Ripert / Boulanger	*Georges Ripert / Jean Boulanger*, Traité de droit civil, I, Paris 1956.
Rödig	*Jürgen Rödig*, Die Theorie des gerichtlichen Erkenntnisverfahrens, Berlin—Heidelberg—New York 1973.
Roggemann ZPO	*Herwig Roggemann*, Die Zivilprozeßordnung der RSFSR übersetzt und eingeleitet. Berichte des Osteuropa-Instituts an der Freien Universität Berlin, Heft 70, Berlin 1965.
Roggemann Zivilverfahrensrecht	*Herwig Roggemann*, Das sowjetische Zivilverfahrensrecht, Teil II. Osteuropa Recht, 13. Jahrgang 1967, S. 1 ff.
Rosenberg	*Leo Rosenberg*, Das neue Zivilprozeßrecht nach dem Gesetz vom 27. 10. 1933, ZZP 58, S. 282 - 361.
Rosenberg	*Leo Rosenberg*, Die Veränderung des rechtlichen Gesichtspunkts im Zivilprozeß, ZZP 49, S. 38 - 73.
Rosenberg	*Leo Rosenberg*, Zu dem Entwurf einer Zivilprozeßordnung, ZZP 57, S. 185 - 339.
Rosenberg Referat	*Leo Rosenberg*, Referat, Verhandlungen des 36. DJT, Berlin 1931, Bd. II, S. 670 - 687.
Rosenberg / Schwab	*Leo Rosenberg / Karl-Heinz Schwab*, Zivilprozeßrecht, 11. Aufl., München 1974.
Rühl	*Helmut Rühl*, Reformbestrebungen auf dem Gebiet des zivilprozessualen Beweisverfahrens, Prozeßrechtliche Abhandlungen, Bd. 1, Berlin 1929.
Runde	*Runde*, Verhandlungen des 36. DJT, Berlin 1931, Bd. II, S. 690 - 693.
Sändig	*Martin Sändig*, Der Beweis durch Parteivernehmung nach dem Gesetz zur Änderung des Verfahrens in bürgerlichen Rechtsstreitigkeiten vom 27. Okt. 1933 unter Berücksichtigung des gleichen Beweismittels im Entwurf einer ZPO v. 1931 und der österreichischen Vernehmung der Parteien nach dem Gesetz vom 1. Aug. 1895, Königsbrück 1934.
Sattelmacher	*Paul Sattelmacher*, Bericht — Gutachten und Urteil, 19. Aufl., Berlin und Frankfurt 1950.

Schmidt, Eike	*Eike Schmidt*, Der Zweck des Zivilprozesses und seine Ökonomie, Tübingen 1973.
Schmidt, J.	*Joachim Schmidt*, Teilbarkeit und Unteilbarkeit des Geständnisses im Zivilprozeß, Berlin 1972.
Schmidt, R.	*Richard Schmidt*, Die Wahrheitsermittlung im Zivilprozeß, JW 1913, S. 764 - 776.
Schmitt Gutachten	*Schmitt*, Ist unter Voraussetzung freier richterlicher Beweiswürdigung die eidliche Vernehmung der Parteien als Zeugen in eigener Sache in den deutschen Zivilprozeß einzuführen?, Gutachten, Verhandlungen zum 8. DJT, Berlin 1869, Bd. I, S. 39 - 46.
Schneider, Egon	*Egon Schneider*, Die richterliche Aufklärungspflicht (§ 139 ZPO), MDR 1968, S. 721 - 727.
Schneider, Egon Beweis	*Egon Schneider*, Beweis und Beweiswürdigung, 2. Aufl., München 1971.
Schneider, H.	*Herbert Schneider*, Zur Neugestaltung des Verfahrensrechts, DRW 1936, S. 157 - 169.
Schneider, K.	*K. Schneider*, Über richterliche Ermittlung und Feststellung des Sachverhalts im Zivilprozesse, Leipzig 1888.
Schoberlechner	*Julius Schoberlechner*, Über das Hören der Parteien im Zivilprozeß, Allg. öGZ 62 (1911), S. 153 bis 158.
Schönke	*Adolf Schönke*, Parteivernehmung und Parteibefragung, DGWR 1937, S. 329 - 335, 348 - 357.
Schönke	*Adolf Schönke*, Rechtsvergleichende und rechtspolitische Bemerkungen zum zivilprozessualen Beweisrecht, ZZP 61, S. 1 - 36.
Schönke / Kuchinke	*Adolf Schönke / Kurt Kuchinke*, Zivilprozeßrecht, 9. Aufl., Karlsruhe 1969.
Schönke / Schröder	*Adolf Schönke / Horst Schröder*, Strafgesetzbuch, Kommentar, 17. Aufl., München 1974.
Schönke / Schröder / Niese	*Adolf Schönke / Horst Schröder / Werner Niese*, Lehrbuch des Zivilprozeßrechts, 8. Aufl., Karlsruhe 1956.
Schreiber	*Rupert Schreiber*, Theorie des Beweiswertes für Beweismittel im Zivilprozeß, Berlin—Heidelberg—New York 1968.
Schulin	*Paul Schulin*, Der Aufbau von Tatbestand, Gutachten und Entscheidungsgründen, 4. Aufl., Köln 1972.
Schumacher	*Oskar Schumacher*, Beweis durch Parteivernehmung im Zivilprozeß und die Maßnahme des § 247 StPO, DGWR 1936, S. 296 - 298.

Seelig	*Ernst Seelig,* Die Ergebnisse und Problemstellungen der Aussageforschung, Schuld, Lüge, Sexualität, Stuttgart 1955.
Seuffert / Walsmann	*Lothar v. Seuffert / Hans Walsmann,* Kommentar zur Zivilprozeßordnung, 2 Bde. mit Nachtrag, München 1932/34.
Sicard	*Jean Sicard,* La preuve en justice après la réforme judiciaire, Paris 1960.
Siegert	*Karl Siegert,* Grundlinien der Reform des Zivilprozeßrechts im Nachkriegseuropa, Prozeßrechtliche Abhandlungen, Heft 20, Berlin—Köln 1952.
Sinaniotis Kommentar	*Lambros Sinaniotis,* Erminia kat'arthron Kodikos Politikis Dikonomias, Bd. III, Athen 1974.
Sinaniotis Vorlesungen	*Lambros Sinaniotis,* Mathimata Politikis Dikonomias, Bd. II, Heft A, Athen 1973.
Spohr	*Tilman Spohr,* Richterliche Aufklärungspflicht im Zivilprozeß (§ 139 ZPO), Göttingen 1969.
Sprotte	*Sprotte,* Der „Sachverhalt" im Zivilprozeß, ZZP 64, S. 46 - 55.
Stamatis	*Konstantin Stamatis,* I exetasis ton diadikon, os neon kata ton KPolD meson apodixeos ke i shesis aftou pros ta lipa apodiktika mesa, Diki (D) 4, S. 433 - 468.
Staud	*G. Staud,* Die persönliche Anwesenheit der Parteien im Zivilprozeß, DJ 1933, S. 809 - 810.
Stegemann	*F. Stegemann,* Die Parteien im Prozeß. Ein Beitrag zur Kritik des herrschenden Parteibegriffs, ZZP 17, S. 326 - 386.
Stein Grundriß	*Fr. Stein,* Grundriß des Zivilprozeßrechts und des Konkursrechts, Tübingen 1921.
Stein / Jonas 13. Aufl.	*Fr. Stein / Martin Jonas,* Die ZPO für das deutsche Reich, Bd. 1, 13. Aufl., Tübingen 1925.
Stein / Jonas	*Fr. Stein / Martin Jonas / Adolf Schönke / Rudolf Pohle,* Kommentar zur Zivilprozeßordnung, Bd. 1 bis 2, 19. Aufl., Tübingen 1964.
Stoll	*Heinrich Stoll,* Begriff und Konstruktion in der Lehre der Interessenjurisprudenz, Festgabe für Heck, Rümelin und Schmidt, Beilageheft zu AcP 133, S. 66 - 117.
Sydow / Busch / Krantz	*Reinhold Sydow / L. Busch / W. Krantz,* Kommentar der Zivilprozeßordnung, 17. Aufl., Berlin und Leipzig.
Thomas / Putzo	*Heinz Thomas / Hans Putzo,* Zivilprozeßordnung, 8. Aufl., München 1975.
Ude	*Ude,* Zur Lehre von der Sach- und Prozeßleitung (§§ 127 und 130 bis 144 der ZPO), ZZP 5, S. 303 bis 332.

Vater	*Vater*, Die Parteivernehmung im Zivilprozeß, DRiZ 1932, S. 82 - 83.
Vereinfachungsnovelle	Entwurf eines Gesetzes zur Vereinfachung und Beschleunigung gerichtlicher Verfahren, Stand vom 4. 9. 1973.
Volkmar	*E. Volkmar*, Das neue Zivilprozeßgesetz vom 27. 10. 1933, JW 1933, S. 2427 - 2437.
Volkmar	*E. Volkmar*, Die Parteivernehmung nach der neuen ZPO, JW 1933, S. 2885.
Volkmar	*E. Volkmar*, Grundprobleme der Zivilprozeßreform, Jud. II, S. 224 - 248.
Vollkommer	*Max Vollkommer,*. Formenstrenge und prozessuale Billigkeit, München 1973.
Wach Grundfragen	*Adolf Wach*, Grundfragen und Reform des Zivilprozesses, Berlin 1914.
Wach Handbuch	*Adolf Wach*, Handbuch des deutschen Zivilprozeßrechts, Leipzig 1885.
Wach Vorträge	*Adolf Wach*, Vorträge über die Reichszivilprozeßordnung, Bonn 1879.
Wais	*Edgar Wais*, Die Verwertbarkeit fehlerhaft erzielter Beweisergebnisse und rechtswidrig erlangter Beweismittel im Zivilprozeß, Tübingen 1966.
Walsmann	*Hans Walsmann*, Prozeßzweck und Verfahren im Zivilprozeß, RheinZ 1923 (12), S. 414 - 427.
Walsmann Eidesbeweis	*Hans Walsmann*, Reichsgericht und Eidesbeweis. Die Reichsgerichtspraxis im deutschen Rechtsleben, Festgabe der juristischen Fakultäten zum 50jährigen Bestehen des Reichsgerichts, Bd. VI, Berlin und Leipzig 1929, S. 236 - 274.
Wandel	*Richard Wandel*, Der Parteieid im Zivilprozeß und die Frage seiner Reformbedürftigkeit bzw. seiner Ersetzung durch die eidliche oder uneidliche Vernehmung der Parteien, Tübinger Dissertation 1933.
Weber	*Friedrich Weber*, Zur Methodik des Prozeßrechts, Studium Generale 1960, Heft 4, S. 183 - 193.
Wehmeier	*Karl Wehmeier*, Die Parteivernehmung im deutschen und österreichischen Zivilprozeß, Göttingen 1939.
Wendt	*Wendt*, Beweis und Beweismittel, AcP 63, S. 254 bis 318.
Wesselsky	*Anton Wesselsky*, Die formelle Wahrheit. Eine zivilprozessuale Studie mit besonderer Berücksichtigung der Parteivernehmung, Wien 1900.
Wieacker	*Franz Wieacker*, Privatrechtsgeschichte der Neuzeit, 2. Aufl., Göttingen 1967.

Wieczorek	*Bernhardt Wieczorek,* Zivilprozeßordnung und Nebengesetze, Kommentar, Bde. I und II, Berlin 1957.
Wigmore	*John Henry Wigmore,* A general survey of the history of the rules of evidence, a Treatise on the System of Evidence in Trials at Common Law, Boston 1904 - 1905.
Wildhagen	*G. Wildhagen,* Der Sachverhalt — ein Stiefkind des Zivilprozesses, Berlin 1929.
v. Wilmovsky / Levy	*G. v. Wilmovsky / M. Levy,* Zivilprozeßordnung und Gerichtsverfassungsgesetz für das deutsche Reich nebst den Einführungsgesetzen, Kommentar, 2 Bde., 5. Aufl., Berlin 1889.
Wrede	*R. A. Wrede,* Die Parteivernehmung im Zivilprozeß der nordischen Länder, RheinZ 1923 (12), S. 362 - 375.
Wunderlich	*Carl Wunderlich,* Das neue Eidesrecht im Zivilprozeß, Berlin 1934.
Zippelius	*Reinhold Zippelius,* Einführung in die juristische Methodenlehre, München 1971.
Zöller	*Richard Zöller,* Kommentar zur Zivilprozeßordnung, 10. Aufl., München 1968 mit Nachtrag 1971.

Printed by Libri Plureos GmbH
in Hamburg, Germany